AF462472

CICÉRON MÉDECIN

ÉTUDE MÉDICO-LITTÉRAIRE

PAR

LE DR P. MENIÈRE

AGRÉGÉ DE LA FACULTÉ DE MÉDECINE DE PARIS
MÉDECIN DE L'INSTITUTION IMPÉRIALE
DES SOURDS-MUETS, ETC.

PARIS
GERMER BAILLIÈRE, LIBRAIRE-ÉDITEUR
17 RUE DE L'ÉCOLE-DE-MÉDECINE 17

1862

CICÉRON MÉDECIN

PARIS. — IMPRIMERIE DE J. CLAYE
RUE SAINT-BENOIT, 7

CICÉRON MÉDECIN

ÉTUDE MÉDICO-LITTÉRAIRE

PAR

LE DR P. MENIÈRE

AGRÉGÉ DE LA FACULTÉ DE MÉDECINE DE PARIS
MÉDECIN DE L'INSTITUTION IMPÉRIALE
DES SOURDS-MUETS, ETC.

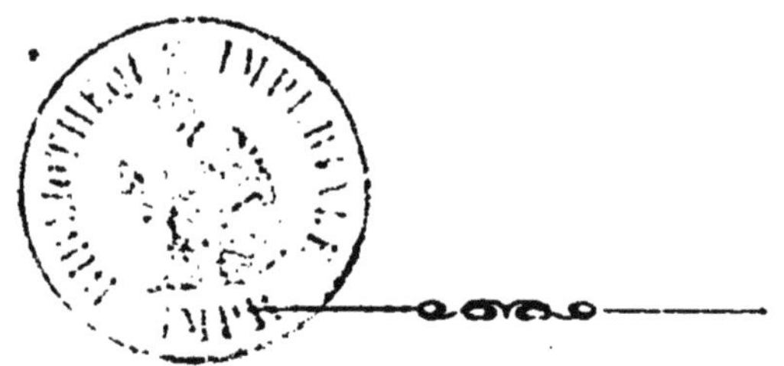

PARIS

GERMER-BAILLIÈRE, LIBRAIRE-ÉDITEUR

17, RUE DE L'ÉCOLE DE MÉDECINE

1862

A M. ROULAND

MINISTRE DE L'INSTRUCTION PUBLIQUE ET DES CULTES

Monsieur le Ministre,

Je mets encore une fois sous la protection de votre nom et de votre titre un travail qui a pour but de prouver que les lettres et les sciences ne peuvent être séparées. Un des actes les plus importants de votre administration a montré que telle était votre pensée, et déjà les preuves de l'excellence de ce principe éclatent de toutes parts.

Si les Poëtes de Rome vous ont paru dignes de votre bienveillant appui, le Prince des Orateurs Latins, chacun en conviendra sans peine, a plus de droits encore à votre suffrage.

De votre Excellence,
le très-humble et très-obéissant serviteur,

P. MENIÈRE.

Les médecins amis des lettres (il en est encore), ceux qui ont bien voulu encourager nos *Études médicales sur les Poëtes latins*, ne refuseront pas, nous en avons l'espoir, de nous suivre dans la nouvelle voie que nous avons essayé de parcourir. Dans l'impossibilité de faire pour les prosateurs ce que nous avions fait pour les poëtes, il a fallu choisir, et parmi ceux-ci, l'œuvre complète de Cicéron renferme une telle variété d'écrits que nous avons dû la considérer comme la fidèle représentation des travaux les plus estimés de cette grande époque littéraire. Tout s'y trouve, en effet, et à un tel degré de perfection, qu'on ne peut rien désirer de mieux.

On comprendra sans qu'il soit besoin de le dire que ce travail est le complément de la démonstration que nous avons entréprise, à savoir : que la médecine et les médecins ont beaucoup à gagner dans l'étude des ouvrages de l'antiquité. Si le nouvel argument que nous produisons à l'appui de cette thèse trouve un accueil favorable parmi ceux qu'elle doit intéresser davantage, nous nous féliciterons de la faible part que nous avons prise à cette renaissance tardive des lettres latines dans la société médicale moderne.

On nous permettra d'ajouter que notre *Cicéron médecin* a trouvé des sympathies parmi les maîtres les plus autorisés en pareille matière; que nous avons reçu avec un sentiment de profonde reconnaissance les conseils de M. Victor Le Clerc, l'éminent doyen de la Faculté des lettres, et que MM. Quicherat, Daremberg et Bussemacher, ne nous ont refusé ni leurs avis ni leurs critiques. Trop heureux si nous en avons profité de façon à mériter l'indulgence du lecteur.

CICÉRON-MÉDECIN

CONSIDÉRATIONS GÉNÉRALES

Pour peu que l'on n'ait pas tout à fait oublié le temps où l'histoire romaine nous remplissait d'admiration pour les grands génies et les beaux caractères qui ont brillé pendant la république ou sous l'empire des premiers Césars, il y a des moments où l'on se sent porté instinctivement à relire les ouvrages qui retracent une époque glorieuse pour l'esprit humain. Dans les jours de défaillance morale (et qui n'en a pas?) on revient à ces livres dans lesquels on ne sait ce qu'il faut louer davantage, du fond, qui est excellent, ou de la forme, qui est exquise, et bientôt, grâce à un enchantement irrésistible, on voit la tristesse disparaître et l'horizon s'éclaircir.

Il y a des gens, et je suis de ce nombre, qui lisent Cicéron, qui trouvent un singulier plaisir à parcourir les nombreux volumes qu'il a laissés, qui admirent non-seulement son style harmonieux, sa phrase abondante et correcte, mais encore la vigueur de son esprit et surtout la puissance de son argumentation. On voit même des amateurs se passionnant pour sa gaîté, pour sa finesse, et qui trouvent dans la vaste collection de ses œuvres des mérites si variés, si éclatants, que nul autre écrivain de l'ancienne Rome ne leur semble digne de lui être comparé. Il est certain que parmi les auteurs qui ont précédé le siècle d'Auguste, il n'en est point qui offre à un même degré la science et l'imagination, le talent et la grâce, qui réunisse des qualités plus charmantes et plus diverses. Sans partager l'enthousiasme de ces admirateurs, et tout en reconnaissant que dans certains plaidoyers si pleins de verve l'avocat a sacrifié quelque chose, comme la vérité, aux intérêts de son client, il est impossible de ne pas voir en ses productions si nombreuses et si variées la preuve d'un esprit du premier ordre, d'une intelligence merveilleuse, ce qui suffit pour justifier l'admiration que tant de siècles ont prodiguée au prince des orateurs latins.

L'histoire, la philosophie, la morale, l'ont occupé tour à tour; il a parcouru d'un pas également sûr les diverses branches des connaissances humaines, telles qu'elles étaient de son temps; il en a notablement reculé les limites; mais nous n'avons pas mission de le suivre dans ce vaste domaine. Une telle entreprise n'appartient qu'à un petit nombre de savants, et encore peu d'entre eux ont-ils suffi à une pareille œuvre. Il y a dans les écrits de Cicéron une telle abondance de matières, il a traité comme en se jouant un si grand nombre de sujets, que chacun peut choisir ce qu'il préfère, et plus l'on puise à cette source si pure, plus on constate la merveilleuse fécondité d'un génie vraiment universel.

Parmi les compositions dues à sa plume infatigable, il en est qui nous paraissent pleines d'un tel intérêt que nous y revenons sans cesse, séduits par l'attrait d'une curiosité facile à satisfaire. Les lettres de Cicéron sont d'une lecture si attachante, on voit si bien cette grande âme à nu, elle montre si naïvement les ressorts qui la font agir, que l'on se prend à aimer cet homme, non plus à cause de ses vertus éclatantes, de ses exploits si glorieux contre les ennemis de la république, mais en raison de ses faiblesses, de ses hésitations, de ses défauts mêmes. Et chemin faisant, nous découvrons tant de particularités remarquables, nous assistons à un spectacle si intime, que l'on plaint Cicéron justement parce que la pitié qu'il inspire par ses misères forme le plus éclatant contraste avec la gloire qu'il poursuit et qu'il atteint, parce que le père de la patrie, le consul tout-puissant, l'idole du genre humain paye bien cher les faveurs de la fortune, et que celui qui était en quelque sorte le maître du monde va bientôt périr sous le poignard des assassins. Il y a là une leçon terrible. Les amateurs de popularité devraient sans cesse étudier un drame sanglant dont tous les actes sont parfaitement connus, et peut-être comprendraient-ils que les républiques ingrates dévorent infailliblement les chefs qui s'imposent ou qu'elles se donnent. Mais nous n'avons pas à juger de si grandes causes.

Cicéron, dans sa longue correspondance avec une foule de personnages, ne parle pas seulement des affaires de son temps, des intérêts de la politique qu'il soutient, du parti dont il est devenu le chef et l'arbitre : il traite en passant bien des questions de moindre importance, sa santé, par exemple, celle de sa femme, de ses enfants; il montre la plus tendre sollicitude pour ses amis malades, il leur donne des conseils, disserte sur les causes de leurs infirmités, sur les remèdes capables de les guérir, et l'on trouve qu'il pousse si loin ce goût pour la médecine que l'on a pu, à juste titre, le désigner sous le nom de « Cicero medicus. » A une époque où l'art de guérir n'avait à Rome que peu de représentants officiels, où les médecins vraiment dignes de ce nom étaient encore rares, où chacun se traitant à sa guise recourait à la science souvent empirique de quelque esclave grec, les connaissances médicales révélées par les écrits de Cicéron durent paraître étonnantes aux érudits du dernier siècle, et plus d'un savant prit à tâche de relever avec soin, dans son œuvre complète, les passages ayant trait à la médecine. Nous allons essayer d'indiquer les travaux de ce genre qui sont dignes d'attention.

NOTIONS BIBLIOGRAPHIQUES.

Nous trouvons dans la bibliothèque médico-historique de Lud. Choulant l'indication suivante sur laquelle nous ne possédons aucun renseignement utile : Jo. Sam, Berger, « de Cicerone medico. » Viterb. 1711, in-4°. C'est le plus ancien travail de ce genre dont il soit fait mention, et l'on voit que, de prime abord, le grand orateur a reçu une épithète caractéristique. Cependant, pour être tout à fait juste, il faut dire qu'à l'université d'Iéna, en 1710, Jo. Hadrian. Slevogt avait soutenu une thèse intitulée : « Dissertatio de M. Tullii Ciceronis vomitu ἀκράτου χολῆς. » On trouve en effet dans une lettre adressée à Terentia, sa femme, le passage suivant : « χολὴν ἄκρατον noctu ejeci. « Statim ita sum levatus, ut mihi deus aliquis medicinam « fecisse videatur » (ad div. XIV. 7); pendant la nuit j'ai rejeté de la bile pure, et aussitôt j'ai éprouvé un tel soulagement qu'on aurait dit qu'un dieu avait pris soin de me guérir.

Ce premier travail n'ayant trait qu'à un point isolé n'ôte rien au mérite de Berger, qui a étudié l'ensemble et donné à Cicéron un nom qui a fait fortune, car nous le retrouverons plus tard dans un ouvrage beaucoup plus important. Mais l'université d'Iéna devait fournir une nouvelle preuve de l'érudition de ses élèves. En 1734, Sim.-Paul. Hilscher publia son « Programma de methodo Ciceronis tuendi valetudinem » (in-4°). Ce sont des préceptes diététiques recueillis dans les œuvres du grand orateur, et qui appartiennent à cette médecine universelle, fruit de l'expérience de chacun, vieille comme le monde, traditions éparses dans toutes les agrégations sociales qui s'améliorent en se civilisant.

C'est encore à Iéna que nous trouvons une thèse composée par Bern.-Fr.-Rud. Lauhn, en 1750. Elle est in-4°, comme les précédentes, et manifestement jetée dans le même moule, bien que l'auteur y ait ajouté un chapitre nouveau, ainsi que le prouve ce titre : « Dissertatio epistolica de Cicerone artis medendi ac medicorum patrono. » On voit que l'étude des qualités médicales de Cicéron est en progrès et que la voie ouverte par Slevogt conduit à des aperçus d'un autre ordre.

Si nous nous astreignions à suivre rigoureusement l'ordre chronologique, nous aurions dû placer avant le travail de Lauhn une dissertation publiée à Helmstadt, en 1739, par Petr. Gerike (in-4°), portant ce titre : « Programma quo inspectionem cadaveris in homicidio apud Romanos olim in usu fuisse ostendit. » L'auteur, par des exemples empruntés à Plutarque, Vies de Romulus et de Gracchus, à Cicéron, « Oratio pro Cluentio, » à Sénèque, dans ses Controverses, à Suétone et à Jules César, montre que cette coutume de l'examen du cadavre après un homicide date de la plus haute antiquité, et déjà, en 1646, Jos.-Henr. Dauber avait établi sur des preuves évidentes que les Romains, et bien avant eux les Grecs, avaient emprunté aux Hébreux cette pratique salutaire. Ainsi la médecine légale doit quelque chose à Cicéron, et c'était bien le moins qu'un homme de cette valeur contribuât aux progrès d'une science sur laquelle il a répandu tant d'autres lumières.

Le grand Linné, à qui l'université d'Upsal doit tout son lustre, exerçait une haute influence sur les études de ses contemporains. Les « Amœnitates academicæ » en fournissent des preuves nombreuses, parmi lesquelles nous signalons une thèse composée en 1759 par Petr. Ekerman, sous le titre suivant : « De Historia naturali scriptorum Ciceronianorum mirabiliter collustrata. » Le candidat qui devait répondre, Andr.-Gust. Barchaeus, ne manqua pas de bons arguments pour prouver que Cicéron avait observé soigneusement un grand nombre de faits propres à éclairer les sciences naturelles.

Au temps passé, les hommes éminents par leur intelligence étaient aussi savants que possible, c'est-à-dire, ils savaient tout, véritables encyclopédistes qu'on ne peut trop admirer. Cicéron appartient à cette classe privilégiée. Il y a de tout dans son œuvre : aussi voyons-nous en 1762 un savant d'Upsal, Strokierk, écrire un travail intitulé : « De usu scriptorum Ciceronis psychologico. » Dans les Tusculanes, dans les traités sur la Nature des Dieux, sur le Destin, sur la Divination, Cicéron aborde hardiment les plus hautes questions de la métaphysique ; il donne à sa manière la solution des problèmes les plus ardus de la psychologie, et les médecins, qui ont tant à réfléchir sur ces matières, ne peuvent que gagner à méditer les écrits où il jette tant de lumières sur ces obscurités.

Le même sujet a été traité en 1776 par Alb.-Geor. Walch, mais nous aimons mieux citer une pièce qui nous intéresse plus directement et qui se trouve dans « Nuova raccolta d'oposcoli scientifici » (III. 129). Elle est due à Hieron. de Bono, et son titre est : « De medica facultate in M. T. Cicerone comperta. » C'est toujours, comme on le voit, cette découverte du talent médical de Cicéron, cette constatation d'une faculté singulière admirée chez un homme en qui l'on ne s'attendait pas à la rencontrer.

LE PROFESSEUR GOULIN.

Jusqu'ici la France était restée étrangère à ces recherches savantes ; nos écoles de médecine, bien que très-versées dans la connaissance des littératures grecque et latine, n'avaient pas imité les universités allemandes, lorsqu'un médecin de la faculté de Paris, Jean Goulin, publia en 1779 un opuscule intitulé : « Dissertation dans laquelle on explique un passage de Cicéron relatif à la médecine, et « dans laquelle on démontre que Lyso, dont parle cet « auteur, ne fut point médecin, bien que Bernier, Leclerc, « Éloy, etc., lui aient donné cette qualité. »

Goulin était un savant homme, et nous ne pouvons résister au plaisir de l'arracher pour un instant à l'injuste oubli où il est tombé. Né à Reims en 1728, il mourut à Paris le 30 avril 1799, ayant le titre de Professeur d'histoire de la médecine dans notre École. Il n'a rempli ces éminentes fonctions que pendant quatre années, sa nomination datant du 21 juin 1795 ; mais on doit dire qu'il a beaucoup fait pour l'enseignement dont il était chargé. Peu d'hommes ont autant travaillé, peu d'hommes ont autant écrit, et P. Sue, son panégyriste, a donné la liste de soixante-quatre ouvrages ou opuscules dont il a été l'auteur ou l'éditeur. Il a laissé des manuscrits grecs, latins et français, formant sept volumes in-folio, d'une écriture très-serrée. Goulin savait le grec et l'arabe ; il lisait beaucoup, faisait des extraits de tous les ouvrages importants qui lui tombaient sous la main ; mais ses travaux les plus considérables ont trait à l'histoire de la médecine, et il a publié en deux volumes in-4° des Mémoires littéraires, critiques, philologiques, biographiques et bibliographiques, pour servir à l'histoire ancienne et moderne de la médecine.

Que reste-t-il de tant de travaux, d'une ardeur si constante à rechercher les origines médicales et la succession des idées fondamentales de notre science? Peu de chose assurément, et les hommes qui s'occupent plus spécialement de ce genre d'études pourraient dire ce que l'on doit à Goulin, quelles erreurs il a redressées, quelles vérités il a établies. Ce savant si laborieux a lutté toute sa vie contre la mauvaise fortune; grand amateur de bons livres, deux fois il a dû vendre sa bibliothèque, et l'on comprendra avec quels déchirements de cœur il a fait ce sacrifice. Tour à tour répétiteur dans une pension, précepteur d'un enfant riche, journaliste, bibliothécaire adjoint, il était déjà vieux lorsque la place de Professeur à la Faculté de Médecine lui fut donnée; mais il n'en jouit pas longtemps, comme nous l'avons dit.

Goulin, aigri par la misère et le chagrin, vivait isolé, se défiant de tout le monde, et quand il se trouvait en rapport avec ses confrères et collègues, il portait dans la discussion une vivacité singulière. Il était, comme on l'a dit, prompt à l'attaque, dur à la réplique, ardent à contredire et obstiné dans l'assertion. Sa misanthropie était peut-être justifiée par des malheurs immérités; ceux qui l'ont connu ont rendu pleine justice à son bon cœur et à son désintéressement.

Au milieu de ses savantes recherches sur l'histoire de la médecine, Goulin avait relevé une erreur échappée à des hommes moins attentifs que lui; il lisait plume en main (la seule manière de lire utilement), il soumettait à un contrôle rigoureux les opinions trop légèrement admises, bon exemple qu'on ne suit pas assez. C'est pour cela que nous nous sommes permis cette digression en faveur d'un médecin dont le nom même est ignoré aujourd'hui, triste récompense d'une vie laborieuse, usée à des travaux d'une érudition trop souvent stérile.

BIRKHOLZ.

Il faut arriver jusqu'à l'année 1806 pour trouver dans la bibliographie médicale un successeur à tous les écrivains que nous avons cités. Ad.-Mich. Birkholz, doyen de la Faculté de médecine de Leipzig, publia à cette époque un volume in-8°, sous le titre de : « Cicero medicus, hoc est, selecti e M. T. Ciceronis operibus loci, vel omnino medici, vel facillime ad res disciplinasque medicas transferendi. » Cet ouvrage, qui a eu quelque réputation, doit nous arrêter un moment.

Il faut dire d'abord qu'une seconde édition « vilioris pretii » (1 thal. 8 gr.) a été imprimée également à Leipzig avec un nouveau titre que voici : « Selectos e M. T. Ciceronis operibus locos, vel omnino medicos, vel facillime ad res disciplinasque medicas transferendos, in literarum medicarum cultorum usum congessit, indice locupletissimo instruxit et præfatus est Ad. Mich. Birkholz, doctor, etc. » Choulant, qui est ordinairement si exact dans ses indications, dit que cette édition est de 1813 ; mais l'exemplaire que j'ai sous les yeux, et dont je dois la communication bienveillante à M. Guérard, médecin de l'Hôtel-Dieu de Paris et membre de l'Académie impériale de médecine, est de 1812, et je veux bien ne voir là qu'une erreur de chiffre.

L'ouvrage de Birkholz est une simple compilation faite sur le Cicéron en quatre volumes in-4°, publié à Amsterdam, en 1724, par Verburg. Choulant, qui se permet quelquefois de juger les livres qu'il cite, dit en parlant de celui du doyen de Leipzig : « Boni indices adjecti sunt, sed deest omnis explicatio, varians lectio ac commentarius, » et il a cent fois raison. C'est un simple recueil, utile sans doute, de tous les passages qui, dans l'œuvre immense de Cicéron, ont trait, de près ou de loin, à la médecine ; mais il faut avouer que Birkholz ne s'est pas montré bien sévère dans le choix des matériaux qui composent son livre. Un volume in-8°, entièrement rempli de phrases ou de passages souvent très-longs, dans lesquels les mots appartenant à la médecine sont soulignés, tel est ce travail auquel l'auteur n'a pas ajouté une note, une réflexion, un éclaircissement, patiente recherche de textes plus ou moins médicaux, recueil indigeste de choses n'ayant entre elles aucun rapport, où l'on ne voit aucun ordre méthodique, et qui ne constitue, à vrai dire, qu'une table des matières à l'aide de laquelle nous pouvons, nous médecins, trouver assez promptement l'indication du lieu où se lit telle phrase qui nous intéresse.

Il est juste cependant de reconnaître à Birkholz un autre mérite. Au commencement de ce siècle, le goût des études classiques se perdait, même en Allemagne; les élèves en médecine oubliaient les saines traditions de leurs devanciers, et le latin devenait une langue vraiment morte. Birkholz déplorait cet état de choses; il y voyait, et avec raison, la preuve d'une décadence prochaine, et c'est pour remédier, autant qu'il était en lui, aux conséquences déplorables de cet abandon, qu'il entreprit de montrer quels avantages on retirait de la lecture des grands écrivains de l'antiquité romaine.

La préface de son livre est vraiment curieuse à lire. Il gourmande non-seulement les élèves, mais les maîtres eux-mêmes qui ne savent plus ni parler ni écrire le latin. Il invoque le témoignage de plusieurs hommes éminents pour démontrer que cette ignorance est un vice radical dans l'éducation des médecins. Parmi les autorités sur lesquelles il s'appuie, nous remarquons surtout J.-Aug. Ernesti, qui, dans un programme solennel pour certaines fêtes académiques célébrées en 1774, a imprimé la phrase suivante : « Qui scientiam linguæ latinæ et græcæ in Academiam attulerit, is, ad quodcumque genus se doctrinæ contulerit, in eo bene proficiet et bene doctus ex Academia discedet : qui earum rudis venerit, is nihil efficiet. » Celui qui apportera à l'Académie la connaissance des langues grecque et latine, à quelque étude qu'il se livre, réussira en toutes choses et quittera l'école comme un vrai savant, tandis que celui qui les ignorera ne sera pas capable d'arriver au même but.

Cette sorte d'arrêt est empruntée à de doctes personnages, mais Ernesti, qui s'en est emparé, a cru devoir en adoucir la rudesse. Il a déclaré que c'est encore parmi les médecins que l'on trouve les hommes les plus versés dans la connaissance des lettres anciennes, et capables d'imiter le style des grands écrivains. « Est hæc laus medici ordinis, quod in eo permulti fuere qui linguam latinam adeo præclare callerent, ut etiam in scribendo se præclaros Ciceronis imitatores præstarent. » Il cite Fracastor, Fernel, Berger, Platner, et en parlant de Fernel, il dit : En lisant un de ses livres, j'ai cru lire un ouvrage de Cicéron lui-même : « Quem cum legere cœpi, Ciceronis librum aliquem mihi legere visus sum. » Cet éloge est flatteur, et d'autant plus qu'il vient d'un homme bon juge en pareille matière, du célèbre auteur de l'immense travail intitulé : *Clavis Ciceroniana.*

On rencontre dans cette même préface plusieurs traits qui nous porteraient à croire qu'on tournait en ridicule l'amour du savant doyen pour la langue latine. Il se console en se plaçant sous le patronage de deux grands esprits, Érasme et Sénèque. Le premier, latiniste excellent, à des gens qui rabaissaient les belles-lettres en disant : » Non opus esse facundia, » répondit avec vivacité : « Nec opus est barbarismis et solecismis. » Le second a écrit cette phrase : « Æquo animo audienda sunt imperitorum convitia, et ad honesta vadendum, contemnendus est ipse contemtus : » il faut écouter sans colère les injures des ignorants, et quand on s'occupe de choses honnêtes, mépriser le mépris lui-même. Appuyé sur d'aussi bonnes raisons, Birkholz raconte à ses lecteurs que, pendant les vingt-cinq années de son professorat, il a souvent remarqué le silence des élèves, ou au moins la lenteur qu'ils mettaient à répondre aux plus simples questions de théorie ou de pratique. Ce silence, dit-il, était causé bien moins par l'ignorance que par l'impossibilité de se servir de la langue latine : « Sæpius intelleximus tarditatis in respondendo, imo ipsius taciturnitatis causam non tam semper in ipsa rerum ignorantia quam in unius linguæ latinæ inscientia potius, indeque nata in respondendo anxietate atque timiditate, sæpe esse quærendam. »

Sachons-lui gré de son indulgence et du désir qu'il a de venir en aide aux étudiants de Leipzig ; mais nous n'en reconnaîtrons pas moins un peu trop de pédantisme dans ses discussions à propos de l'étymologie de certains mots venant du grec. On ne peut guère se soustraire à la tyrannie de l'usage, et toutes les protestations des savants linguistes ne peuvent prévaloir contre elle.

MÉDECINS PHILOLOGUES.

Birkholz, si zélé pour l'étude des langues anciennes, aurait pu trouver, parmi les médecins allemands, des auteurs soutenant la même cause et ayant sur ses travaux un droit d'aînesse incontestable. Déjà, en 1610, J. Caselius avait publié à Helmstadt un ouvrage in-4°, intitulé : « Epistola de medica arte præstantibus studiis etiam sapientiæ claris et aliis ingenii dotibus præditis sæculi XVI viris. » Voilà des compliments à notre adresse, et l'on conviendra volontiers qu'ils étaient mérités, car le XVIe siècle a fourni un large contingent à notre panthéon médical.

Frank de Frankenau, de son côté, a imprimé à Wittemberg, en 1691, une « Epistola de medicis philologicis, » et dans la même année, Mœller a fait paraître à Altorf son « Indiculus medicorum philologorum ex Germania oriundorum. » Ce sont là de bons arguments en faveur de la sévérité des études, de la parfaite connaissance des langues savantes et du goût de nos maîtres pour ces nobles exercices de l'intelligence. Mais Christ. Fréd. Willisch est allé plus loin. On lui doit une dissertation imprimée à Annaberg, en 1709, sous le titre de : « De medicis præstantissima literarum elegantiorum laude illustribus, » et bien que l'auteur soit théologien, il n'en a pas moins exploré avec soin ces régions peu connues de la biographie médicale. Nous sommes en progrès, comme on le voit, et Burckhard n'aura pas trouvé de grands contradicteurs quand il donna sa thèse : « Medicus gravissimus humanitatis studiorum vindex et historia literaria adumbratus. » C'était en 1716, et Löscher, à Dresde, en 1736, complétait ces recherches flatteuses en imprimant une décade dont je consigne ici le titre : « Medici insignes humanitatis studiorum vindices. »

Si le dix-huitième siècle marchait encore sur les traces glorieuses des deux siècles précédents, le zèle pour les humanités allait s'éteindre, et Birkholz était suffisamment autorisé à blâmer l'ignorance de ses contemporains. Il voulait, en publiant son travail sur Cicéron, réchauffer les esprits qui en avaient grand besoin, et le maître pouvait dire à ses élèves : « Ut laudatus pristinus purioris elegantiorisque latinæ linguæ amor atque cultus, jam, eheu ! apud vestrum quam plurimos neglectus fereque extinctus denuo refocillaretur atque instauraretur ! » On comprend ses plaintes, ses efforts. Il ne paraît pas qu'il ait réussi, car, quelques années plus tard, en 1820, un médecin de Marburg a publié un travail sous ce titre : « Sam. Ch. Lucæ programma cur nostris temporibus multo parcius quam olim inter medicos juniores reperiuntur docti literisque satis imbuti. »

Cette longue revue de toutes les pièces d'un procès qu'il a fallu juger de nouveau dans ces derniers temps prouve que nos devanciers l'avaient examiné avec soin. J'en étais bien convaincu lorsque, dans le courant de l'année 1856, je publiai dans la *Gazette médicale de Paris* une série d'articles sur Plaute. Je démontrais la nécessité absolue de fortifier les études classiques, de revenir aux humanités si déplorablement abandonnées de nos jours. J'insistais sur l'abaissement du niveau intellectuel parmi les élèves de nos écoles de médecine depuis la suppression du baccalauréat ès lettres. Grâce au bon vouloir d'un ministre éclairé, le mal a été réparé, et bientôt nous constaterons les heureuses conséquences des mesures nouvelles. Nous ne saurions trop engager les jeunes gens à revenir aux anciennes coutumes, à relire des ouvrages que tous les progrès de la science moderne ne pourront faire oublier, à considérer ces vieux livres d'un style si pur comme un aliment salutaire à l'intelligence. Je me rappelle une excellente dissertation de Fréd. Hoffmann : « De præparatione ad lectionem veterum medicinæ auctorum. » (Op. om. suppl. 1, p. 101), qui renferme d'excellents conseils et qui se termine ainsi : « Æqui et intelligentes lectores conatibus nostris faveant : iniquos et quæ non intelligunt ipsi judicare ausos contemnere fas sit. » Chacun a le droit d'en dire autant, avec moins d'autorité, sans doute, que l'illustre maître dont nous parlons, mais enfin avec le désir de contribuer pour sa faible part au succès d'une cause qui a pour elle la sanction de l'expérience et de la raison.

CHAPITRE PREMIER.

CORRESPONDANCE DE CICÉRON.

Après un aussi long préambule, nous allons essayer de démontrer par de nombreux exemples que la lecture des œuvres de Cicéron, n'eût-elle pas d'autre mérite aux yeux d'un médecin, renferme beaucoup de passages essentiellement médicaux, capables de fournir des notions intéressantes sur des points de pratique bons à connaître. On verra, nous l'espérons, que des renseignements précis sur sa santé, sur celle de sa famille, de ses amis, donnent une idée exacte du genre de vie, des indispositions, des maladies et du mode de traitement qu'on employait alors.

Nous avons montré ailleurs combien les idées scientifiques étaient familières aux poëtes latins, quelle singulière connaissance des choses de l'art de guérir on constatait dans les ouvrages d'Ennius, de Lucilius, de Plaute, de Térence et de Lucrèce. Parmi les prosateurs, il n'en est pas qui représente mieux que Cicéron la société romaine avant le despotisme des empereurs, qui reflète plus exactement les idées médicales ayant cours sous la république. Nous croyons qu'il y a beaucoup à gagner en étudiant la médecine dans des ouvrages où elle ne se rencontre qu'incidemment, par conséquent, avec naïveté, sans parti pris, sans influence d'école. C'est là un genre de garantie qu'on cherche rarement, mais qui nous plaît parce qu'il implique plus de vérité. Lors même que les préjugés s'y montrent, nous ne nous en plaignons pas, car ils représentent presque toujours, non pas l'opinion de celui qui les adopte, mais bien le résultat d'une observation séculaire, peu éclairée, sans doute, mais bonne à connaître comme toutes les traditions collectives formulées en proverbes, expression concrète de la science de tout le monde.

On doit bien penser que la plupart des remarques médicales faites par Cicéron se rencontrent plus particulièrement dans sa vaste correspondance. C'est en effet dans les lettres adressées aux membres de sa famille, à ses amis, que se présente naturellement l'occasion de parler des choses qui le touchent d'une manière plus directe. On peut être un grand orateur, un grand politique, un grand philosophe, mais on n'en est pas moins homme : par conséquent on a sa part des misères dévolues à la pauvre humanité, on souffre, on est malade, on éprouve le besoin de se plaindre non moins que celui d'être guéri, et de là des lettres pleines de détails intéressants.

Avant d'entrer en matière, et en présence de cette longue suite de volumes que nous devons parcourir, nous nous sommes demandé comment l'œuvre de Cicéron telle que nous la connaissons aujourd'hui est venue jusqu'à nous, comment on a recueilli ces discours, ces traités, ces épîtres, tant de chefs-d'œuvre qui sont la gloire des lettres latines. On sait à peu près les moindres particularités de la vie de Cicéron, l'époque précise où il a prononcé dans le Sénat telle harangue, où il a défendu au forum tel accusé; il en est de même pour ses œuvres philosophiques, et chaque éditeur nouveau a enrichi son travail de documents chronologiques d'un grand intérêt. Tout cela est bien sans doute, mais on aimerait à savoir par quel heureux concours de circonstances ces ouvrages ont été conservés, à qui l'on en doit les premières copies, comment les divers manuscrits ont résisté aux efforts du temps et de la barbarie, en quels dépôts ces trésors ont trouvé un asile assuré contre toutes les causes de destruction qui ont fait disparaître tant de livres dont la perte est à jamais déplorable.

Nous n'avons trouvé nulle part de réponse à ces questions. Le savant doyen de la Faculté des lettres de Paris, M. Victor Le Clerc, nous disait que le Cicéron, tel qu'il est entre nos mains, représente, pour ainsi dire, trois cents ans de recherches infinies, d'efforts persévérants, de labeurs obscurs, de découvertes heureuses dues quelquefois au hasard. Il en est d'autres qui attestent la sagacité la plus ingénieuse, par exemple, celle du savant Angelo Mai, qui, parcourant d'anciens manuscrits, s'aperçut qu'une écriture relativement moderne en recouvrait une autre plus ancienne. Des poésies ascétiques, des canons de quelques conciles oubliés, des actes publics ou privés d'un monastère éteint nous dérobaient des portions d'un discours de Cicéron. La rareté du parchemin était devenue la cause de ces substitutions. Les vers de Sedulius, si intéressants qu'ils fussent, ne valaient pas ce qu'ils nous cachaient, et grâce à des procédés laborieux et savants, le palimpseste nous a rendu ce qu'il contenait.

Nous ne pouvons ici faire l'histoire de ces découvertes si intéressantes. Ceux qui, amateurs de voyages, visitent les bibliothèques et se plaisent à considérer les restes vénérables de l'antiquité savante, pourront voir à Rome, à Milan, à Berlin, à Vienne et surtout à Londres, les manuscrits qui recèlent les fragments de la littérature romaine. La découverte du cardinal Angelo Mai a été féconde. Bien des explorateurs l'ont suivi dans cette voie et l'on peut espérer qu'elle conduira à des résultats précieux. Tout récemment, on vient de trouver dans un monastère de l'Orient un manuscrit des plus remarquables. Sous l'écriture syriaque on voit des caractères latins, et ceux-ci recouvrent une écriture plus ancienne, mais il faut attendre des éclaircissements prochains.

Quoi qu'il en soit, les palimpsestes explorés ont fourni des fragments de plaidoyers de Cicéron pour Scaurus, pour Tullius et Flaccus. Les derniers éditeurs des œuvres de Cicéron ont recueilli un volume de ces fragments qui se compléteront, il faut l'espérer, par des découvertes nouvelles.

Quand on examine ces manuscrits antiques, on s'étonne à bon droit de l'immense difficulté qu'offre le travail des premiers éditeurs. On admire le talent de ceux qui sont parvenus à restituer des phrases, des passages dans ces textes qui ne contiennent ni points, ni virgules, où rien n'indique le commencement et la fin d'une phrase, où il n'y a ni majuscules, ni alinéas, espèce d'énigme indéchiffrable et que l'on a cependant déchiffrée.

Si la connaissance des faits relatifs à la conservation des œuvres de Cicéron répond au sentiment d'une curiosité légitime, il en est de même d'un certain nombre de questions littéraires qu'on appellera, si l'on veut, digressions, mais que nous n'avons pas le courage de délaisser alors que leur solution contribue à jeter du jour sur des points, suivant nous, intéressants.

Ainsi, la correspondance du grand orateur, ou du moins ce que l'on désigne sous ce nom, se compose de huit cent seize lettres qui forment, dans la bibliothèque latine-française de Panckoucke, neuf volumes in-8°, texte, traduction et notes. Comment tout cela est-il venu jusqu'à nous? Quelle fortune amie a protégé ce recueil immense d'écrits contre tant de causes de destruction? Par quel heureux concours de circonstances des lettres adressées à tant de personnages différents, transportées dans des pays lointains, ont-elles été conservées par ceux qui les ont reçues, pieusement recueillies par les admirateurs de Cicéron, copiées par ceux qui songeaient dès lors à les réunir et à les transmettre à la postérité reconnaissante?

Il fallait pour cela, sans doute, qu'elles offrissent une réunion si rare de mérites divers, un tel charme de pensée et de style, que rien jusque-là n'eût donné l'idée d'une perfection semblable. En effet, les épîtres de Cicéron constituent un genre de littérature tout nouveau, sans précédents, et nous pourrions dire sans véritables imitateurs. Du premier coup, ce grand écrivain a donné au style familier le cachet d'une incontestable supériorité, d'une distinction merveilleuse, et nous allons essayer de rechercher comment cela s'est fait.

Pour éclaircir le mystère, voici quelques renseignements qui nous sont fournis par Cicéron lui-même. On lit en effet dans une lettre adressée à Atticus un passage qui a une singulière valeur. Le voici : « Mearum epistolarum nulla est συναγωγὴ, sed habet Tiro instar septuaginta. Et quidem sunt à te quædam sumendæ. Eas ego, oportet, perpiciam, corrigam. » (Ad Att. XVI, 5.) C'est-à-dire : « Il n'y a point de recueil de mes lettres. Tiron en possède environ soixante-dix. Vous pourrez en communiquer quelques-unes, mais il faut que je les revoie, que je les corrige avant de les rendre publiques. »

On peut conclure de cela que Cicéron attachait du prix à ces productions, qu'elles étaient connues, qu'on les colportait, que peut-être il en existait des copies déjà répandues dans le monde et que l'auteur tenait à ne laisser publier que celles qui avaient moins trait à ses affaires de famille. Comment ce recueil s'est-il formé dans la suite? Comment a-t-on conservé non-seulement des lettres qu'il aurait dû soustraire à la malignité publique, mais encore celles d'Atticus et de beaucoup d'autres personnages? C'est précisément sur ce point que nous manquons d'éclaircissements. Notons en passant que Tiron lui-même, tout en conservant les lettres de son maître, manifestait le désir d'assurer à ses propres épîtres la même publicité. Il l'a dit à Cicéron, qui lui répond à ce sujet en ces termes : « Video quid agas : tuas quoque epistolas vis referri in volumina : » je comprends votre dessein : vous voulez que vos lettres soient aussi recueillies et mises en volume. Et là-dessus, tout en disant à Tiron qu'il est le censeur de ses écrits, il lui reproche une faute, une mauvaise acception donnée à un mot, et l'on peut voir à cette occasion avec quel soin minutieux il retouche tout ce qui sort de sa plume.

Écrire une lettre est sans doute un acte qui appartient à toute société civilisée. Dès que l'usage de l'écriture s'est répandu, on a senti la nécessité de communiquer ses pensées aux personnes absentes. Les chefs des nations ont eu à transmettre des ordres; les intérêts de famille ont exigé des rapports que l'éloignement rendait impossibles, en un mot, il a fallu trouver le moyen de correspondre avec ses parents, ses amis, ses subordonnés ou ses maîtres. Comment a-t-on fait? Par quels perfectionnements successifs a passé l'art d'écrire? Comment est-il devenu usuel au point de servir à des relations fréquentes et faciles entre des personnes éloignées les unes des autres? Autant de questions que les érudits sont parvenus à résoudre, ou du moins qui ont été l'objet de travaux considérables.

Pour ne pas sortir de notre sujet, pour montrer simplement ce qu'était la correspondance épistolaire au temps où vivait Cicéron, nous trouvons, dans une de ses lettres, adressée à Curion (ad div. II, 4), une petite dissertation dont nous pouvons faire notre profit : « Epistolarum genera multa esse non ignoras; sed unum illud certissimum, cujus causa inventa res ipsa est, ut certiores faceremus absentes, si quid esset, quod eos scire, aut nostrà aut ipsorum interesset. » Vous savez, Curion, qu'il est plus d'un genre de lettres, mais il en est un qui, très-certainement, les a fait inventer : c'est celui qui a pour but d'informer les absents de ce qu'il leur importe d'apprendre ou à nous de leur faire savoir. Cicéron ajoute qu'entre Curion et lui il ne peut être question de rien de semblable, car, dit-il, « tuarum enim rerum domesticarum habes et scriptores et nuntios. » Quant à mes propres affaires, tu les connais assez. « Reliqua sunt epistolarum genera duo, quæ me magnopere delectant : » il est deux autres genres de lettres que j'aime passionnément, et de ces deux genres, l'un est familier et badin, l'autre grave et sérieux : « unum familiare et jocosum, alterum severum et grave. » Dans une autre circonstance, écrivant à Petus, il lui dit : « Epistolas vero quotidianis verbis texere solemus : » j'ai coutume, pour mes lettres, d'employer des expressions quotidiennes, c'est-à-dire familières, usuelles (ad div. IX, 21).

Voilà une définition magistrale du genre épistolaire, et Cicéron, qui a donné le précepte, n'en a pas moins fourni l'exemple ; mais cela ne satisfait pas notre curiosité, et nous voudrions que quelque érudit se fût appliqué à retrouver dans les plus anciens monuments littéraires la trace de l'origine de cette chose si commode et qui a joué un si grand rôle dans l'histoire des civilisations. Il y a de très-curieux renseignements sur quelque chose d'analogue dans l'ouvrage intitulé : *Essai sur les livres dans l'antiquité*, par M. Géraud (Paris, 1840), et les amateurs ne peuvent mieux faire que d'y recourir ; mais nous les prévenons qu'ils auront de la peine à s'en procurer un exemplaire. Nous nous contenterons de dire que la correspondance de Cicéron contient quelques faits bons à noter et que nous ne croyons pas inutile d'en grossir notre travail.

Dans une lettre adressée à son frère Quintus (ad Q. fratrem II, 15, pars altera), Cicéron dit ceci : « Calamo et atramento temperato, charta etiam dentata, res agretur. » Je vois bien qu'il me faut apporter plus de soin à choisir mon encre et mes plumes et qu'il faudra polir mon papier. On trouve dans Pline l'Ancien (liv. XIII, ch. 25) : « Scabritia chartæ lævigantur dente conchave : » on enlève les rugosités du papier avec une dent ou une coquille. On se servait en effet d'une dent d'animal (surtout des grands carnassiers, et non pas de l'ivoire, comme le disent quelques traducteurs) pour polir le papier, comme le faisaient autrefois les relieurs. Cette dent était montée sur un long manche, et je me souviens d'en avoir vu dans ma jeunesse. Aujourd'hui l'on se sert d'un morceau de jaspe, d'une agate ou de quelque autre pierre dure.

On a remarqué le mot *calamus* que nous traduisons par *plume*, mais qui n'est rien autre chose qu'un petit *roseau* taillé convenablement et que les Arabes, qui s'en servent toujours, désignent encore sous le nom de *calam*. C'est seulement vers la fin du ve siècle que les plumes d'oie ont été employées par les écrivains. Cicéron dit encore, dans la même lettre : « Sed hoc facio semper, ut quicumque calamus in manus meas venerit, eo sic utar tamquam bono : » j'ai l'habitude de me servir du premier roseau qui me tombe sous la main, comme s'il était bon. Il ne s'agit pas ici de l'instrument dont on disait : « sæpe stylum vertas, » qui, pointu par un bout, servait à écrire sur des tablettes enduites de cire, et dont l'autre extrémité, aplatie, effaçait rapidement les mauvaises expressions. Il y avait encore une sorte de crayon rouge, « cerulas miniatulas, » avec lequel Atticus marquait sur un manuscrit de Cicéron les passages qui ne lui semblaient pas irréprochables. Cicéron redoutait ces coups de crayon, comme il le dit lui-même dans sa lettre (ad Att. XVI, 11).

Quelle était l'espèce d'*atramentum*, d'encre dont on se servait habituellement? Il me semble très-probable que c'est le suc noir de la *sépia*, car Cicéron dit lui-même dans son traité de Natura Deorum (2, 50) : « Atramenti effusione, sepia. » Cela n'implique pas l'absence d'une autre espèce de liquide, par exemple, d'un mélange de suie, *fuligo*, de noir de fumée délayé dans un liquide gommeux, suivant l'espèce de formule donnée par Pline. Ajoutons que la combustion des matières résineuses fournissait la meilleure suie, et que, de nos jours, c'est encore la même chose. Dans la circonstance indiquée par Cicéron, il ne peut guère être question que de la sépia, car Quintus se plaint de lire difficilement ses dernières lettres : « Scribis enim te meas litteras superiores vix legere potuisse, » et l'on peut présumer que l'encre était pâle comme dans le vers de Perse (satire III, vers 13) :

Nigra quod infusa venescat sepia lympha.

La sépia trop délayée ne laisse pas de traces sur le papier. C'est tout le contraire de ce qui arrive quand cette matière est trop épaisse, ainsi que le dit un écolier :

Tunc querimur, crassus calamo quod pendeat humor.

Il se plaint de ce qu'elle se fige au bec de sa plume, et il ajoute : « An tali studeam calamo? » Que puis-je faire avec un pareil instrument? On aime à retrouver des renseignements si précis sur des coutumes anciennes, et qui prouvent que les écoliers du temps de Perse faisaient déjà comme font nos contemporains.

Notons ici une expression proverbiale à propos d'un certain Carbo qui, accusé par Antoine, ne fut absous qu'avec de l'encre de cordonnier : « Sutorio atramento absolutus putatur. » (Ad div. IX, 21.) Quelle était cette espèce d'encre? Les commentateurs sont assez peu explicites sur ce point. Il paraît que cela veut dire un acquittement scandaleux, laissant après lui une tache. Les cordonniers se servent encore aujourd'hui d'une solution de sulfate de fer (couperose verte) qui noircit le cuir. Quoi qu'il en soit, au temps de Cicéron, il y avait de l'encre, on s'en servait pour la correspondance ordinaire, et Boileau, en parlant d'Horace, a eu raison de dire (épître 8e) :

Pour amortir le feu de sa rate indocile,
Dans l'encre quelquefois sut égayer sa bile.

Et par conséquent, Lebrun, un de ses annotateurs, a eu tort de blâmer cette expression en disant : C'est dommage qu'il n'y eût point d'encre du temps d'Horace. Il eût mieux fait de relever un rapprochement tant soit peu bizarre entre la rate et la bile, et de montrer que les satiriques latins attribuaient au foie le rôle que Boileau transporte gratuitement à un autre viscère.

Mais le papier doit nous intéresser aussi, et dans plus d'un passage de sa correspondance Cicéron entre à ce sujet dans quelques détails bons à noter. Ainsi, un beau jour, écrivant à Atticus (ad Att. v, 4), il se plaint de la brièveté de ses lettres et le plaisante en ces termes : « Et si pæne præterii chartam tibi deesse; siquidem ejus inopia minus multa ad me scribis : » mais j'oubliais presque que vous manquez de papier, puisque cela est cause que votre lettre est si courte. « Mea cautio est, » ajoute-t-il, « tu vero aufer ducentos : » je suis votre caution, prenez-en à mes frais pour deux cent sesterces. Et tout en grondant son ami, Cicéron reconnaît qu'il mérite aussi d'être grondé : « Etsi meam in eo parcimoniam hujus paginæ contractio significat : » on pourrait croire que j'épargne moi-même le papier, tant ma lettre est brève.

Tout cela ne dit pas ce qu'était ce papier, comment on le préparait, et nous engageons ceux qui voudront en savoir plus long sur ce sujet à recourir aux antiquités de Montfaucon, aux premiers traités de Diplomatique pour résoudre ces questions. Voici un passage intéressant d'une autre lettre de Cicéron à Atticus (ad Att. v, 1) : « Nunc venio ad transversum illum extremæ epistolæ tuæ versiculum, in quo me admones de sorore. » Qu'est-ce que cela veut dire? Pour répondre maintenant à ce que vous avez écrit sur la marge de votre lettre, à propos de votre sœur, etc. « Versiculum extremæ epistolæ » signifie bien la dernière ligne, une petite ligne d'écriture, et l'on pourrait n'y voir qu'un simple postscriptum, si le mot « transversum » ne venait pas lui donner une signification spéciale : aussi ne peut-on méconnaître que la traduction *en marge* soit suffisament justifiée.

Un des amis de Cicéron, M. Celius, lui envoyait un jour, non pas une lettre, mais un volume, « volumen ipsum, » contenant une foule de nouvelles recueillies dans la ville et destinées à le tenir au courant de tout ce qui se passait à Rome, comme décrets, édits, contes et bruits publics. Ce Celius, qui s'avoue « pigerrimus ad litteras scribendas, » le plus paresseux des correspondants, a chargé de ce soin une sorte de secrétaire, se réservant de raconter lui-même les choses importantes et au-dessus de la capacité de cet écrivain salarié. « Si quid in republica majus actum erit, quod isti operarii minus commode persequi possint... diligenter tibi præscribemus » (ad div. VIII, 1).

Un personnage fort lié avec Cicéron, A. Cécina, lui écrivait de Sicile, vers la fin de l'année 707 : « Nam quum mendum scripturæ lituræ tollatur, stultitiam fama mulctet : » une faute de style se répare à l'aide d'une rature, et la folie est punie par le ridicule (ad div. VI, 7). Il y a là une allusion à une circonstance toute particulière, mais enfin, nous relevons les mots « mendum scripturæ et litura, » qui appartiennent évidemment à notre sujet et montrent l'analogie des moyens employés dans des circonstances semblables.

En ne considérant tout ce qui précède que comme un préambule, fort long sans doute, du travail spécial que nous nous sommes proposé d'accomplir, le lecteur voudra bien nous accorder qu'il y a en tout ceci certaines particularités bonnes à connaître, et d'autant plus que nos confrères, nos lecteurs, sont moins familiers avec ces sortes de recherches. Nous n'avons pas perdu de vue le but auquel nous devons tendre, et, maintenant dégagé de ces accessoires, nous pourrons mieux remplir notre tâche.

Cicéron est né le 3 janvier de l'an de Rome 648, 106 ans avant l'ère chrétienne. Nous savons que son père était d'une constitution débile, « infirma valetudine » (de Legibus, lib. II, cap. I), et qu'en raison de cette faiblesse il dut renoncer aux affaires.

Cicéron nous apprend que dans sa première jeunesse il était lui-même très-maigre, qu'il avait le col mince et long, et il ajoute que ces circonstances faisaient craindre pour sa poitrine, surtout parce qu'il déclamait sans cesse. On trouve, en effet, dans le Brutus (Dialogus de claris oratoribus), chap. 91, les détails suivants : « Erat eo tempore in nobis summa gracilitas et infirmitas corporis, procerum et tenue collum ; qui habitus et quæ figura non procul abesse putatur a vitæ periculo, si accedit labor et laterum magna contentio. » Les médecins, dit-il, et mes amis, me conseillaient d'abandonner la plaidoirie, mais je n'y voulus pas consentir, me bornant à modérer ma voix : « Itaque quum me et amici et medici hortarentur ut causas agere desisterem, quodvis potius periculum mihi adeundum, quam a sperata dicendi gloria discedendum, putavi, » prêt à subir toute espèce de danger plutôt que de renoncer à la gloire que je voulais conquérir par l'éloquence.

Ce fut sur ces entrefaites qu'il entreprit le voyage d'Athènes et qu'il resta en Grèce pendant deux années. Il en revint plus savant et plus robuste, plein d'enthousiasme pour le génie des Grecs, dédaignant les moqueries ou les injures d'un certain Calenus et d'autres ignorants qui l'appelaient Græculus. Ce diminutif, qui exprime une idée de mépris, s'est conservé dans le langage romain; on le retrouve encore dans Juvénal (III, lib. I, 78).

Græculus esuriens in cœlum, jusseris, ibit.

La troisième satire du livre premier est pleine d'invectives contre ces Grecs qui remplissaient Rome de leurs talents, de leurs intrigues, qui excitaient par conséquent au plus haut point la haine jalouse des vieux républicains.

Cicéron avait vingt-neuf ans quand il épousa Terentia. Deux ans après, il avait une fille, Tullia, dont le nom reviendra souvent dans ce travail.

Les premières lettres que l'on possède de lui sont de l'an de Rome 685, lorsqu'il avait déjà trente-sept ans. Il écrit à Atticus, son plus intime ami, et après lui avoir parlé de différentes affaires, il termine en disant : « Terentia magnos articulorum dolores habet : » Terentia souffre de grandes douleurs dans les articulations (ad Att. I, 6). Était-ce une affection rhumatismale? Ce qu'il y a de certain, c'est qu'il n'en est plus question dans tout le reste de la correspondance, car, si l'on trouve dans une autre lettre ces mots : « Terentia in febrim subito incidisse : » (ad div. XIV, 8), on ne peut croire qu'il s'agisse d'une rechute de rhumatisme articulaire, car la seconde lettre est de l'année 705, et vingt ans séparent ces deux accidents.

Terentia était de complexion faible, maladive, et dans une circonstance où Cicéron, fuyant la haine de ses persécuteurs, s'était réfugié à Brindes, il écrit à sa femme : « Quid nunc rogem te ut huc venias, mulierem ægram, et corpore et animo confectam? » Maintenant, puis-je vous prier de me suivre, hélas ! une femme malade comme vous l'êtes, épuisée de force et de courage (ad div. XIV, 4) ? Plaignons la pauvre femme, mais n'oublions pas qu'elle a vécu cent trois ans, s'il faut en croire Pline le naturaliste. Il cite en effet parmi les exemples de longévité : « Terentia Ciceronis, quæ annos excessit CIII (Hominis natura, cap. XLIX).

Dans cette même lettre, qui est pleine des plus doux sentiments, où il parle si gracieusement de sa fille : Tulliola, carissima filiola, de son petit Cicero, spes reliqua nostra, sa dernière espérance, ce mellitus Cicero, si cher à son cœur paternel, il emploie à l'égard de Terentia les plus douces expressions : « mea Terentia, fidissima atque optima uxor ; » et cependant l'histoire est là pour nous apprendre que ce modèle des époux, après trente-deux ans de mariage, répudia sa femme sous prétexte d'adultère, mais véritablement pour épouser sa pupille, une enfant, mais fort riche, Publilia, et dont il se sépara presque aussitôt, indigné de la joie qu'elle avait manifestée en apprenant la mort de Tullia. Ces particularités de la vie privée d'un homme comme Cicéron nous montrent à nu un des coins les moins excusables de son caractère, mais nous n'avons pas à nous occuper de ces choses. Revenons à ce qui est de notre ressort.

Au mois de juillet, l'an de Rome 694, Cicéron écrivait à Atticus (ad Att. II, 23) : « Nunquam ante arbitror te epistolam meam legisse, nisi mea manu scriptam : » c'est la première fois, je pense, que vous lisez une de mes lettres écrite d'une autre main que la mienne. Jugez à quel point je suis occupé et combien j'ai besoin d'exercice pour rétablir ma voix fatiguée. « Hæc dictavi ambulans, » j'ai dicté cette lettre en me promenant. Il fallait bien en venir à des aides intelligents. L'écriture d'Atticus malade était peu lisible, ainsi que le lui dit Cicéron (ad Att. VI, 9). Il avait attendu longtemps sa lettre, et en la recevant il dit :

« Admiratus sum ut vidi obsignatam epistolam, brevitatem ejus, » j'ai été surpris de sa brièveté. Mais en voici le motif : « Ut aperui, rursus σύγχυσιν litterularum quæ solent tuæ compositissimæ et clarissimæ esse : » je fus bien plus surpris de voir que votre écriture, qui est si belle et si nette, fût si brouillée.

Dans les temps de trouble où vivait Cicéron, il était dangereux de confier à des lettres faciles à saisir des opinions qui devenaient des crimes : aussi les correspondants avaient-ils recours à toutes sortes de moyens pour échapper au danger des indiscrétions ou des trahisons. Dans la lettre ad Att. II, 20, il dit : « Jam enim charta ipsa ne nos prodat pertimesco : » je commence à craindre que le papier ne nous trahisse. « Itaque posthac si erunt mihi plura ad te scribenda, ἀλληγορίαις obscurabo : » dans la suite, quand je voudrai vous donner des détails, je le ferai à mots couverts, allégoriquement. Et plus loin : « Neque utar meo chirographo, neque signo : » je n'écrirai rien de ma propre main, je ne mettrai pas mon cachet.

Écrivant à Atticus pendant son séjour à Tarse (ad Att. VI, 4), il se sert du grec, et comme il craint encore qu'on ne sache ce qu'il veut dire, il a recours au style énigmatique : « Illud præterea μυστικώτερον ad te scribam. » Et après des phrases convenues, il termine en ces termes : Je n'oserais pas m'expliquer plus clairement, « non queo tantum, quantum vereor, scribere. »

Cicéron avait un secrétaire intime qui était son ami, son familier, et qui s'appelait Tiron. On nous permettra bien, puisque l'occasion s'en présente, de dire ici que ce secrétaire était parvenu à écrire aussi vite que la parole. On lui attribue une sorte de *tachygraphie* qui, à cause du nom de son inventeur, s'appelait *notes tironniennes*, et cette écriture abrégée a beaucoup exercé la sagacité de quelques savants. Cicéron avait une très-vive amitié pour Tiron, il en parle souvent et dans les meilleurs termes. Il vous eût porté mes lettres, dit-il à Atticus, si je ne l'eusse laissé fort malade : « Tiro ad te dedisset litteras, nisi eum graviter ægrum reliquissem. » On m'annonce qu'il va mieux, mais j'en suis inquiet, « ego tamen angor : nihil enim illo adolescente castius, nihil diligentius : » il n'est pas de jeune homme plus laborieux et de mœurs plus pures (ad Att. VI, 7).

Encore un mot sur la manière de fermer les lettres, de les cacheter. On trouve dans la troisième Catilinaire quelques renseignements sur ce point. Les complices de Catilina avaient expédié des dépêches à divers personnages, elles furent saisies par les soins de Cicéron et apportées dans le Sénat. « Primum ostendimus Cethego signum, » d'abord je montrai à Cethegus son cachet ; « cognovit, » il le reconnut. « Nos linum incidimus, » nous coupons le fil, ce qui fait voir que l'on se servait alors de ce moyen pour fermer une lettre. Les deux bouts de ce fil qui entourait la lettre étaient réunis et scellés, soit avec de la cire ou toute autre substance analogue ; on y apposait un cachet spécial, et il ne faudrait pas remonter bien haut dans notre histoire pour rencontrer des coutumes semblables. « Statilius cognovit signum et manum suam, » Statilius reconnut son cachet et son écriture, et tous les autres conjurés en firent autant. Cicéron avait eu le soin de ne procéder à cette enquête que devant le Sénat assemblé.

Ainsi nous avons vu tous les agents matériels de la correspondance, et il eût été facile de multiplier ces citations. Disons un mot maintenant des moyens de transport en usage au temps de Cicéron. Dans un grand nombre de lettres, il est question du *tabellarius*, messager ordinaire chargé de porter les dépêches, et qui ne remplissait pas toujours sa mission avec exactitude, avec conscience. Ainsi l'orateur avertit Atticus qu'il aurait déjà répondu à ses lettres, « sed idcirco sum tardior, quod non invenio fidelem tabellarium » (ad Att. I, 13). Et qu'il en est peu qui ne diminuent le poids de la lettre en la lisant! « quotus enim quisque est, qui epistolam paullo graviorem ferre possit, nisi eam pellectione levarit. » Enfin, il ajoute ceci : Je ne puis confier mes missives, « neque Achaicis hominibus, neque Epiroticis. » Bien qu'il soit arrivé ici des choses importantes, « non committendæ ejusmodi periculo ut aut interire, aut aperiri, aut intercipi possint, » je ne veux point exposer de telles lettres à être ouvertes, perdues ou interceptées. Et un peu plus loin, en parlant à mots couverts de Pompée, qui n'est plus son ami, mais son rival, il écrit : « Huic terræ filio, nescio cui, committere epistolam tantis de rebus non audeo, » je n'ose confier à je ne sais quel humain des secrets d'une telle importance.

Tout ceci se trouve dans une épître de Cicéron à Atticus, écrite de Rome à la date du VI des kalendes de février 692. Voyez encore, dans une lettre à son frère, ce passage suivant : « Etiam illud te admoneo, ne quid ullis litteris committas quod, si prolatum sit, moleste feramus : » je vous recommande aussi de ne rien mettre dans vos lettres dont la lecture puisse nous être nuisible. « Multa sunt quæ ego nescire malo, quam cum aliquo periculo fieri certior : » il y a bien des choses que j'aime mieux ignorer que de les apprendre avec quelque danger. Faites-moi savoir à qui je puis confier les lettres que je dois vous écrire. » Cæsarisne tabellariis, ut is ad te protinus mittat, an Labieni? » Les donnerai-je aux courriers de César, afin qu'il vous les fasse tenir promptement, ou à ceux de Labienus? (Ad. Q. fratrem III, 8.) On voit par là que la correspondance n'était ni facile ni prompte. Ainsi une lettre de Quintus arrive le vingtième jour de son envoi (ad Q. fratrem III, 1). Une autre de César n'est rendue à Cicéron que le vingt-huitième jour. Il est vrai qu'elle venait de Bretagne. Il fallut près d'un mois, du 26 septembre au 24 octobre, pour que l'on reçût la nouvelle du passage de César en Bretagne. Le frère de Cicéron était attaché à la personne du vainqueur des Gaules, et l'accompagnait dans ces excursions lointaines (ad Att. IV, 17).

Souvent on expédiait un de ses esclaves, et Cicéron dit à Atticus : « Venit obviam tuus puer (ad Att. II, 1). » Ces messagers marchaient rapidement, bien que l'on eût souvent à se plaindre de leurs lenteurs, « commorationem tabellariorum, » et l'un d'eux, expédié par Atticus, partant de Rome, ne mit que trois jours pour arriver à Pompeia, dans l'Ager Neapolitanus (ad Att. XIV, 18). Nous ne dirons rien de Métrodore, médecin de Cicéron, devenu messager par occasion (ad Att. XV, pars posterior), ni de quelques autres personnages qui remplissent le même office, mais il convient d'indiquer en passant le messager de C. Cassius. « Præposteros habes tabellarios, » lui écrit Cicéron (ad div. XV, 17). Vous avez de singuliers commissionnaires, ajoute-t-il : « Quum a me discedunt, flagitant litteras; quum ad me veniunt, nullas afferunt : » quand ils partent, ils me demandent des lettres, et lorsqu'ils arrivent ils ne m'en apportent point. Ils ne me laissent pas le temps de vous écrire : « petasati veniunt, comites ad portam expectare dicunt; » ils viennent tout coiffés et me font dire qu'ils attendent à la porte. Petasatus signifie portant un petase, une espèce de coiffure à larges bords, propre à garantir la tête contre le soleil ou la pluie, et qui était surtout à l'usage des voyageurs. Un traducteur moderne a transformé ce chapeau en une paire de bottes, nous ne savons en vertu de quel droit. Ces messagers si pressés et si pressants étaient sans doute du genre des céléripèdes, comme celui de Salvius dont il est question dans la lettre ad Att. IX, 7.

« Breviores has litteras properanti publicanorum tabellario dedi, » écrit C. Celius à Cicéron (ad div. VIII, 7). Je vous envoie ce billet par le courrier des publicains, qui va partir aussitôt. C'est encore une espèce de messager dont il faut tenir compte, ainsi que du suivant : « Tuo liberto pluribus verbis scriptas pridie dederam, » je vous en écrivis hier plus long par votre affranchi (même lettre). Il y avait bien encore des nuntii comme ceux dont on parle dans la lettre adressée à Thermus, propréteur (ad div. XIII, 57), « quo magis quotidie ex litteris nuntiisque bellum magnum esse in Syria cognosco. » Mais en voilà assez sur ce chapitre, passons à quelque chose de plus médical.

Bien qu'il fût d'abord d'une constitution délicate, ainsi qu'il nous l'a dit lui-même, Cicéron avait fini par prendre le dessus, suivant la vulgaire expression, et sa santé générale était devenue assez bonne. Cependant l'ensemble de sa correspondance dénote un bon nombre d'indispositions dont nous devons nous occuper. Il y a à cela un certain intérêt, car au temps où la science médicale est encore peu répandue, chacun se constitue médecin pour son propre compte. On s'observe, et pour peu que la personne qui agit ainsi soit douée d'une sagacité suffisante, elle a bientôt acquis une sorte d'expérience presque légitime dont elle se sert comme d'une base à des opinions qui se généralisent. C'est ainsi que se forment de prétendues doctrines médicales en rapport direct avec le développement intellectuel de celui qui les professe. Ajoutons que les hommes les plus intelligents ne sont pas toujours ceux qui ont en médecine les idées les plus saines. Les plus absurdes préjugés médicaux ne sont pas le partage exclusif de l'ignorance, et tel individu aux talents duquel tout le monde rend hommage n'a plus le sens commun dès qu'il s'agit de sa santé.

Cicéron ne faisait pas de théorie, il observait avec soin, enregistrait ses remarques, en tirait des conclusions raisonnables et les appliquait avec une vive sollicitude au soulagement des personnes qu'il aimait. On trouve souvent au début ou à la fin de ses lettres cette douce formule : « Reliquum est ut te orem, ut valetudini tuæ, si me et tuos omnes valere vis, diligentissime servias : » je n'ai plus qu'à vous prier de prendre soin de votre santé, si vous vous intéressez à la nôtre et à celle de tous ceux qui vous appartiennent. Que l'on prenne cela pour une habitude courtoise, pour un compliment banal, cela est possible ; nous aimons mieux y voir un souhait cordial, une recommandation intime. Qu'y a-t-il de plus charmant et de mieux senti que le mot suivant : « Cura, amabo te, Ciceronem nostrum. Et nos συννοσεῖν videmur » (ad Att. II, 2) : ayez bien soin, je vous prie, de notre Cicéron (son neveu). Il me semble que je serai malade avec lui. On a beaucoup loué chez madame de Sévigné cette jolie phrase : J'ai mal à votre poitrine. Mais συννοσεῖν ne dit pas moins, et peut à bon droit réclamer la priorité. Ce sont des mots qui partent du cœur et qui peignent ce cœur mieux que les dissertations des panégyristes.

Parmi les petites maladies dont Cicéron s'est trouvé affecté, il en est qui tenaient à sa constitution primitive ainsi qu'à la nature de ses travaux. Nous avons dit que sa voix, fortifiée par un long exercice, se fatiguait néanmoins et réclamait un repos prolongé. Ainsi, dans cette même lettre où il dit à Atticus qu'il se sert pour la première fois d'un secrétaire, on trouve ces mots : « Quum recreandæ voculæ causa necesse est mihi ambulare, etc. » (ad Att. II, 23). Étant obligé, pour remettre ma voix, de me promener. Cicéron aurait pu s'en référer à ce qu'il avait dit au livre III de sa Rhétorique sur les précautions à prendre pour conserver la voix, pour l'améliorer.

Il y a çà et là, dans le livre *De l'Orateur*, plusieurs passages qui ont trait à ce point si important pour les personnes destinées à parler en public. Nous sortirions des bornes que nous nous sommes prescrites, si nous voulions rappeler ici tous les textes qui se rapportent à l'hygiène de la voix. Cela n'était pas exclusivement du ressort de la médecine, et Quintilien, qui a donné un grand développement à cette partie de l'action oratoire, renvoie les avocats à ceux qu'il désigne sous le nom de « Artifices loquendi. » Théophraste appelle φωνασκία l'art de former la voix, ce qui constituait une profession chez les Grecs. Cicéron dit quelque part qu'il faut s'adresser à des médecins ou plutôt à des personnes spécialement chargées de ce soin, pour arriver à un bon résultat : « Nihil ad nos attinet, » dit-il, « nisi ut ab iis qui non inscii sunt ejus artificii ratio curandæ vocis petatur. »

Cicéron n'avait pas de bons yeux, il s'en plaint souvent. Dans une lettre à son frère (ad Q. fratrem, II, 2), il lui dit : « Non occupatione qua eram sane impeditus, sed parvula lippitudine adductus sum ut dictarem hanc epistolam : » ce ne sont pas mes occupations, c'est une petite fluxion aux yeux qui m'oblige à dicter cette lettre. Il disait cela le 19 janvier 697, et l'on retrouve la mention du même mal dans plusieurs autres épîtres. En septembre 703, son ami M. Celius lui écrit en plaisantant : « Nunquam tibi oculi doluissent, si in repulsa Domitii vultum vidisses » (ad div. VIII, 14) : vous n'auriez jamais eu mal aux yeux, si vous eussiez vu le visage de Domitius à l'occasion du refus qu'il a essuyé.(Il s'agissait d'une place d'augure que briguait ce personnage.) A la date du 27 janvier 704, Cicéron dit à Atticus : « Capuam Calibus proficiscens, quum leviter lippirem... » (ad Att. VII, 14) : mes yeux vont mieux (traduction libre), je pars de Calès pour Capoue. Mais un peu plus tard, le 28 février suivant, il écrit à son ami : « Mihi molestior lippitudo erat etiam quam ante fuerat » (ad Att. VIII, 12) : mes yeux sont plus malades, plus chassieux que jamais. Et le lendemain il ajoute : « Lippitudinis meæ signum tibi sit librarii manus : » la main de mon secrétaire vous prouvera que j'ai toujours mal aux yeux. Au mois de mai de la même année (ad Att. x, 17), le mal est tenace, témoin ce passage : « Crebro refricat lippitudo, non illa quidem perodiosa, sed tamen quæ impediat scriptionem meam : » mon mal d'yeux revient souvent, non qu'il soit bien violent, mais il m'empêche d'écrire.

En parlant d'un certain Servius que de graves préoccupations tourmentaient et qui versait d'abondantes larmes, Cicéron, non moins malheureux à l'occasion de la lutte engagée entre César et Pompée, dit (ad Att. x, 4) : « Mihi quidem etiam lippitudo hæc, propter quam non ipse ad te scribo, sine ulla lacrima est, sed sæpius odiosa est propter vigilias : » ce n'est pas de pleurer que vient le mal d'yeux qui m'empêche de vous écrire moi-même, mais ce mal m'incommode surtout à cause de mes veilles.

Cette lippitude, pour laquelle notre langue n'a pas d'équivalent, a beaucoup fatigué Cicéron, comme on le voit par ces divers passages. Un de ses affranchis, Clodius Philisterus, en était affecté, et il le renvoya à Rome : « quod valetudine oculorum impediebatur. » Enfin, on en trouve des traces ailleurs que dans les lettres familières. Il est question dans les *Tusculanes* d'une « lippitudo diuturna. » Dans un billet à l'adresse de Tiron (ad div. xvi, 23) il est dit que Balbus est affecté d'un larmoiement si violent qu'il ne peut parler : « Balbus ad me scripsit, tanta se epiphora oppressum ut loqui non possit. » Cela implique sans doute que Balbus devait porter la parole en public et qu'il en était empêché par ce larmoiement incommode, symptôme d'une ophthalmie violente.

Les esprits méthodiques auraient désiré peut-être que nous eussions établi une classification régulière des maladies qui se trouvent dans l'œuvre de Cicéron. Il nous a paru plus commode de nous occuper de chacune d'elles à mesure qu'on les rencontre dans des matières classées chronologiquement, comme le sont les compositions de ce grand écrivain. La correspondance elle-même, dans quelques éditions, est disposée suivant l'ordre des dates, ce qui établit un rapport naturel entre les maladies et l'âge de Cicéron; mais il faut reconnaître que toutes les tentatives faites dans ce sens n'ont jamais réussi complétement. Les plus savants éditeurs se sont contentés de donner des tables de concordance dont il faut savoir tirer parti, mais sans y attacher trop d'importance.

Parmi ces lettres remplies de détails si intéressants, il en est une qui mérite une mention particulière en ce qu'elle a une forme médicale très-caractérisée. Sous le consulat de P. Lentulus et de Q. Metellus Nepos, le fils de Lentulus, promu aux fonctions d'Augure, donna un souper auquel Cicéron fut convié en qualité de collègue. C'était en l'an 696, mais on ignore la date précise de cette lettre, adressée à son ami Gallus, l'épicurien. Quoi qu'il en soit, voici ce qui s'est passé.

Une loi somptuaire, celle de Licinius, voulant modérer le luxe de la table, prescrivait la frugalité et frappait d'un certain droit les viandes, les poissons et autres aliments recherchés par les gens riches. Les légumes étaient exempts de cet impôt : aussi, comme le dit fort bien Cicéron, cherchait-on à se dédommager de cette contrainte en inventant pour les substances végétales des assaisonnements de haut goût : « Nam, dum volunt isti lauti terra nata, quæ lege excepta sunt, in honorem adducere, fungos, helvellas, herbas omnes ita condiunt, ut nihil posset esse suavius » (ad div. VII, 26). Les champignons et les helvelles (nous ne voulons pas croire que le mot latin signifie une espèce de petit chou), ainsi que d'autres herbes, préparées par de savants cuisiniers, devenaient un aliment si délicieux, qu'on ne songeait guère aux chairs les plus succulentes.

Rendant hommage au talent de ces artistes, Cicéron attaque vigoureusement les plats de leur métier. Il le dit lui-même : « In eas quum incidissem. » Il en mangea beaucoup; mais bientôt une affreuse indigestion se déclara. C'était presque un empoisonnement. « Tanta me διάῤῥοια arripuit, » que dix jours après ce malencontreux festin il était encore fort abattu. La diarrhée s'accompagna de douleurs aiguës, de nausées et sans doute aussi de vomissements; un des amis de Cicéron a été témoin de l'aventure : « vidit enim me nauseantem. »

Quelques traducteurs délicats, fuyant le mot technique, ont rendu « nauseantem » par les convulsions du mal. Nous nous élevons contre ce système d'interprétation; la parfaite intelligence des textes n'a rien à gagner aux substitutions qu'on se permet, sous prétexte d'élégance. On n'a pas le droit d'imposer à Cicéron nos idées modernes de convenance, il faut lui laisser sa couleur locale, comme on dit, et ne pas lui prêter nos prétendues délicatesses.

Il nous paraît utile de nous arrêter un peu sur le mot helvella et sur sa signification réelle. Cicéron dit : « fungos, helvellas, » ce qui nous autoriserait presque à considérer ces deux choses comme très-différentes, appartenant à des espèces végétales n'ayant entre elles aucune analogie. Cependant, un homme qui était à la fois un grand botaniste et un bon écrivain, un savant qui possédait à merveille la langue latine, Linné, a donné le nom d'*helvella* à un champignon, et il nous paraît impossible de croire qu'il ait pu dénaturer ainsi une expression qui aurait été consacrée par une autorité réelle. Columelle et Pline ont décrit diverses espèces de choux et ne disent rien de l'*helvella*. Cette considération nous paraît toute-puissante.

Cicéron, en écrivant *fungos, helvellas,* aurait-il voulu désigner deux choses voisines, liées l'une à l'autre par un rapport générique? Les *fungi* formaient un groupe de plantes bien connues des Romains ; ce groupe était composé d'espèces différentes : témoin le fameux *bolet* comestible, si différent du bolet vénéneux avec lequel on empoisonna Claude. Voici un passage de Juvénal qui en dit beaucoup sur ce chapitre (*Sat.* v., vers. 146) :

> Vilibus ancipites fungi ponentur amicis,
> Boletus domino : sed qualem Claudius edit
> Ante illum uxoris, post quem nihil amplius edit.

Que doit-on entendre par *fungus anceps?* Quels étaient ces champignons donnés aux personnes de peu d'importance, à ces convives de rien, parasites effrontés tels que Plaute nous les dépeint? On offrait sans scrupule, « vilibus amicis, » des champignons vulgaires, douteux même, sans se préoccuper des conséquences dont on savait la gravité. Le maître se réservait le fameux bolet ; c'était un mets de choix ; mais Juvénal reconnaît qu'il faut savoir distinguer, et que l'erreur est funeste.

Il faut noter en outre que le mot *helvus,* qui signifie *gris, brun,* un mélange de blanc et de noir, convient à merveille aux deux espèces d'helvelles comestibles, l'*helvella grandis* et l'*helvella esculenta,* de Persoon, car toutes deux ont le chapeau trilobé ou quadrilobé, d'un brun tacheté, pustuleux. Il nous paraît donc impossible d'admettre la confusion que l'on a établie entre deux végétaux aussi différents qu'un champignon et un chou. De ce que les accidents produits par l'ingestion de ces substances végétales ont pris le caractère d'une sorte d'empoisonnement, chose très-facile à comprendre quand il s'agit de champignons, on n'est pas autorisé à conclure que l'helvelle serait un autre champignon, car les choux sont assez indigestes pour déterminer des troubles fonctionnels analogues, sinon aussi graves. Mais, par toutes les considérations que nous avons exposées, nous croyons que Cicéron a véritablement été empoisonné par un champignon vénéneux. Voyons les suites de ce repas.

Le grand orateur se plaint amèrement de tous les maux qu'il a éprouvés dans cette fâcheuse occurrence : « Ita ego, qui me ostreis et murænis facile abstinebam, a beta et a malva deceptus sum : » ainsi, moi qui m'abstenais volontiers d'huîtres et de murènes, j'ai été trompé par des bettes et des mauves. « Posthac igitur erimus cautiores, » nous y prendrons garde à l'avenir! En attendant, sa lettre à Gallus débute ainsi : « Quum decimum jam diem graviter ex intestinis laborarem : » le mal dure déjà depuis dix jours, et il a été si violent que Cicéron a dû quitter la ville et se réfugier à Tusculum. Ses amis, ses nombreux clients ne le croyaient pas malade, parce qu'il n'avait pas de fièvre, « neque iis qui mea opera uti volebant me probarem non valere, quia febrim non haberem ; » on le poursuivait, on l'importunait de sollicitations, en dépit de ses souffrances : aussi a-t-il pris le parti de fuir, afin d'obtenir d'un repos complet ce que la diète et le régime ne lui avaient pas donné.

Voyons comment Cicéron s'est traité. « Fugi in Tusculum, quum quidem biduum ita jejunus fuissem, ut ne aqua quidem gustarem. » Ceci est une affaire d'instinct ; après une forte indigestion, la diète va de soi-même, et l'on voit que le malade, pendant deux jours, n'avait pas même bu de l'eau. « Confectus langore et fame, » mourant de faiblesse et de faim, il attend que ses amis viennent le visiter et le consoler. Il dit à Gallus : « Ego autem quum omnes morbos reformido, tum quos Epicurum tuum Stoici male accipiunt, quia dicat δυσουρικὰ καὶ δυσεντερικὰ πάθη sibi molesta esse, » je crains beaucoup toutes les maladies, mais surtout celles que les Stoïciens reprochent à votre Epicure, c'est-à-dire, la dysurie et la dysenterie, dont il se plaignait si fort.

Si le mot dysurie n'est pas devenu usuel, il n'en est pas de même de l'autre dont chacun se sert. On se demande pourquoi, en dépit d'une étymologie si simple, on dit et l'on écrit dyssenterie, ajoutant une s parfaitement inutile au sens et à l'euphonie? Est-ce une simple tyrannie de l'usage?

Le nom d'Épicure, cité dans ce passage, demande un petit éclaircissement. Les Stoïciens considéraient la dysenterie comme une conséquence de la gourmandise, et la dysurie comme une preuve d'une intempérance encore plus honteuse. Cicéron dit en propres termes : « Quorum alterum morbum edacitatis esse putant, alterum etiam turpioris intemperantiæ. » On voit par là que les maladies de la vessie étaient attribuées aux excès vénériens, ce qui est loin d'être toujours vrai ; mais enfin il n'est pas inutile de noter en passant cette idée étiologique.

Cicéron, qui se piquait un peu de stoïcisme, bien qu'il fût académicien, pouvait donc s'étonner d'être en proie à une maladie qu'il ne croyait pas avoir méritée : aussi dit-il avec une sorte de dépit : « sane δυσεντερίαν pertimueram, » franchement, je me croyais menacé de la dysenterie, « sed visa est mihi vel loci mutatio, vel animi etiam relaxatio, vel ipsa jam fortasse senescentis morbi remissio profuisse. » Ainsi le changement de lieu, le repos de l'esprit et enfin l'affaiblissement de la maladie par l'action du temps, tels sont les moyens curatifs mis en usage dans cette circonstance, et l'on conviendra que jamais médecine plus expectante ne fut employée à la guérison d'une maladie de nature inflammatoire. Cicéron n'a eu recours ici à aucun moyen actif : la diète, le repos, ont suffi pour triompher du mal, et nous pouvons conclure de ce fait, dont tous les points sont on ne peut plus clairs, que la médecine dogmatique à Rome n'avait pas encore exercé d'influence bien notable sur l'esprit public.

Une indigestion aussi grave devint pour notre auteur une leçon qui ne fut pas perdue. On trouve dans une lettre de Cicéron à son frère Quintus un petit passage qui montre son goût pour la sobriété. Il dit en parlant de son neveu : « edacitatem pueri pertimesco » (ad Q. fratrem III, 9), je crains que cet enfant ne mange trop, sa mère n'étant pas là pour le surveiller : aussi le renvoie-t-il à son père pour qu'il soit préservé des inconvénients de la gourmandise. Cicéron cite un exemple fort remarquable des dangers de cette voracité. Dans une lettre adressée à Cassius, il dit : « Nos hic P. Sullam patrem mortuum habebamus, » Sylla le père vient de mourir ; « alii a latronibus, alii cruditate dicebant, » les uns le disent tué par des voleurs, d'autres disent qu'il a succombé à une indigestion. Remarquons en passant le mot « cruditas » et sa signification spéciale.

Et puisque nous nous trouvons naturellement amené à parler des habitudes voraces des Romains du temps de Cicéron, passons en revue quelques-uns des plus célèbres mangeurs de cette époque. Le 25 mai 702 (A. R.), M. Cœlius écrit à Cicéron une longue lettre, dans laquelle on voit, entre autres nouvelles, celle-ci : « Te a d. IX kalend. jun. subrostrani (quod illorum capiti sit !) dissiparant periisse : ita ut in Urbe ac Foro toto rumor fuerit te a Q. Pompeio in itinere occisum » (ad div. VII, 1). Ce qui veut dire : Le 24 mai, à Rome, il se répandit un bruit au Forum (et puisse-t-il retomber sur la tête de ses auteurs !) que vous aviez été tué, pendant votre voyage, par Q. Pompée. Cette rumeur populaire ne tourmenta pas beaucoup le correspondant de Cicéron, car il ajoute : « Ego, qui scirem Q. Pompeium Baulis emeticam facere, et usque eo, ut ego misererer esuriei, non sum commotus ; » mais moi qui savais Q. Pompée à Bauli, où il se faisait vomir, j'ai eu pitié de cet affamé et je ne me suis pas ému.

Ici se présente une grave difficulté. Le texte, tel que nous venons de le transcrire, a été l'objet de discussions vives entre les plus habiles interprètes de Cicéron. Les éditions princeps portent, au lieu de « emeticam, » les mots « sembæneticam, schænobaticam, » car ces expressions se trouvent dans les manuscrits, et alors, Q. Pompée ne serait autre chose qu'un marinier ou un baladin, un danseur de corde. M. Quicherat penche pour « empeneticam, ou peneticam (artem), » qui veut dire l'art des gueux, faire de la gueuserie. Orelli, qui passe à bon droit pour le meilleur éditeur moderne des œuvres de Cicéron, adopte « embæneticam, » et le pauvre Q. Pompée devient un simple batelier. M. Quicherat trouve que le sens ne permet pas de lire « emeticam, » par la raison que les Romains ne se faisaient pas vomir quand ils avaient l'estomac vide. Le personnage en question dans la lettre de Cœlius est appelé par Catulle « pater esuritionum, » et ce même Cœlius en disant : « Usque eo ut ego misererer ejus esuriei, » ne veut pas l'accuser de manger trop. Ces expressions ne sont-elles pas pour nous l'équivalent de ce que l'on nomme « un meurt de faim ? » Mais tout cela nous semble bien recherché, bien travaillé, et nous inclinerions bien plus volontiers à adopter le mot « emeticam » qui appartient au correspondant de Cicéron, et que ce dernier n'eût sans doute pas employé en pareil cas. Nous verrons en effet, un peu plus loin, qu'il dit, en parlant de César : « Ἐμετικὴν agebat, » car il ne latinise pas les mots grecs. Et puis il ne nous paraît pas juste de rejeter cette expression, sous prétexte que les Romains ne se faisaient vomir que quand ils avaient mangé, afin de pouvoir manger encore. Nous allons voir le contraire.

Ainsi nous conservons le terme consacré, « emeticam agere, » vider son estomac, et Q. Pompée recourait à cette agréable pratique pour se donner de l'appétit. Peut-être ne voulait-il que manger quand il n'avait plus faim, se débarrasser d'un repas ingéré pour en ingérer un autre, et en tout cas, c'était une singulière opération. Elle était en quelque sorte vulgaire, du moins peut-on le penser d'après ce que raconte Cicéron dans une lettre du 21 décembre 708, adressée à son cher Atticus (ad Att. XIII, 52).

César, voyageant en Campanie, visitait ses amis; un grand appareil militaire l'accompagnait, et ses hôtes n'étaient pas très-rassurés en présence de cette foule de soldats. Après avoir séjourné chez Philippe, il vint chez Cicéron, et se conduisit de la manière suivante. Ayant fait une promenade au bord de la mer, il rentra, se mit au bain, « post horam VII, in balneum, » puis il se fit parfumer, « unctus est et accubuit, » et il se mit à table. « Ἐμετικὴν agebat, » il s'était fait vomir, « itaque et edit et bibit ἀδεῶς et jucunde, » aussi il mangea et but beaucoup et fut de bonne humeur.

Voilà une action dont les temps successifs sont marqués avec précision. Il ne peut pas y avoir de doute sur ce vomissement provoqué avant le repas, dans le but de stimuler l'appétit, de faire un dîner plus copieux. Seulement on ne dit pas par quel procédé l'on déterminait les contractions de l'estomac. On sait que les doigts suffisaient.

Ne pourrait-on pas croire que cette habitude fâcheuse déterminait à la longue des troubles graves dans les fonctions de l'estomac? Cicéron écrivant ad Att. XIV, 8, lui dit : « Nauseolam tibi tum causam otii dedisse facile patiebar. » Je ne suis pas fâché que vos nausées, vos maux de cœur, vous aient contraint au repos. Dans une lettre suivante (XVI, 10), il lui adresse cette question : « Nauseam jam ne plane abiit? » La nausée a-t-elle enfin disparu? On voit par ces exemples, et nous pourrions les multiplier, que ces sortes d'affaires faisaient partie de la conversation courante. On ne s'étonnera pas d'entendre Cicéron dire à son ami Cassius, en parlant d'Antoine : « Itaque omnibus est visus, ut ad te antea scripsi, vomere suo more, non dicere » (ad div. XII, 2). Aussi a-t-il semblé à tout le monde, comme je vous l'ai déjà mandé, qu'il vomissait, suivant sa coutume, plutôt qu'il ne parlait.

Cicéron n'usait pas de tels procédés, et, dans une lettre adressée à Trebatius (ad div. VII, 20), il lui dit : « Ego a Sexto Fadio, Niconis discipulo, librum abstuli. » J'ai pris à Sextus Fabius, disciple de Nicon, un livre de son maître. Et ce livre a pour titre : Νίκωνος, περὶ πολυφαγίας, Nicon, sur la gloutonnerie. O le charmant médecin ! s'écrie-t-il tout joyeux. « O medicum suavem meque docilem ad hanc disciplinam ! » Et que j'accepte volontiers ses prescriptions ! On voit par là combien Cicéron réprouvait les habitudes voraces de ses contemporains. Cependant il lui est arrivé de s'étendre avec quelque complaisance sur les plaisirs de la table, et la lettre suivante, que nous allons examiner, prouve que, même en plaisantant, il n'était pas tout à fait étranger aux idées de bonne chère si fort en honneur de son temps.

Un de ses correspondants les plus intimes, Papirius Petus, recevait de lui, en juin 707, une lettre (ad div. IX, 18) qui offre le plus singulier mélange de choses graves et de plaisanteries. Cicéron était réfugié à Tusculum ; il parle de ses meilleurs amis qui viennent de périr les armes à la main, de Caton qui a mis fin à ses jours. Il ne plaint pas tant d'illustres victimes, il envie presque leur sort. Il cherche à se consoler, ou plutôt à s'étourdir, et il y parvient : « Ipse melior fio, » dit-il, je deviens meilleur, « primum valetudine quam intermissis exercitationibus amiseram, » d'abord sous le rapport de ma santé que le défaut d'exercice avait ruinée, etc. Enfin, un dernier avantage que vous placerez probablement en première ligne : « Extremum illud est, quod tu nescio an primum

3.

putes, plures jam pavones confeci quam tu pullos columbinos, » j'ai mangé plus de paons que vous de pigeonneaux.

Cicéron, devenu gastronome, continue son chapitre de gourmet amateur : « Tu istic te Ateriano jure delectato, » vous faites vos délices des ragoûts d'Atérius, « ego me Hirtiano, » et moi de ceux d'Hirtius. Venez donc, si vous êtes un homme, « si vir es, » et nous vous montrerons nos talents, « etsi sus Minervam, » à la façon d'un pourceau qui en remontrerait à Minerve. Cette locution proverbiale nous semble bonne à garder.

Ainsi lancé, Cicéron va loin, et il clôt son épître par une sentence tout à fait épicurienne. Il dit à son ami : « Satius est hic cruditate quam istic fame : » il vaut mieux, croyez-moi, mourir d'indigestion ici que de faim là où vous êtes. Arrivez donc, « potes mulo isto, quem tibi reliquum dicis esse, quum cantherium comedisti, Romam pervehi, » vous pouvez revenir à Rome sur ce mulet que vous dites posséder encore, puisque vous avez mangé votre pauvre cheval.

Cette lettre nous montre Cicéron essayant de secouer les tristes pensées qui l'assiégent; il a le pressentiment d'une mort violente, il ne sait trop quel parti prendre : « Nisi forte mori melius fuit. In lectulo, fateor, sed non accidit : » il eût mieux valu, peut-être, mourir dans mon lit, j'en conviens, mais je n'ai pas eu cette chance. Et si Caton est mort « præclare, » glorieusement, « jam istuc quidem, quum volemus, licebit, » je serai toujours libre de l'imiter. Tout cela n'est pas gai, l'on en conviendra, et il fallait un grand courage pour parler ainsi. On sait que Cicéron se laissa égorger par les sicaires d'Antoine. Revenons à notre sujet.

On trouve dans la suite de cette longue correspondance une autre épître adressée au même Papirius Petus (ad div. IX, 20); elle est du mois d'août l'an de Rome 707, et contient quelques renseignements sur la cuisine de Cicéron et sur celle de son ami. Je voulais aller vous voir, dit l'orateur, et ce n'aurait pas été un hôte, mais un homme qui se serait établi chez vous. « At quem virum ? » Et quel homme? Ce n'est pas celui que vous pouviez facilement rassasier avec des entrées, « non eum quem tu es solitus promulside conficere. » Le mot *promulsis* veut dire un plat de premier service, une sorte d'entremets, et l'on peut croire que c'était une chose douce, agréable, flattant la bouche de ceux qui ont peu d'appétit. Cicéron déclare qu'il n'est plus un de ces petits mangeurs, aussitôt rassasiés; non pas, ajoute-t-il : « Integram famem ad ovum affero, » j'apporte ma faim tout entière aux œufs, et vous pouvez compter qu'elle durera jusqu'au veau rôti, « itaque usque ad assum vitulinum opera perducitur. »

Il résulte de ce passage qu'après les entrées on servait des œufs, et qu'après ceux-ci venait le veau rôti. *Assum* est proprement la chair grillée, rôtie devant le feu, par opposition au mot *elixus,* qui s'entend des substances bouillies dans l'eau, choses qui ne s'excluaient pas, témoin le mot d'Horace : « Assis miscere elixa. » Voilà donc notre grand homme qui veut renoncer pour un temps aux affaires, aux discussions dans le sénat, aux plaidoieries; on ne dira plus de lui : « O hominem facilem ; o hospitem non gravem! » Quel homme facile à vivre, quel hôte commode! Non, il arbore la bannière d'Épicure, il se range parmi ses partisans : « in Epicuri nos, adversarii nostri, castra conjecimus, » il se jette dans le camp ennemi. Mais, comme il est essentiellement modéré par goût, par tempérament, il ajoute bien vite : ne croyez pas que cela aille trop loin, « non tamen ad hanc insolentiam, » jusqu'à l'abus, et ici le mot *insolentia* veut dire excès, comme dans cette autre phrase de Cicéron : « Hujus sæculi insolentiam vituperabat, » il blâmait les prodigalités de notre siècle.

Notre auteur saura garder certaine mesure, il fera comme Papirius Petus, il aimera la bonne chère, « sed ad illam tuam lautitiam, veterem dico, quum in sumptum habebas, » je partagerai votre goût pour le luxe, comme vous l'aviez autrefois, alors que vous viviez largement.

On voit qu'il se réserve encore une assez belle part dans les plaisirs de la table. Il continue sa plaisanterie et dit : « Proinde te para, cum homine et edaci tibi res est, et qui jam intelligat : » préparez-vous donc, et songez que vous allez avoir à traiter un gros mangeur qui a appris à s'y connaître. « Dediscendæ tibi sunt sportellæ et artologani tui, » laissez donc là vos corbeilles et vos petits gâteaux. Artologanus est une importation grecque sur la valeur de laquelle les savants ne sont pas d'accord. Pline dit qu'on doit entendre par là une sorte de friture, quelque chose d'assez analogue à l'omelette ou aux beignets. Nous n'avons pas l'autorité nécessaire pour trancher cette grave question.

Quoi qu'il en soit, Cicéron se complaît en ces détails, et après avoir ainsi menacé son hôte, il raconte qu'il a donné à souper à Hirtius lui-même, bien qu'il ne lui ait pas servi de paon. « Etiam Hirtio cœnam dedi, sine pavone tamen. » C'était un mets de premier choix, de haut goût, qui s'est conservé dans la cuisine française jusqu'à l'époque de la Renaissance. On appelait le paon un oiseau royal, et Dieu sait avec quelles cérémonies on l'introduisait sur les plus nobles tables! Mais enfin Hirtius n'en a pas trouvé chez Cicéron : le cuisinier du grand orateur ne valait pas celui de son convive ; il a seulement donné « jus fervens, » des sauces bouillantes, et cette signification du mot *jus* se retrouve dans les œuvres de Plaute, de Varron et de Térence, à propos du suc des viandes cuites ou des assaisonnements qu'on y mêle.

Notons ici une difficulté singulière qui se trouve dans ce

passage. La chose est peu importante en elle-même, mais les érudits détestent les obscurités, et quelle que soit la valeur du fait à éclaircir, ils s'y appliquent avec une égale passion. On aura peut-être remarqué que Cicéron parle deux fois d'Hirtius et des paons. Or, il vient de dire : J'ai donné à souper à Hirtius sans lui offrir de paon. Ici ce personnage est évidemment un convive invité, pour qui l'on se croit obligé de faire quelque cérémonie.

Dans une autre circonstance, Cicéron dit à Petus : Vous faites vos délices des ragoûts d'Atérius, ou plutôt des sauces Atériennes, moi je préfère les Hirtiennes. Pourquoi cette comparaison? Hirtius avait-il inventé quelques mets, quelque assaisonnement qui portait son nom? On peut croire qu'il y a là un jeu de mots, une sorte de calembourg comme on en rencontre assez souvent dans les écrits de Cicéron; le mot *jus, jure,* veut dire à la fois sauce et droit, et il resterait à établir que le personnage en question était un légiste, un magistrat, prêtant par conséquent à cette allusion; mais on ne sait rien de précis à cet égard, et nous croyons devoir nous récuser comme tant d'autres l'ont fait avant nous.

Pour compléter les menaces adressés à Petus, Cicéron termine sa lettre en lui disant : « Sed cura, si me amasi ut valeas, ne ego, te jacente, bona tua comedam. Statu, enim tibi ne ægroto quidem parcere : » ayez soin, je vous prie, de vous bien porter, si vous ne voulez pas que je mange votre bien pendant que vous serez malade, car j'ai résolu de ne pas vous épargner, même en état de maladie.

Bien que l'on ait pu dire de Cicéron : « Habemus facetum consulem, » il est bien rare de rencontrer dans sa correspondance quelques éclairs de gaîté. La lettre que nous venons d'analyser débute ainsi : « Dupliciter delectatus sum tuis litteris, et quod ipse risi, et quod te intellexi jam posse ridere : » votre lettre m'a réjoui doublement, elle m'a fait rire et m'a fait voir qu'enfin vous pouviez rire aussi. Mais ce sentiment, qui règne dans la plus grande partie de cette épître, fait place vers la fin à cette phrase : « Patriam eluxi jam et gravius et diutius quam ulla mater unicum filium, » j'ai pleuré ma patrie plus amèrement et plus longtemps qu'une mère ne pleure son fils unique; et il ajoute plaisamment : « Inde corpori omne tempus datur, » je puis donc donner tout mon temps aux soins de mon corps.

Papirius Petus était goutteux, et dans la lettre suivante, qui est du 24 août 707, Cicéron lui annonce encore sa prochaine visite : J'ai demandé de vos nouvelles à Gallinaire, « quæsiissem quid ageres, » il m'a répondu que vous aviez la goutte, « dixit te in lecto esse, quod ex pedibus laborares » (ad div. IX, 23), et que vous étiez retenu au lit. Je n'en irai pas moins chez vous, « ut viserem et cœnarem etiam, » pour vous voir et souper avec vous. « Non enim arbitror cocum etiam te arthriticum habere, » j'imagine que votre cuisinier n'est pas goutteux comme vous. Attendez donc un hôte qui est petit mangeur et qui déteste les grands festins, « expecta igitur hospitem quum minime edacem, tum inimicum cœnis sumptuosis. » On voit par là que son grand appétit n'a pas duré longtemps, et que, la plaisanterie terminée, Cicéron est rentré dans sa sobriété ordinaire. C'est le seul passage de ce genre que nous ayons rencontré dans son œuvre.

Les gourmands étaient sujets à la goutte, témoin celui dont nous venons de parler. En voici un autre, Balbus, qui, ayant une ophthalmie intense, souffre bien plus encore de son arthrite goutteuse, et à ce point qu'il ne peut recevoir personne : « Tantis pedum doloribus afficitur, ut se conveniri nolit. » Était-ce une affection de même nature ou un simple rhumatisme qui rendait L. César presque perclus, comme le rapporte Cicéron dans une lettre adressée à Dolabella (ad div. IX, 14), alors qu'il était à Pompeia au mois de mai 709? Voici ce qu'il en dit : « L. quidem Cesar, quum ad eum ægrotum Neapolim venissem, quanquam erat oppressus totius corporis doloribus »... Il est probable que le malade était venu à Naples pour se débarrasser de ses douleurs.

Cicéron dit en effet, au commencement de sa lettre : « Sunt enim permulti optimi viri, qui, valetudinis causa, in his locis conveniunt. » Beaucoup de personnages considérables viennent ici pour se guérir. On connaissait les vertus des eaux thermales sulfureuses; on savait quelle influence elles exercent sur les maladies des articulations; les étuves de Pouzzoles étaient en grande renommée, il y avait aussi des sources où l'on buvait, et Pline nous apprend que certaines personnes, croyant hâter la guérison, en prenaient avec excès, au point de compromettre leur vie. Nous avons montré ailleurs (Études médicales sur les poëtes latins) quel rôle jouait dans la vie privée des Romains l'eau chaude dont le peuple-roi faisait si grand cas, ainsi que le prouvent les nombreux établissements thermaux qu'il créait à grands frais partout où il rencontrait ce trésor sortant du sol et devenant, par cela seul, la cause efficiente de nouveaux centres de population.

Dans un billet de Cicéron à Terentia, il lui recommande de faire préparer le bain pour les hôtes qui vont arriver à Tusculum, et il se sert de ces expressions : « Labrum, si in balneo non est, ut sit : » s'il n'y a pas de cuve dans la salle de bain, qu'on en mette une. On comprend bien la différence qui existe entre « labrum » et « balneum. » Cicéron a voulu que tout fût en ordre, et il ajoute : « Item cetera quæ sunt ad victum et ad valetudinem necessaria. » Ce billet très-court ne contient malheureusement aucun détail sur les objets nécessaires, ce qui nous eût renseigné utilement sur les habitudes hygiéniques telles qu'elles existaient alors.

Il en est un autre plus explicite qui nous fait connaître l'opinion de Cicéron sur ce point important. Son cher Tiron était souvent malade : aussi lui prodigue-t-il les conseils. « Tibi διαφόρησιν gaudeo profuisse, » je suis charmé que la transpiration vous ait fait du bien (ad div. XVI, 18), lui dit-il dans une lettre pleine des expressions les plus affectueuses. « Indulge valetudini tuæ, » soignez-vous bien; vous savez ce que réclame votre santé délicate, « ea quid postulet non ignoras : πέψιν, ἀκόπιαν, περίπατον σύμμετρον, τέρψιν, εὔλυσιαν κοιλίας, » c'est-à-dire, un bon appétit, pas de fatigue, une promenade modérée, de la distraction et le ventre libre.

Quel médecin pourrait mieux dire? De pareils conseils seront toujours utiles à ceux qui voudront bien les suivre; mais Cicéron lui-même, qui les donne avec tant d'autorité, a mille fois oublié ces règles salutaires de toute bonne hygiène. Combien de praticiens, moins excusables que lui, méritent le même reproche!

On doit cependant reconnaître en lui un certain tact médical qui se manifeste, non-seulement par sa manière d'envisager les indispositions ou les maladies de ses amis, mais bien plus encore par le jugement qu'il porte sur ce qui le touche. Ainsi dans une lettre adressée à Atticus (ad Att. v, 8) il dit : « Me et incommoda veletudo, qua jam emerseram, ut pote quum sine febri laborassem.... tenebat duodecimum jam diem Brundisii : » je suis depuis douze jours à Brindes, retenu par une indisposition dont je me suis remis facilement, n'ayant point eu de fièvre.

Voici une autre indisposition un peu plus caractérisée, mais qui n'a pas eu de gravité, tant sa marche a été rapide. Lorsqu'il était dans le port de Caïète, à bord d'un navire, et près de se rendre au camp de Pompée près de Dyrrachium, il lui arriva d'éprouver tout à coup un grand désordre dans l'appareil digestif. « χολὴν ἀκρατὸν noctu ejeci; statim ita sum levatus, ut mihi deus aliquid medicinam fecisse videatur. » Cette évacuation bilieuse survenue spontanément et dont le succès a été si grand, si rapide, qu'était-ce donc? Nous en avons déjà parlé, mais ne pourrait-on y voir une simple attaque de mal de mer? Cicéron était à bord d'un navire, encore à l'ancre, il est vrai, dans le port, mais ne voit-on pas le vomissement survenir dans des circonstances analogues, et le dieu qui a produit ce miracle, n'est-ce pas Neptune lui-même?

On voit dans la même lettre (ad div. XIV, 7) : « Omnes molestias et sollicitudines, quibus et te miserrimam habui... deposui et ejeci : » j'ai secoué, j'ai chassé les chagrins et les inquiétudes qui vous rendaient si malheureuse. L'expression « ejeci » se rapportant à la fois à la bile et aux chagrins est bien dans le goût de Cicéron; nous en rencontrerons bien souvent d'analogues. A l'époque où il écrivait ainsi, en juin 704, il subissait une crise politique qui lui causait d'immenses soucis; il n'est pas étonnant que sa santé en ait souffert : aussi le vaisseau qui détermina cette explosion lui rendit un véritable service. Je n'ai pas lu la dissertation de Slevogt sur le fait en question. Elle a été soutenue en 1710 devant l'université d'Iéna; probablement elle se ressent des doctrines médicales qui régnaient alors en Allemagne.

Du physique au moral il n'y a pas loin, la bile engendre la colère, l'étymologie l'indique assez, et Cicéron, qui vient d'en rejeter une grande quantité, s'étonne de ce que certaines gens le croient sans fiel. « Nec tam animum me quam vix stomachum habere arbitrantur, » ils pensent donc que je n'ai ni cœur ni bile (ad Att. XV, 15)? Cette expression énergique se retrouve souvent au bout de sa plume. « Videbam Philippum stomachantem, » je voyais Philippe en colère. « Stomachor omnia, » tout me fâche, tout me blesse : « quæ mihi majori stomacho fuerunt quam... » cela m'a plus révolté que, etc. On voit par là que notre expression populaire : s'estomaquer, peut revendiquer de beaux titres de noblesse et que le plus habile prosateur romain l'a consacrée par un fréquent usage.

Après l'hygiène vient le régime, la diète, et Cicéron n'en ignorait pas les avantages. Sa correspondance en contient des preuves fréquentes : aussi les érudits des XVIIe et XVIIIe siècles ont-ils disserté longuement sur cette matière qui leur plaisait beaucoup. « De methodo Ciceronis tuendi valetudinem. » Voilà un sujet de thèse dont on s'est occupé et dont nous avons déjà parlé. Mais citons un passage qui mettra en évidence son goût pour cette médecine primitive, instinctive, dont on suit si mal les leçons.

Clodius, poussé par une fureur aveugle, attaque Cicéron sur la voie Sacrée; celui-ci, bien accompagné, se défend, et il ajoute : « ipse occidi potuit, » j'aurais pu le faire tuer, mais il me répugne d'en venir aux opérations sanglantes; j'aime mieux la diète, le régime, c'est-à-dire la médecine expectante, « sed ego diæta curari incipio, chirurgiæ tædet » (ad Att. IV, 3). On reconnaît là son jugement, sa prudence; ce sage procédé lui convient; il l'applique même à un furieux qui ne méritait guère ces ménagements et qui, dans une circonstance semblable, ne devait pas tarder à succomber sous les coups des esclaves de Milon.

On peut voir dans une lettre (ad Att. II, 1) une application du même principe judicieux. Il dit, en parlant de la république : « Tamen non minus esset probanda medicina, quæ sanaret vitiosas partes reipublicæ, quam quæ exsecaret : » n'est-il pas préférable de guérir les parties malades que de les couper? Ce sont ces passages marqués au coin du bon sens qui ont donné une si haute opinion de la science médicale de Cicéron. Nous en trouverons des preuves encore plus convaincantes, et dans des occasions d'une plus grande importance.

Atticus avait souvent la fièvre sous le type quarte, et nous consacrerons un chapitre spécial à ces formes fébriles qui jouent un si grand rôle à Rome. L'ami de Cicéron cherche à se débarrasser par le régime de ces accès si tenaces et celui-ci lui écrit : « Aliquando ἀποτρίψαι quartanam istam diligentia, quæ in te summa est » (ad Att. VII, 5) : chassez votre fièvre quarte par ce régime sur lequel vous êtes si fort. Nous voudrions bien connaître ce fameux régime, mais on ne trouve aucun renseignement sur ce point essentiel.

Le mot « diligentia » a des significations très-diverses, il veut dire : ordre, économie, ménage, ou bien encore, observation des règles, comme dans cette phrase : « diligentia sacrorum, » observance des sacrifices. Il faut beaucoup prêter à la lettre pour voir dans le conseil que Cicéron donne à son ami l'indication d'un régime particulier. Nous croyons qu'il a voulu parler tout simplement de la surveillance qu'observe à son propre bénéfice tout homme raisonnable et intelligent.

Les traducteurs, il faut bien en convenir, se donnent d'étranges libertés; ils interprètent d'après des motifs qui semblent plausibles, et qui le seraient bien plus, si nous connaissions mieux certains chapitres de la vie privée des Romains du temps de Cicéron. Dans une autre lettre postérieure de six ans à celle que nous venons de citer, écrivant à Atticus, il lui dit ceci : « gravedo tua mihi molesta est, » votre mal de tête (ou votre corysa) m'inquiète, me chagrine. « Quæso, adhibe, quam soles, diligentiam » (ad Att. XVI, 11). Qu'est-ce que cela veut dire? « Gravedo » se rend par pesanteur de tête, rhume de cerveau, mais les traducteurs élégants, qui craignent le mot propre, disent indisposition. Encore faudrait-il laisser voir de quelle nature elle peut être, et en quoi Cicéron a le droit de s'en tourmenter. Il recommande à son ami cette diligence dont nous venons de parler. Est-ce un simple régime, une diète particulière? Ce qui était excellent pour la fièvre quarte est-il encore bon pour un mal de tête? Il y a là une obscurité qui tient à notre ignorance des habitudes de nos héros et que l'on regrette de ne pas trouver éclaircie dans le meilleur dictionnaire latin de notre époque. M. Quicherat, on peut le dire, n'a pas souvent mérité un semblable reproche.

Ajoutons que dans une autre lettre à Atticus (ad Att. XII, 6) Cicéron, en parlant du célèbre grammairien Nicias Curtius, qui offrait de se rendre auprès de lui, s'exprime ainsi : « Præterea nosti Niciæ imbecillitatem, mollitiam, consuetudinem victus : » vous savez la mauvaise santé de notre ami Nicias, ses besoins, son régime. Les deux derniers mots veulent-ils dire tout simplement le genre de vie et se rapportent-ils plutôt au côté moral qu'au physique? On le croirait volontiers, surtout cette expression arrivant après « mollitiam » qui se prend en mauvaise part. Nicias était Grec, il avait des habitudes efféminées, voluptueuses; très-probablement « consuetudinem victus » fait allusion à cette manière d'être. Il y a loin de là au mot « diligentia » qui est devenu le point de départ de ces remarques, et l'on peut en inférer que Cicéron ne manquait pas d'expressions diverses pour indiquer certaines nuances que les traducteurs n'ont pas toujours saisies.

La diète a encore plus d'efficacité que le régime, et l'on voit qu'Atticus a fini, grâce à ce moyen héroïque, par triompher d'une fièvre qui revenait toujours. Cicéron lui dit (ad Att. XIV, 5) : « Spero tibi jam esse, ut volumus, quoniam quidem ἠσίτησας, quum leviter commotus esses, » j'espère que vous êtes maintenant suivant notre désir (c'est-à-dire guéri), la diète aura emporté cette petite fièvre. Il y a ici plutôt une interprétation, un commentaire qu'une traduction littérale, mais souvent ces obscurités sont dues à la faute des copistes, à l'incertitude des meilleures leçons, et l'on est forcé de se contenter d'un à peu près.

Outre que les plus savants éditeurs ne sont pas toujours d'accord sur le texte gravement altéré, il faut bien admettre des lacunes dans cette vaste correspondance. Si l'on en voulait une preuve, on la trouverait dans un fait peu médical sans doute, mais que nous consignons ici pour deux motifs, d'abord pour jeter un peu de variété dans notre travail et ensuite pour décharger Cicéron d'un reproche d'insensibilité qu'il ne mérite sans doute pas. Il écrit à Atticus : « Pater nobis decessit, » notre père est mort (le 23 novembre 690). Et puis c'est tout. Pas un mot de regret, aucun détail sur cet événement. Il n'est pas possible que dans quelque lettre perdue un fils respectueux, un cœur honnête, une âme douée d'un peu de sensibilité, n'ait pas ajouté quelques lignes à cette note si sèche, si dure, et qui donnerait une si triste opinion de celui qui l'a tracée.

La lettre dont nous parlons (ad Att. 1, 6) est de même force qu'une autre (ad Att. I, 3) qui semble prouver que les liens de famille se brisaient sans affecter beaucoup ces hommes ambitieux. Cicéron dit à son ami : « Aviam tuam scito desiderio tui mortuam esse, » sachez que votre aïeule est morte du chagrin de votre absence. Le mot « desiderium » signifie ici regret, désir non satisfait. On pourrait croire que cette nouvelle ainsi annoncée a pour but de toucher le cœur d'Atticus, mais son correspondant se hâte d'ajouter : « Et simul, quod verita sit ne latinæ in officio non manerent, et in montem Albanum hostias non adducerent. » Elle est donc morte, cette pauvre femme, du regret de ne pas vous avoir près d'elle... et aussi de la crainte que les féries latines ne fussent pas bien célébrées, et que l'on n'amenât pas les victimes pour sacrifier sur le mont Albain.

Quelque dédain philosophique que l'on professe pour la

mort, ce n'est pas un motif pour en faire le texte de plaisanterie d'un goût douteux. A un sentiment honnête Cicéron ajoute une puérilité de vieille dévote. Il ne voulait pas qu'Atticus regrettât sa grand'mère plus qu'il n'avait regretté lui-même la mort de son père. En ce temps de république, certains académiciens se piquaient de stoïcisme. Il y en a certainement trop dans les deux circonstances dont nous venons de parler. En voici une autre de la même école.

« Quod præterea ad te scribam non habeo. Et me hercule eram conturbatior, » (ad Att. I, 12). Je n'ai plus rien à vous dire, et j'ai d'ailleurs quelque chose qui me contrarie. Qu'est-ce donc ? Quel événement le trouble à ce point ? Peu de chose, en vérité ! Un esclave, un aimable garçon, Sosithée, qui me servait de lecteur, est mort, et j'en suis plus affecté qu'on ne devrait l'être de la mort d'un esclave. « Nam puer festivus, anagnoster noster, Sositheus decesserat, meque plus quam servi mors videbatur commoverat. » Le vieux Caton, dans son livre de *Re rustica,* pensait à peu près de la même manière ; il s'occupait volontiers de la santé de ses bœufs, de sa femme, de ses chiens, de ses enfants, de ses esclaves. Il formulait les drogues à mettre en usage contre les maladies de son bétail et de ses gens.

Cicéron n'était pas éloigné de confondre ces choses. Dans une lettre à Atticus (ad Att. XVI, 8), il dit tout simplement : « Impedimenta exspectanda sunt, quæ Anagnia veniunt, » il faut que j'attende mes bagages qui viennent d'Anagnie, « et familia ægra est, » et mes gens sont malades. Toutes ces duretés étaient bien dans les mœurs de son temps. Il ne serait pas juste de lui reprocher des pensées qui étaient dans le cœur de tout le monde, d'autant plus qu'en beaucoup de circonstances il montre une sensibilité qui lui fait honneur.

LA FAMILLE DE CICÉRON.

Terentia. — Tullia.

Nous sommes amené tout naturellement à parler de la famille de Cicéron, de sa femme, de sa fille, pour lesquelles il montre tant de sollicitude, auxquelles il applique avec un si tendre intérêt ses notions médicales dont on peut se faire une juste idée surtout dans ces circonstances délicates. Ainsi Terentia souvent malade, comme nous l'avons dit, et rhumatisante, éprouvait toutes les petites misères qui sont le partage d'un état si pénible. Elle avait de temps en temps des accès de fièvre que signale Dolabella, son gendre, dans une lettre adressée à Cicéron : « Tullia nostra recte valet. Terentia minus belle habuit, sed certum scio jam convaluisse eam » (ad div. IX, 9).

Comme beaucoup de pères, Cicéron s'occupe bien plus de sa fille que de sa femme ; c'est le culte de l'avenir, l'amour puissant que l'on porte aux enfants, à ceux sur qui reposent toutes les espérances. Sa petite Tullia « Tulliola » eut de singulières destinées. Son illustre père avait trente ans quand elle naquit (en 678) et onze ans se passèrent avant la naissance de son fils. Tullia, mariée à treize ans, d'abord à C. Pison, devint veuve à dix-neuf ans. Bientôt après elle épouse Crassipes, puis elle divorce et contracte un nouveau mariage avec P. Cornelius Dolabella, lequel, un peu plus tard, répudie sa femme qui avait alors trente ans. Elle était enceinte, elle accouche et meurt bientôt après, laissant à son père déjà vieux d'inconsolables douleurs. Elle avait eu au moins une autre grossesse, car dans une lettre datée de Cumes, le 20 mai 704, Cicéron dit à Atticus : « Tullia mea peperit puerum ἑπταμηναῖον, » ma fille est accouchée au septième mois de sa grossesse d'un enfant qui est extrêmement faible, « quod quidem est natum perimbecillum est » (ad Att. x, 18).

On pourrait penser qu'elle ne s'est pas bien rétablie, car à diverses reprises, dans les lettres suivantes, il est question de symptômes qui donnent des inquiétudes à son père : « in maximis meis doloribus excruciat me valetudo Tulliæ nostræ » (ad Att. xiv, 19). Au milieu de mes plus grands chagrins, la maladie de notre chère Tullia me tourmente horriblement, et je suis certain que vous partagez mes inquiétudes, « tibi enim æque magnæ curæ esse certo scio. » Mais nous manquons de détails sur ce point.

On sait seulement que Tullia était d'une nature débile : « Tulliæ meæ morbus et imbecillitas corporis me exanimat » (ad Att. xi, 6), la maladie de ma fille et la faiblesse de sa constitution m'affectent au dernier point. La lettre suivante n'indique aucune amélioration et l'on ne doit pas s'étonner des suites funestes d'une couche chez une femme d'une aussi mauvaise santé.

Cette mort prématurée a valu au monde savant le fameux traité *De la Consolation*. Les hommes d'un si grand esprit ne peuvent guère se renfermer dans le silence. Tout ce qui les atteint dans leurs sentiments intimes produit des mouvements passionnés, leur génie éclate en ces tristes conjonctures où le vulgaire pleure, se tait et disparaît aux yeux des indifférents. Cicéron, en proie aux plus rudes secousses que le malheur puisse donner aux âmes d'élite, exhala sa peine dans un écrit qui eut sans doute ajouté encore à l'immense renommée de son auteur et montré avec quelle énergie il a su se créer des ressources contre les plus poignantes infortunes. Malheureusement le traité qui nous reste sous ce titre n'est pas l'œuvre du maître, et c'est pour combler cette lacune si déplorable qu'un érudit du XVIe siècle a composé une sorte de déclamation froide dont nous aurons l'occasion de parler.

Cependant les stoïciens de cette époque professaient une doctrine commode en pareil cas. Veut-on savoir ce qu'un ami intime du père infortuné, Servius Sulpicius, invente de considérations pour atténuer ses souffrances ? Voici ce que je trouve dans une longue lettre (ad div. IV, 5) : J'ai partagé votre affliction... les amis les plus intimes et les parents sont de mauvais consolateurs parce qu'ils pleurent et ont besoin eux-mêmes d'être consolés. Ce n'est pas là ce qu'il vous faut. Je veux vous donner des raisons de vous consoler et voici celles que j'imagine. Nous avons perdu tant de choses précieuses, patrie, honneur, crédit, fortune, « quid est quod tantopere te commoveat tuus dolor intestinus ? » Pourquoi s'affliger autant d'un malheur de famille ? La fortune nous a ravi des richesses qui ne doivent pas être moins chères au cœur des hommes que leurs propres enfants : « quæ hominibus non minus quam liberi cara esse debent. »

Voilà déjà d'assez terribles arguments, mais ce n'est pas tout. Vous pleurez votre fille, mais pouvez-vous plaindre si fort ceux qui, dans un temps comme le nôtre, ont quitté la vie sans avoir beaucoup souffert ? Qui pouvait lui faire aimer l'existence ? « Quæ res ? quæ spes ? quod animi solatium ? » quels désirs, quelles espérances, quels projets de bonheur pouvait-elle former ? « Ut cum aliquo adolescente primario conjuncta ætatem gereret ? » Était-ce de passer sa vie avec un nouvel époux de haute naissance ? D'avoir des enfants ? « An ut ea liberos ex sese pareret ? » De les élever, de leur assurer une grande position ? Mais ces biens sont peu solides et elle eût pu les perdre tous avant de pouvoir les donner. Vous me direz : « malum est liberos amittere, » c'est un malheur de perdre ses enfants ! Sans doute, mais voici ce qui m'a consolé et ce qui devra vous consoler aussi.

« Ex Asia rediens, quum ab Ægina Megaram versus

navigarem, cœpi regiones circumcirca prospicere, » en revenant d'Asie, faisant voile d'Égine à Mégare, j'ai contemplé les pays qui nous environnaient et j'ai vu partout des ruines, des villes fameuses détruites, et je me suis dit : Hélas ! enfants que nous sommes, nous nous indignons de ce que l'un des nôtres meurt ou est tué, ayant si peu de temps à vivre, quand dans ces lieux tant de cadavres de villes couvrent le sol ! « Heu ! nos homunculi indignamur, si quis nostrum interiit aut occisus est, quorum vita brevior esse debet, quum uno loco tot oppidum cadavera projecta jaceant ! » Souviens-toi donc, Servius, que tu n'es qu'un homme ! Cette idée a fortifié mon courage. Méditez-la, et en songeant à tous les grands hommes que vous avez vu mourir, aux grandes choses qui ont été détruites sous vos yeux dans la république, vous cesserez de vous attrister sur le sort d'une femme qui, morte aujourd'hui ou dans quelques années, était venue au monde à cette condition, « quæ, si hoc tempore non diem suum obisset, paucis post annis tamen ei moriendum fuit, quoniam homo nata fuerat. »

Un pareil consolateur est peu propre, l'on en conviendra, à émousser les aiguillons de la douleur d'un père ; mais il ne s'arrête pas en si beau chemin, il fournit de nouveaux arguments à l'appui de sa thèse. Tullia a vécu, dit-il, aussi longtemps que la vie méritait quelque estime, aussi longtemps qu'a duré la république. Elle vous a vu, vous, son père, comblé de gloire et d'honneurs, « te patrem suum prætorem, consulem, augurem vidisse. » Elle a été mariée avec les plus nobles de nos jeunes Romains, « adolescentibus primariis nuptam fuisse ; » elle a goûté tous les biens, elle est morte avec la république, « quid est quod tu aut illa cum fortuna hoc nomine queri possitis? » elle ou vous, que pouvez-vous donc reprocher à la fortune?

On n'est pas plus brutal, et pour couronner l'œuvre, le

philosophe Servius Sulpicius ajoute un dernier trait à l'adresse des médecins qu'on ne s'attendait pas à voir figurer dans ce lugubre paradoxe politico-philosophique. Enfin, n'oubliez pas que vous êtes Cicéron, que vous êtes en droit de donner des conseils à tout le monde, « neque imitare malos medicos qui in alienis morbis profitentur tenere se medicinæ scientiam, ipsi se curare non possunt : » n'imitez pas ces mauvais médecins qui ne peuvent pas se guérir de leurs maux propres, tandis qu'ils entreprennent de guérir ceux d'autrui.

Ce reproche banal, comme on le voit, date de loin : aussi n'est-ce pas la peine de le réfuter. Sulpicius, qui ne s'élève pas au-dessus des consolations les plus vulgaires, ajoute : « Nullus dolor est quem non longinquitas temporis minuat ac molliat, » il n'est pas de douleur que le temps n'affaiblisse et ne calme. Mais Cicéron ne doit pas user d'un tel remède ; il serait honteux à lui d'obtenir du temps ce que la sagesse peut lui donner, « hoc te exspectare tempus ac non ei rei sapientia tua te occurrere tibi turpe est. » Ces vertus farouches nous sont odieuses, elles tendent à briser les liens naturels, qui sont le charme de la vie. N'oublions pas que ce sévère personnage est fort prudent, car il conseille en dernier lieu à ce pauvre père de ne pas trop pleurer sa fille, dans la crainte que certaines personnes ne l'accusent de verser tant de larmes bien moins sur l'enfant perdu pour toujours que sur le malheur des circonstances et la ruine de son parti : « Noli committere ut quisquam te putet non tam filiam quam reipublicæ tempora et aliorum victoriam lugere. »

Nous n'avons tant insisté sur cette particularité de la vie privée de Cicéron et de ses amis que pour montrer les sentiments moraux d'une société déjà très-perfectionnée. Malheureusement nous n'avons pas la réponse à cette lettre si froidement cruelle. Peut-être ne nous eût-elle pas beaucoup édifiés sur la tendresse réelle du père. Il y avait en ce temps-là une affectation de stoïcisme ; on se modelait sur les vertus de l'ancienne république ; la pauvre humanité n'avait pas encore de droits bien établis ; le père était maître de ses enfants presque autant que de ses esclaves ; la femme était épousée et répudiée sans grandes difficultés. Pourquoi la perte d'un enfant aurait-elle paru un si grand malheur, surtout quand c'était une fille, et quel besoin de tant de courage à propos d'une chose de si peu d'importance?

Mais, en dépit de ces raisonnements sauvages, le père souffrait au fond de l'âme ; il le dit lui-même à son ami A. Torquatus, qui se plaignait de la rareté de ses lettres. « Peto a te ne me putes oblivione tui rarius ad te scribere quam solebam, » mon silence vient, « aut gravitate valetudinis, qua tamen jam paullum videt levari, » ou de ma maladie qui commence à se dissiper, « aut quod absim ab urbe, » etc. (ad div. VI, 2). Les sophismes de Sulpicius n'ont pas réussi à calmer son chagrin trop légitime, il a pleuré, il s'est réfugié à la campagne, dans le silence et la retraite, il a savouré sa douleur, et nous lui savons gré d'avoir payé largement ce tribut à la nature.

Après sa femme et sa fille, Cicéron avait des parents, un frère, des neveux, quil entourait de soins ; sa famille excitait en lui de vives sympathies, la fibre humaine vibrait en son cœur avec une énergie extrême et que nous signalons avec plaisir. Dans une lettre adressée à Atticus, il dit : « Nihil εὐκαιρότερον epistola tua, quæ me sollicitum de Quinto nostro, puero optimo, valde levarit » (ad Att. IV, 7), votre lettre est venue bien à propos pour me rassurer sur le compte de notre cher Quintus. Cet excellent enfant était tombé malade. Cherippus, son médecin, qui avait vu Cicéron, l'avait beaucoup alarmé, « mera monstra nuntiarat ; » à l'entendre, tout était perdu. On voit qu'Atticus n'acceptait pas le pronostic si grave de l'homme de l'art, et il a eu raison, car les lettres suivantes ne parlent plus de cette indisposition, qui avait débuté si vivement.

Quand Cicéron parle de son fils, il dit toujours « Cicero noster, » comme dans ce passage : « Plura ad te vacuo animo scribam, quum, ut spero, se Cicero meus belle habebit : » je vous en écrirai plus long quand je serai tranquille et que, comme je l'espère, mon Cicéron sera guéri. On ne trouve aucun détail propre à indiquer la nature du mal dont il était affecté. Mais de pareils passages, ces expressions si douces en parlant de son fils et de son neveu, font voir combien il aimait l'un et l'autre.

ATTICUS (SA MALADIE).

On a tout dit sur l'amitié de Cicéron pour Atticus, sur cette liaison si vive, si longue, qui nous a valu tant de lettres excellentes, modèle accompli du vrai style épistolaire en même temps que de la parfaite sincérité d'un sentiment qui n'appartient qu'aux gens bien nés. Le lecteur aura une juste idée de ces mérites en lisant une lettre dans laquelle Cicéron exprime avec autant de force que d'élégance les plus secrets mouvements de son âme.

Il était alors à Rome, au mois de janvier 696; Metellus Celer et Afranius étaient consuls; l'horizon politique lui offrait de tristes perspectives; il était en outre tourmenté par des chagrins domestiques : aussi se plaint-il amèrement d'être privé de son confident le plus intime, de son conseil, de son consolateur, de l'homme qui sait le mieux prendre sa part des tristesses qui l'accablent : « Nihil mihi nunc scito tam deesse quam hominem eum quicum omnia quæ me cura aliqua afficiunt una communicem » (ad Att. I, 18) : sachez que rien ne me manque davantage en ce moment que l'homme sûr à qui je puisse faire part de tout ce qui me tourmente, « qui me amet, qui sapiat, qui, cum ego colloquar, nihil fingam, nihil dissimulem, nihil obtegam, » qui m'aime, qui soit prudent, avec qui je puisse m'entretenir sans réserve, à cœur ouvert.

Mon frère n'est pas ici, et quant à Metellus, « non homo, sed litus atque aer et solitudo mera, « ce n'est pas un homme, mais le rivage, l'air, une vraie solitude. « Tu autem, qui sæpissime curam et angorem animi mei sermone et consilio levasti tuo, » mais vous dont les paroles et les conseils ont si souvent adouci mes chagrins; « qui mihi et in publica re socius, et in privatis omnibus conscius, et omnium meorum sermonum et consiliorum particeps esse soles, ubinam es? » vous 'qui me secondez dans les affaires publiques, vous à qui je confie mes affaires les plus intimes, qui savez tout ce que je fais, tout ce que je dis, où êtes-vous? Il y a des amitiés ambitieuses, fausses, fardées, « ambitiosæ fucosæque amicitiæ, « qui ne sont bonnes que pour paraître en public, « in splendore forensi, » mais qui ne sont d'aucun usage en particulier, « fructum domesticum non habent. » Et cela est si vrai, ajoute Cicéron, que parmi cette foule de prétendus amis qui remplissent ma maison et m'accompagnent au Forum, « reperire ex magna turba neminem possumus, quocum aut jocari libere, aut suspirare familiariter possumus, » il ne s'en trouve pas un seul avec qui je puisse rire en liberté ou soupirer sans contrainte. C'est vous dire avec quelle impatience je vous attends et vous désire, « multa enim sunt quæ me sollicitant anguntque, quæ mihi videor, aures nactus tuas, unius ambulationis sermone exhaurire posse : » bien des choses qui me tourmentent seront calmées par vous dans une seule promenade. Les traducteurs oublient volontiers les mots : « aures nactus, » comme s'ils n'en valaient pas la peine, mais nous dirons, nous, mes tristesses vont s'évanouir dès que j'aurai rencontré un auditeur bienveillant, une oreille favorable.

Cicéron dit en termes excellents : « Ac domesticarum quidem sollicitudinum aculeos omnes et scrupulos occultabo, » je ne vous parlerai pas de mes chagrins domestiques, de mes embarras (nous n'avons pas en français l'équivalent de la belle expression « aculeos »), et il ajoute : « neque ego huic epistolæ, atque ignoto tabellario committam, » je n'ose les confier ni au papier, ni au messager que je ne connais pas. Quant aux affaires de l'État, bien que j'aie tout mon courage, toute ma résolution, il ne me paraît pas qu'on puisse y appliquer un remède quelconque : « tamen ea jam ipsa medicinam refugit. »

Cette lettre et les suivantes prouvent à quel point Cicéron et Atticus étaient liés : aussi l'on ne s'étonnera pas de rencontrer dans leur correspondance un si grand nombre de passages relatifs à la santé de ce dernier.

La première fois qu'il en est question, c'est dans une lettre datée du 15 octobre 703. Elle a trait à quelques particularités que nous avons déjà signalées. Cicéron vient de recevoir une lettre de son ami, il l'a longtemps attendue, il s'étonne de sa brièveté : « quum expectassem jam diu, admiratus sum, ut vidi obsignatam epistolam, brevitatem ejus » (ad Att. VI, 9); mais il en a bientôt reconnu la cause : Atticus a la fièvre, son écriture, ordinairement si nette, est presque illisible, « ut aperui, rursus σύγχυσιν litterularum, quæ solent tuæ compositissimæ et clarissimæ esse, etc. Percussus vehementer, nec magis quam debui, statim quæro ex Acasto, » vivement alarmé, comme cela devait être, j'ai demandé de vos nouvelles à Acastus, « ille et tibi et sibi visum, et ita se domi ex tuis audisse, ut nihil esset incommode, » il m'a répondu qu'il pensait et que vous croyiez vous-même que cela ne serait rien, et que vos gens le croyaient aussi. « Id videbatur approbare, quod erat in extremo, febriculam tum te habentem scripsisse, » vous me le faites entendre à la fin de votre lettre, en me disant que vous l'avez écrite ayant une petite fièvre. » Sed amavi tamen, admiratusque sum, quod nihilo minus ad me tua manu scripsisses, » mais je vous suis bien reconnaissant de ce que, souffrant, vous m'avez écrit de votre propre main. « Spero enim, quæ tua prudentia et temperantia est, et hercule, ut me jubet Acastus, confido te jam, ut volumus valere, » j'espère que prudent et tempérant comme vous l'êtes, et selon ce que me dit Acastus, vous devez maintenant être guéri.

Ainsi Atticus a une petite fièvre, « febricula ; » elle a commencé dans le mois de septembre, car Ciceron, qui était alors à Athènes, avait eu le temps de recevoir la lettre de son ami, de prendre des informations auprès d'Acastus, de répondre à Atticus, et cette réponse est, comme nous l'avons dit, du 15 octobre.

Disons en passant qu'Acastus était un esclave de Cicéron, fort zélé pour le service de son maître et par cela même souvent chargé de ses messages les plus importants. Dans une lettre adressée à Terentia, il dit : « Si tu et Tullia, lux nostra, valetis, ego et suavissimus Cicero valemus, » si vous êtes en bonne santé, vous et ma douce Tullia, la mienne et celle de mon cher petit Cicéron sont excellentes. Me voici arrivé à Athènes, Acastus m'a remis vos lettres; « de nave exeuntibus nobis Acastus cum litteris presto fuit uno et vicesimo die, sane strenue. » Au sortir du vaisseau, l'esclave s'est acquitté de la commission, il n'avait mis que vingt et un jours à faire la route.

Acastus avait bien d'autres messages à remplir. « Cognovi enim ex multorum amicorum litteris, quas attulit Acastus, ad arma rem spectare » (ad. div. XIV, 5) : j'ai appris par beaucoup de lettres de mes amis, confiées à Acastus, que la guerre est imminente. Plus loin, dans un billet collectif adressé à Tiron, par Cicéron, par son fils, et par les deux Quintus, l'orateur prie son affranchi d'envoyer tous les jours Acastus au port, afin de découvrir des personnes sûres à qui il puisse confier des lettres : « Poteris igitur, et facies, si me diligis, ut quotidie sit Acastus in portu, multi erunt, quibus recte litteras dare possis qui ad me libenter perferant » (ad div. XVI, 5).

Tout cela prouve quelle confiance Cicéron avait en ce bon serviteur. Mais voyons ce qu'est devenue cette petite fièvre dont nous avons assigné le début. Dans une lettre datée de Brindes, 28 novembre 703, Cicéron dit à son ami : « Invaletudo tua me valde conturbat, » je suis fort inquiet de votre santé (ad Att. VII, 2). « Significant enim tuæ litteræ te prorsus laborare, » car votre lettre indique que vous souffrez beaucoup, et il faut bien qu'il en soit ainsi, en vous voyant si abattu, car je connais votre courage, « quum sciam quam sis fortis, vehementius esse quiddam suspicor quod te cogat cedere, et prope modum infringat. »

Le passage suivant prend un caractère beaucoup plus médical que tout ce qui précède et nous a fort occupé pour le bien interpréter. Le voici. « Et si alteram quartanam Pamphilus tuus mihi dixit decessisse, et alteram leviorem accedere. » Que doit-on entendre par là? La traduction mot à mot donne la phrase suivante : Quoique votre Pamphile m'ait dit qu'une fièvre quarte avait cessé et que l'autre était moins forte. Voilà le sens exact, littéral, mais qui ne nous donne pas une idée bien claire de ce que veut dire Cicéron. La répétition du mot « alteram » indique deux points de comparaison, ou plutôt d'opposition, une de ces fièvres a disparu, l'autre s'est amoindrie, mais comment Atticus avait-il en même temps ces deux maladies? Cela est-il possible, et en l'absence de renseignements fournis par le malade lui-même, le passage de cette lettre, d'après le rapport de Pamphile, suffit-il pour que l'on admette l'existence de deux accès fébriles offrant le type quarte, et constituant la fièvre double quarte des pyrétologistes?

Tous les traducteurs de Cicéron se sont accordés à rendre ainsi le texte rapporté plus haut : Pamphile m'a dit que votre fièvre double quarte était changée en quarte et qu'elle était bien moins forte. C'est plutôt une interprétation qu'une traduction. On a supposé l'existence de deux accès fébriles, et le mot « alteram » répété semble justifier suffisamment cette manière de voir : or, quand cette répétition de l'accès a lieu, et que le jour intercalaire est conservé, il y a un accès fort et un faible, se reproduisant dans le même ordre, ce qui constitue la double quarte des auteurs. Il faut admettre qu'à l'époque où Cicéron écrivait à Atticus, il y avait déjà à Rome des notions scientifiques sur ces pyréxies intermittentes. Elles y ont toujours été endémiques ; les médecins, quelle que fût leur valeur, connaissaient ces formes : Asclépiades les avait décrites, ses ouvrages cités par Galien, et qui ne sont pas parvenus jusqu'à nous, en faisaient mention, ou du moins on peut le supposer sans invraisemblance, et le passage qui nous occupe vient à l'appui de cette opinion.

Ainsi donc on peut inférer des expressions « alteram quartanam decessisse, et alteram leviorem, » que le célèbre correspondant de Cicéron avait une fièvre double quarte qui s'était modifiée au point que le second accès avait cessé de venir et que le premier offrait moins d'intensité. On peut encore en conclure que même les gens du monde savaient distinguer ces maladies périodiques et en apprécier la nature, au moins sous le rapport des conséquences à tirer de la forme des accès et de la régularité de leurs retours. Les données scientifiques mises en circulation par Asclépiades et ses imitateurs étaient encore récentes au temps de Cicéron : ce célèbre médecin avait été l'ami de Crassus, et ses doctrines régnaient encore parmi les gens éclairés qui vivaient familièrement avec des médecins grecs esclaves ou affranchis des grandes familles romaines.

Il est certain qu'on trouve dans les œuvres de Galien une description de la fièvre « quartana duplex; » mais Celse, qui lui était antérieur de près d'un siècle, parle également de cette forme fébrile, de sorte que l'on ne peut douter qu'elle ne fût connue de tous ceux qui avaient quelque teinture des sciences et des lettres. Certes, de pareilles notions étaient de peu de valeur. Celse dit que les fièvres quartes sont les plus simples, « et quartanæ quidem simpliciores sunt » (livre III, 3), ce qui est peu d'accord avec ce que nous savons sur ce point de médecine pratique; mais nous n'avons pas à traiter ce sujet, et nous nous bornerons à dire que le passage qui nous occupe en ce moment offre un intérêt très-réel, en ce qu'il prouve que trois personnes étrangères à la pratique de l'art, Atticus, Pamphile et Cicéron, avaient observé avec attention la marche d'une maladie périodique et que la constatation des phénomènes qui se succédaient leur avait fourni un bon pronostic. C'est là de la médecine, et nous la notons avec plaisir, car elle fait honneur à la sagacité de ceux qui en montraient si peu dans des occasions où il y aurait eu moins de mérite à en avoir davantage.

Le 8 décembre de la même année, Cicéron reçoit avec une vive satisfaction une lettre d'Atticus, écrite de sa propre main et annonçant un peu de mieux. « Tuas litteras legi, e quibus hanc primo adspectu voluptatem cepi, quod erant a te ipso scriptæ » (ad. Att. VII, 3). Un peu plus tard, vers la fin du même mois, il apprend avec peine que la fièvre persiste : « Invaletudine tua moveor, et Piliam in idem genus morbi delapsam, » et que Pilia, sa femme, est affectée de la même maladie (ad. Att. VII, 5). Ainsi trois mois se sont écoulés depuis l'invasion de la fièvre quarte, et rien n'a pu l'arrêter, pas même ce fameux régime qu'Atticus sait si bien observer, et dont nous avons déjà parlé à propos de l'expression « diligentia » que Cicéron emploie d'une manière si remarquable dans la même lettre. Et puis, si Atticus ne faisait rien pour se guérir, il suivait sans doute la doctrine d'Asclépiades rapportée par Celse : « Febre vero ipsa præcipue se ad remedium uti professus est, » selon lui, le meilleur remède contre la fièvre était la fièvre elle-même. Mais consignons ici, pour n'avoir plus à y revenir, que Pilia, souffrant de la même maladie qu'Atticus, son époux, fut plus tard menacée de paralysie. Il y avait en effet, dans une lettre adressée à Brutus, la mention de ce fait sur lequel Cicéron demande des renseignements. Il s'exprime en ces termes : « Sed obsecro te, quid est quod audivi de Bruto? Piliam πειράτεσθαι παραλύσει te scripsisse aiebat. Valde sum commotus. » Les lettres suivantes, et il y en a encore beaucoup, ne parlent plus de cette maladie. Mais revenons à la fièvre d'Atticus, qui tient tant de place dans la correspondance des deux amis.

On peut conclure de plusieurs lettres qui suivent celle de la fin de décembre 703, que cette affection a suivi son cours régulier et qu'après chaque accès il y avait deux jours de rémission. Cicéron dit à son ami : j'arriverai à Rome le 4 janvier : « tua λῆψις quem in diem incurrat nescio, » je ne sais quel est le jour de votre accès; « sed prorsus te commoveri incommodo valetudinis tuæ nolo, » je ne veux pas que vous vous agitiez au détriment de votre santé (ad. Att. VII, 7). Dans la lettre suivante, datée de Formies, il lui dit : « Diem tuum ego quoque ex epistola quadam tua, quam incipiente febricula scripseras, mihi notaveram : » j'ai connu, par une de vos lettres écrite au début d'un petit accès de fièvre, quel était le jour où vous deviez l'avoir, « et animadverteram, posse pro re nata, te non incommode ad me in Albanum venire III nonas januarii, » et qu'ainsi vous pourriez venir me voir à Albe le 3 des nones de janvier ; « sed, amabo te, nihil incommodo valetudinis feceris, » mais, je vous en prie, ne faites rien qui puisse être contraire à votre santé.

On voit par là que Cicéron connaissait la régularité du retour des accès de fièvre quarte. Mais il devait aussi connaître combien il est difficile de s'en débarrasser. On trouve, dans une lettre en date du 23 janvier 704, ces mots : « Modo enim audivi, quartanam a te discessisse » (ad Att. VIII, 6), j'ai enfin appris que votre fièvre vous avait quitté, et il ajoute : « Moriar, si magis gauderem, si id mihi accidisset, » que je meure, si pareil bonheur m'arrivant, j'en serais plus ravi ! Et comme Pilia continue d'avoir la fièvre, Cicéron lui dit plaisamment : « Piliæ dic non esse æquum eam diutius habere, nec id esse vestræ concordiæ. » Dites à Pilia qu'il n'est pas juste de la garder plus longtemps, que cela serait contraire à l'union qui règne entre vous.

Le 5 mars suivant, la fièvre existait encore, ainsi qu'il résulte d'une lettre d'Atticus lui-même, à laquelle Cicéron répond en ces termes : « Etsi nonis Martis die tuo, ut opinor, exspectabam epistolam a te longiorem, tamen ad eam ipsam brevem, quam III nonas ὑπὸ τὴν λῆψιν dedisti rescribendum putavi. » (Ad Att. IX, 2, pars prior.) Cela veut dire, ou à peu près : quoique j'attendisse de vous une longue lettre le 7 mars, qui, je pense, est votre jour d'apyrexie, je veux répondre à la petite lettre que vous m'avez écrite le 5, avant votre accès. Ces détails ne laissent aucun doute sur la persistance de la maladie, mais on en peut conclure aussi que la médecine proprement dite n'intervenait que fort peu dans le traitement des fièvres d'accès. A peine en est-il mention, et voici ce que disait Cicéron à la fin d'une longue épître écrite de Formies, le 13 mars : « Sed vale. Nam ut tibi ambulandum, unguendum, sic mihi dormiendum. » (Ad Att. IX, 7.) Mais portez-vous bien, et comme il faut que vous marchiez, que l'on vous frictionne, de même aussi j'ai besoin de dormir. Était-ce donc là tout ce que l'expérience avait appris à ces hommes intelligents pour combattre une maladie aussi fâcheuse que commune? Suivaient-ils donc toujours si aveuglément les préceptes diététiques d'Asclépiades?

Le 3 mai suivant, Cicéron écrivait à Atticus : « Quartanam leviorem esse gaudeo, » absolument comme il le disait le 28 novembre. Le 10 mai, il est plus explicite : « Te a quartana liberatum gaudeo, itemque Piliam, » et la guérison est confirmée, car un peu plus tard il dit : « Tu quoniam quartana cares, » puisque vous êtes débarrassé de votre fièvre quarte; et ce n'était pas trop tôt; la maladie, ayant débuté le 15 octobre, a duré plus de six mois. Il y avait sans doute une influence spéciale qui agissait à la fois sur toutes les personnes placées dans les mêmes circonstances. Atticus et Pilia ont payé le tribut et il paraît, par une lettre de Cicéron (ad Att. XII, 6), que leur fille ne put s'y soustraire. « Atticam doleo tam diu, sed quoniam jam sine horrore est, spero esse, ut volumus. » La concision de ce passage en rendrait la traduction difficile si l'on ne le considérait dans son ensemble. Cela veut dire en effet : je suis fâché que la fièvre de votre fille dure si longtemps, mais puisqu'elle n'a plus de frisson, j'espère qu'elle sera comme nous le voulons, c'est-à-dire, guérie.

Il y a là une remarque importante, plus médicale que tout ce qui précède. On avait constaté que les accès fébriles étaient moins graves quand le frisson initial venait à manquer; c'était un symptôme favorable, l'indice d'une diminution de la maladie, et nous devons ajouter que, si l'on rencontrait plus souvent dans les écrits de Cicéron des observations de ce genre, on comprendrait mieux le nom de « Cicero medicus » qui lui a été donné par Berger en 1711. Quoi qu'il en soit, Attica avait encore des accès de fièvre au mois de septembre suivant, bien qu'elle allât mieux ; elle était gaie : « Atticæ hilaritatem libenter audio, commotiunculis συμπάσχω, » mais je suis fâché qu'elle ait encore de petits mouvements fébriles. Cette jolie expression, ce diminutif si pittoresque se trouve dans l'épître ad Att. XII, 11.

En dépit de ces pronostics favorables, la fièvre d'Attica persistait toujours, et nous la retrouvons encore au mois de mars 708. « Commovet me Attica », dit Cicéron au père de la jeune fille, et il ajoute : « etsi assentior Cratero », quoique Craterus me rassure. Enfin nous voyons un médecin ; la maladie n'est plus abandonnée à elle-même et l'art est consulté. Le nom de ce médecin se trouve deux fois dans les épîtres ad Att. XII, 13 et 14, et la seconde fois Cicéron se sert à peu près des mêmes expressions. Cela prouve que l'on avait confiance dans le talent de ce praticien, mais nous ne pouvons rien en conclure relativement aux moyens qu'il employait pour triompher du mal.

Ce même Craterus figure dans une satire d'Horace (liv. 2, 3) (Voyez nos *Études médicales sur les poëtes latins*, page 167), et cette citation est honorable, car on lui attribue un diagnostic important :

Non est cardiacus, Craterum dixisse putato,

et l'on peut penser qu'il s'agit du même médecin, car Horace, né en 689, a pu le connaître. Peut-être en a-t-il existé plusieurs de ce nom, car Perse, qui mourut en 815, a cité un Craterus qui descendait sans doute de celui de Cicéron, ou bien faut-il en conclure que ce nom était devenu générique et qu'on l'appliquait à tout praticien en réputation ? On lit en effet dans la troisième satire de Perse les vers suivants :

Helleborum frustra, quum jam cutis ægra tumebit,

Poscentes videas : venienti occurrite morbo.
Et quid opus Cratero magnos promittere montes?
Discitequе, o miseri! et causas cognoscite rerum.

On voit par là que la médecine avait fait de grands progrès, que Craterus s'appliquait utilement au diagnostic des maladies, « non est cardiacus, » et que le poëte, bien pénétré de l'importance de l'étude des causes de nos misères, reprochait avec raison à un hydropique de ne recourir à l'hellébore que quand la peau distendue par l'infiltration annonçait la gravité du mal et l'inefficacité du traitement.

Craterus ne guérissait pas tout, car un peu plus tard (ad Att. XII, 23), Cicéron écrit encore : « De Attica, molestum, sed quoniam leviter, recte esse confido », je suis fâché que votre fille soit encore malade; mais puisqu'elle va mieux, j'espère que ce sera bientôt fini. Un mois après, en avril, le mal dure encore, et je vois dans la lettre ad Att. XII, 33 : « Vehementer me sollicitat Atticæ nostræ valetudo », je suis fort en peine de la santé de notre chère Attica, « ut vereor etiam ne qua culpa sit », et je crains qu'elle ne soit pas bien soignée. « Sed et pædagogi probitas et medici assiduitas et tota domus in omni genere diligens me rursus id suspicari vetat », mais la sagesse de son précepteur, l'assiduité du médecin et les soins de tout genre qu'elle trouve dans votre maison ne me permettent pas d'avoir cette pensée. « Cura igitur », soignez donc bien cette chère malade.

TIRON.

Nous avons déjà dit combien Tiron était aimé du grand orateur, à quel point il faisait partie de sa famille, et il est à remarquer que la suscription des lettres qui lui sont adressées rappelle les noms de Cicéron, de Quintus, de Terentia, de Tullia, comme si tous lui eussent porté le même intérêt. Cela est touchant, et nous aurons occasion de revenir sur cette particularité si honorable pour le savant affranchi. Voici une épître sous la date du 3 novembre 703 (ad div. XVI, 1), dans laquelle Cicéron parle pour la première fois d'une maladie de Tiron, mais sans en déterminer le caractère. Il voyageait en Grèce, et désirait vivement que son homme de confiance vînt le rejoindre; cependant il lui disait : comme vous paraissiez désirer de ne prendre la mer que bien guéri, « quia tua voluntas ea videbatur esse, ut prorsus, nisi confirmato corpore, nollet navigare », j'ai approuvé votre résolution et je l'approuve encore, si vous n'avez pas changé d'avis. « Sin autem, posteaquam cibum cepisti, videris tibi posse me consequi, tuum consilium est » ; c'est à vous à voir si, après votre repas, vous êtes en état de me suivre. Voyez si vous devez rester à Patras pour achever votre convalescence, « si autem intelliget opus esse te Patris convalescendi causa paullum commorari, nihil me malle, quam te valere »; restez-y, car je ne souhaite rien plus que votre santé. Vous choisirez et des compagnons de voyages et un vaisseau commode, vous prendrez votre temps et enfin, « quod valetudini tuæ maxime conducet, si feceris, maxime obtemperaris voluntati meæ, » vous ne pouvez mieux obéir que de faire ce qui conviendra davantage à votre santé.

Toute cette lettre est charmante, pleine de cœur, et l'on se sent disposé à aimer un homme dont l'âme était si fertile en bons sentiments. Son amitié pour Atticus, pour Tiron, la douleur immense que lui causa la mort de sa fille Tullia, et bien d'autres émotions que l'on recueille dans sa vaste correspondance, tout cela forme le fond du caractère de cet homme qui n'offre pas, sous quelques autres rapports, des parties également louables; mais il est doux de rencontrer la preuve d'une amitié pure, vraie, légitime, entre le maître et son ancien esclave. En notant la mort de son lecteur Sosithée et l'étonnement qu'il manifeste à propos du chagrin qu'il en a ressenti, nous avons relevé la rudesse de son expression, mais on peut croire que, s'il eût vécu, Cicéron l'eût honoré d'un regret moins restreint.

Signalons en passant, toujours dans cette même épître, une tendance au style précieux, une vaine recherche d'antithèse, une forme qui se retrouve à l'excès dans la correspondance de Pline le jeune. Cicéron écrit : « nos ita te desideramus, ut amamus : amor, ut valentem videamus, hortatur : desiderium ut quam primum ». Cela peut être traduit ainsi : nous vous désirons autant que nous vous aimons; l'amitié me fait souhaiter que vous soyez bien portant, et le désir que ce soit promptement. « Illud igitur potius », mais le premier de ces sentiments l'emporte sur l'autre. Ceci est un peu alambiqué, on ne voit pas assez clairement l'opposition entre « desiderium et amor », et lors même que la première expression voudrait dire regret, cela ne suffirait pas encore pour rendre bien intelligible ce petit amphigouri. J'aime mieux la fin de la lettre : « de tuis innumerabilibus in me officiis erit hoc gratissimum », des services sans nombre que vous m'avez rendus, ce sera le plus agréable.

Les lettres suivantes datées de Leucade, puis d'Alysia, contiennent les mêmes expressions du plus vif intérêt; elles montrent la souplesse du génie de Cicéron, la grâce infinie des idées et le charme du style, mais elles prouvent aussi que la maladie de Tiron n'avait encore aucun caractère spécial. Il fallut attendre plusieurs mois pour savoir à quoi s'en tenir sur cette longue série d'indispositions. La correspondance était très-active entre les deux personnages, et depuis le commencement de novembre 703 jusqu'au 12 janvier 704, rien n'indique la nature d'un mal qui causa tant d'inquiétudes à Cicéron. En vain Tiron s'était mis entre les mains d'un praticien habile, Asclépion, les accidents persistaient, et nous allons voir quelques indications du traitement mis en usage par ce médecin.

Cicéron s'exprime ainsi : « de medico, et tu bene existimari scribis, et ego sic audio ». J'entends dire, comme vous me l'écrivez vous-même, qu'on a bonne opinion de votre médecin, « sed plane curationes ejus non probo », cependant je n'approuve pas sa méthode. Voici donc enfin de la vraie médecine; nous n'en sommes plus réduits aux conjectures, il y a là un homme de l'art, agissant, prescrivant, mais il y a aussi un contradicteur, un critique, et nous pourrons dans ce débat remplir les fonctions de juge. Or quelles sont les ordonnances d'Asclépion? En quoi consiste sa thérapeutique? Nous fournira-t-elle des indices suffisans pour en inférer la nature du mal?

Voici ce que dit le texte : « jus enim dandum tibi non fuit, quum κακοστόμαχος esses ». On a traduit « jus » par bouillons, mieux vaudrait peut-être un consommé; mais, en tout cas, cela nous semble bien moderne; cependant, acceptons le mot : il ne fallait pas vous donner des bouillons, puisque votre estomac est malade. Et puis c'est tout. Tiron était κακοστόμαχος, par conséquent il ne fallait pas lui donner d'aliments, même liquides et légers; Cicéron pose cela en principe, ce qui nous édifie complétement sur l'importance qu'il donnait à la diète dans les affections de nature gastrique. Cela est très-bien, assurément, mais Cicéron ne nous dit pas sur quelles raisons il se fonde pour établir la réalité de son diagnostic. Il y tenait sans doute beaucoup, car il ajoute aussitôt : « sed tamen et ad illum scripsi accurate, et ad Lysonem », j'ai pris soin de lui faire savoir mon opinion sur ce point, ainsi qu'à Lyson. Quel dommage que nous ne possédions pas cette lettre toute médicale, dans laquelle Cicéron, se mêlant de ce qui ne le regardait pas, a voulu donner une leçon à ce pauvre Asclépion, qui avait le malheur de ne pas partager ses idées sur les gastrites et le régime qui leur convenait!

Bien que professant des opinions particulières sur la maladie de son affranchi, Cicéron ne répudie pas le médecin qui en avait de différentes, et il a écrit à Curius de s'occuper des honoraires d'Asclépion, afin de l'intéresser davantage à son malade. « Scripsi ad Curium quod dixisses daret. Medico puto aliquid dandum esse, quo sit studiosior » (XVI, 4). Quelques traducteurs nous semblent avoir mal compris ce passage. M. de Golbery dit : j'ai écrit à Curius de donner au médecin tout ce que vous souhaiteriez; je crois qu'il faut aussi lui donner quelque chose à lui-même pour le rendre plus soigneux. En conférant ce passage avec celui qui se trouve dans la lettre XVI, 9, on comprend parfaitement la pensée de Cicéron. Il a dit à Curius de donner à Tiron l'argent dont il aurait besoin, tout ce qu'il lui demanderait, et il ajoute : donnez aussi de l'argent à Asclépion afin qu'il soit plus empressé auprès du malade. Cela est si vrai, que dans la lettre dont nous parlons, il répète sa recommandation, mais d'une manière plus explicite; il dit en effet : « Curio misi, ut medico honos haberetur, et tibi daret quod opus esset ». Ceci est le commentaire de la première phrase, et l'on y trouve la preuve évidente du contre-sens que nous reprochons au traducteur désigné plus haut.

Malheureusement rien n'indique le taux de ces honoraires, et Cicéron n'est pas aussi explicite sur ce chapitre que Plaute dans l'*Aulularia*. (Voyez nos *Études médicales sur les poëtes latins*, p. 40.) Nous renvoyons, pour plus amples renseignements sur ce sujet, au savant travail de Schacher, intitulé : « Dissertatio historico-critica de honoribus medicorum apud veteres, » in-4°, Leipzig, 1732. Je voudrais bien savoir si c'est à Cicéron que l'on doit le premier emploi du mot *honos* dans cette circonstance; nous devrions en être reconnaissants. On trouve bien dans Virgile : « Pugnæ honorem, » le prix du combat, et dans Silius Italicus : « Nil (victor) honoris posco », je ne demande pas de récompense : mais, quelle que soit l'analogie qu'on trouve entre ces diverses expressions, il y a cependant une différence sensible, une acception nouvelle, détournée de son sens primitif, exprimant une nuance délicate tout à fait en rapport avec la nature des services que le médecin rend à ses malades. Ce n'est plus la simple rétribution d'un travail, le prix d'une chose vénale, mais bien un témoignage de la reconnaissance de ceux qui savent dignement apprécier le bienfait de la santé rendue, de la vie sauvée. Nous sommes heureux de voir Cicéron comprendre ainsi les obligations de son affranchi envers le médecin qui lui prodigue ses conseils. Il lui dit : « Illud, mi Tiro, te rogo, sumptui ne parcas ulla in re, quod ad valetudinem opus sit, » je vous le demande en grâce, cher Tiron, ne regardez pas à la dépense pour rétablir votre santé (ad div. xvi, 4).

Et comme si ce n'était pas assez, Cicéron a pris la peine d'écrire directement au médecin ; les bons renseignements qui lui ont été donnés par Ascalpon (autre médecin) ne lui suffisent pas ; en vain ce dernier lui dit que Tiron sera bientôt sinon guéri, du moins tout à fait convalescent : « Sed tamen Ascalpo medicus plane confirmat propediem te valentem fore, » il n'est pas rassuré, il faut qu'il s'adresse à Asclépion pour lui demander des nouvelles plus certaines et pour lui recommander son cher Tiron, et c'est à la fin de la lettre xvi, 9, que se trouve cette petite phrase qui a été si bien étudiée par Goulin. La voici : « Medico, Curio, Lysoni, de te scripsi diligentissime. Vale, salve. »

Comment les historiens de la médecine ont-ils pu conclure de ce passage que Lyson était un médecin ? Pourquoi Curius n'aurait-il pas alors mérité le même titre ? On trouve dans l'épître xvi, 5, ces mots qui lèvent toute difficulté :

si votre santé le permettait, je souhaiterais que l'on vous transportât à Leucade. « Videbis quid Curio, quid Lysoni, quid medico placeat, » vous verrez ce que pensent de cela Curius, Lyson et le médecin. On le voit, il n'y a pas de confusion possible, la distinction est nettement établie, et ce *quid* tranche victorieusement la question. Il y a bien encore dans la lettre précédente un passage moins explicite, à la vérité, mais qui a une certaine valeur. Cicéron, qui cherche partout des protecteurs à son affranchi malade, n'a pas grande confiance dans Lyson : « Lyso enim noster vereor ne negligentior sit, » il a peur de sa négligence, et il ajoute les considérations suivantes : « Primum, quia omnes Græci, deinde quod, quum a me litteras accepisset, mihi nullas remisit, » ce n'est pas un homme soigneux, d'abord parce que les Grecs ne le sont pas, ensuite parce que je lui ai écrit et qu'il ne m'a pas répondu. Il paraît évident que cette manière de juger Lyson ne peut se rapporter à un médecin, ou du moins, rien ne fait supposer que Cicéron ait une semblable opinion des médecins qu'il connaissait. Métrodore, Alexion et quelques autres encore, figurent avec honneur parmi ses familiers, et cette petite boutade contre Lyson s'applique évidemment à un homme du monde ne tenant en rien au corps médical.

Mais enfin Tiron n'était pas guéri, le mal avait diminué, la convalescence paraissait établie, et même, pour célébrer cet heureux événement, Lyson, ce prétendu médecin, qui eût agi avec bien peu de prudence, s'il l'eût été véritablement, donnait une fête à l'affranchi de Cicéron. « Symphoniam Lysonis vellem vitasses, » je voudrais que vous fussiez dispensé d'assister au concert de Lyson, dit Cicéron, et il ajoute : « Ne in quartam hebdomada incideres, » de peur d'une rechute à la quatrième semaine. Il y a là des obscurités que nous allons tâcher de dissiper.

Les traducteurs ont rendu *symphoniam* par un repas

avec musique, ce qui semble facile à justifier. On sait que chez les Grecs, et plus tard chez les Romains, la musique, la danse, les scènes dramatiques, embellissaient les festins, et l'on suppose que le mot *symphonia* veut dire tout cela. Ne trouve-t-on pas, en effet, dans Horace :

Ut gratas inter mensas symphonia discors.

On invoque d'ailleurs, à l'appui de cette interprétation, la phrase suivante qui complète la pensée de Cicéron et termine ce paragraphe de son épître : « Sed quum pudori tuo maluisti obsequi quam valetudini, reliqua cura, » et que l'on traduit ainsi : mais, puisque vous avez cru devoir accorder davantage à votre complaisance qu'à votre santé, soyez du moins attentif aux suites.

Ainsi donc, les expressions dont se sert Cicéron indiquent bien un repas musical, une de ces fêtes où l'on prodiguait à ses convives tous les plaisirs à la fois. On arrive à ces traductions libres par des suppositions légitimes : les Romains de ce temps-là avaient des mœurs, des coutumes assez semblables aux nôtres, et l'on comprend que cette société déjà très-avancée peut soutenir la comparaison avec nos prétendus perfectionnements modernes.

Mais il y a dans le passage dont nous nous occupons un autre point sur lequel les savants ne sont pas d'accord. Que veut dire Cicéron quand il écrit ces mots : « Ne in quartam hebdomada incideres? » Une rechute à la quatrième semaine était à craindre, surtout avec la circonstance du concert de Lyson. Nous ne savons rien sur cette prétendue époque critique, Cicéron ne dit rien de plus à l'appui de cette opinion singulière. Les pyrétologistes venus plus tard n'ont pas tenu compte de cette croyance populaire, une observation plus attentive ne l'a pas confirmée, et l'on pourrait prendre la liberté de n'en pas tenir compte.

C'est peut-être cette obscurité qui a porté Goulin à proposer une interprétation de ce passage que nous devons mentionner ici. Suivant cet auteur, le mot *symphonia* aurait une tout autre signification. Ce serait le nom d'un remède, d'un médicament composé dont Lyson se serait servi pour guérir Tiron. Cicéron conseille à son affranchi de ne pas prendre le médicament de Lyson dans la crainte que sa fièvre ne devienne quarte. Et l'on serait tenté d'adopter ce sentiment, car, en effet, dans une lettre suivante, la maladie a pris le type quarte. (Voyez, sur ce sujet intéressant, le tome xx, p. 358, du Cicéron de M. Victor Le Clerc, édition de 1825.)

La dernière lettre adressée par Cicéron à son affranchi est du 28 novembre 703. Il faut arriver jusqu'au 12 janvier suivant pour obtenir quelques éclaircissements sur cette affaire. On acquiert la certitude que Tiron, qui paraissait convalescent à la première de ces dates, n'est pas du tout guéri à la seconde. Nous allons voir enfin un peu plus clair dans cette maladie si longue, et nous démontrerons qu'il s'agit ici d'une affection fébrile intermittente, dont les débuts n'ont pas été bien observés. Nous prouverons également que les accidents dont Tiron a tant souffert ont une analogie évidente avec ceux d'Atticus.

En quoi consistait le mal dont souffrait l'affranchi de Cicéron? Nous n'en savons rien jusqu'ici, mais là encore il s'est rencontré un changement de forme, une conversion, et il faut bien l'admettre, car le texte le dit positivement. Quoique j'aie besoin de vous, c'est pour vous-même, bien plus que pour moi, que votre maladie m'afflige, « tamen non tam mea quam tua causa doleo te non valere. « Ces mots : *non valere,* n'ont aucune signification précise, mais nous devons nous en contenter. Cicéron ajoute : « Sed quum in quartanam conversa vis est morbi (sic enim scribit Curius), spero te diligentia adhibita etiam firmiorem fore. » Cependant, puisque la vivacité de la maladie s'est changée en fièvre quarte, ainsi que me le mande Curius, j'espère qu'avec un peu de soin vous reprendrez vos forces. Cette lettre est pleine des plus doux témoignages d'affection ; Cicéron ne veut pas que le malade s'expose à des rechutes si dangereuses ; « festinare te nolo, » ne vous pressez pas, je ne veux pas que vous naviguiez en hiver, « ne nauseæ molestiam suscipias æger et periculose hieme naviges, » et que, souffrant encore, vous vous exposiez au mal de mer. Mais, encore une fois, rien ne nous indique quel était le mal dont le pauvre Tiron souffrait d'abord, et qui a fini par prendre de caractère d'une fièvre quarte. Il est probable que les troubles fonctionnels qui ont marqué le début de la maladie n'avaient pas de caractère bien déterminé, et que la fièvre a été tout simplement précédée de symptômes aigus, ce qu'indique l'expression *vis morbi*. On sait que les fièvres n'offrent pas toujours à l'origine le type qu'elles affectent plus tard et qu'elles conservent plus ou moins longtemps.

Cette fièvre quarte, éclose en plein hiver, ne ressemble guère, au moins sous ce rapport, à celles qui sont endémiques à Rome ; je ne sais quel traitement on lui a opposé, mais dans une autre lettre datée de la fin du même mois, Cicéron renouvelle toutes ses recommandations à son cher malade, il lui dit que Varron prendra soin de lui, et qu'il n'arrivera jamais trop tard, s'il arrive en bonne santé : « Nunquam sero te venisse putabo, si salvus veneris. » Et un peu plus loin, ce sont encore les mêmes tendresses : bien que ceux qui vous ont vu disent que votre mal est plus long que dangereux, cela ne me console pas de votre absence. Cependant je vous supplie de ne vous mettre en route pendant cette saison rigoureuse que tout à fait guéri, « nisi bene firmum. Vix in ipsis tectis et oppidis frigus infirma valetudine vitatur, » avec une santé faible, on a peine à se garantir du froid dans les villes et les maisons, « nedum in mari et via sit facile abesse ab injuria temporis: » jugez si l'on est à l'abri des injures du temps sur la mer et dans un voyage. Il cite à l'appui de cette opinion un vers d'Euripide :

ψῦχος δὲ λεπτῷ χρωτὶ πολεμιώτατον.

Le froid si dangereux pour un corps délicat, et il ajoute : « Cui tu quantum credas nescio. Ego certe singulos ejus versus singula testimonia puto, » je ne sais si vous avez confiance en son autorité. Pour moi, je regarde chacun de ses vers comme une sentence. Tout cela se trouve dans la lettre ad div. XVI, 8.

Un mois plus tard, vers la fin de février, dans une lettre adressée à Atticus, Cicéron, félicitant son ami d'être enfin débarrassé de la fièvre, dit : « Tironem nostrum ab altera relictum audio, » j'apprends que mon cher Tiron est guéri de sa fièvre. Nous ne trouvons plus de traces de cette maladie dans une longue suite de lettres, et il paraît que tout alla bien jusqu'au mois d'avril 708. A cette époque, Cicéron dit que Tiron se porte mieux : « Tironi enim melius est » (ad Att. XII, 34 et 35, init.), mais ce mieux n'indique pas une santé parfaite.

Nous avons quelquefois regretté, en parcourant cette correspondance, de ne pas voir les lettres rangées par ordre de dates; mais les essais tentés n'ont abouti à rien de satisfaisant. Il faut donc se contenter du classement fait par les anciens. Ainsi plusieurs billets se rapportant manifestement aux mêmes personnes et aux mêmes circonstances viennent à la suite des lettres dont nous venons de nous occuper, mais sans remplir la lacune que nous y trouvons. Il est certain que Tiron n'était pas guéri, mais on ne peut dire avec exactitude que la maladie dont il va être question soit la même que la précédente. Un billet adressé à

Tiron (ad div. xvi, 20) contient la preuve de ce que nous avançons.

Dans cette petite lettre qui débute ainsi : « Sollicitat, ita vivam, me tua, mi Tiro, valetudo, » sur ma vie, cher Tiron, je suis inquiet de votre santé (remarquez cette interjection familière : « ita vivam ! »); on voit que Cicéron compte toujours sur le régime que son affranchi doit suivre pour être guéri : « Sed confido, si diligentiam, quam instituisti, adhibueris, cito te firmum fore, » et il ajoute un détail qui prouve qu'un nouveau médecin lui donnait des conseils : Mettez vos livres en ordre, dit-il, vous en ferez le catalogue quand Metrodore vous le permettra, car vous devez suivre ses prescriptions. « Indicem, quum Metrodoro lubebit, quando ejus arbitratu vivendum est. » Ce Métrodore ne nous est pas inconnu, nous l'avons vu chargé par Cicéron de remettre une épître à Atticus (ad Att. xv, 1, pars posterior), ce qui prouve au moins qu'il était dans la familiarité du grand orateur. Cependant cela n'allait pas au point de recevoir des soins gratuits, car Cicéron dit à son affranchi (Tiron ne l'était pas encore, mais il était près de le devenir) : « Medico mercedis, quantum poscet, promitti jubeto, » faites promettre au médecin tout ce qu'il demandera. *Merces* ne vaut pas à nos yeux *honos; merces*, c'est le prix demandé, et même demandé d'avance, il nous semble, tandis que *honos*, c'est la récompense offerte, quelque chose de gracieux, ne permettant aucune assimilation avec un salaire convenu après débat contradictoire.

Parmi les lettres qui se rapportent aux mêmes circonstances, il en est plusieurs qui sont remarquables par l'excellence des conseils que Cicéron donne à son ami, et qui justifient assez bien l'enthousiasme de ceux qui ont vanté la justesse de ses idées médicales. Ainsi, dans une lettre adressée à Tiron, nous lisons ceci : Je désire vivement que vous veniez près de moi; mais je crains le voyage, « gravissime ægrotasti ; inedia, et purgationibus, et vi ipsius morbi consumptus es ; » vous avez été dangereusement malade ; la diète, les purgations, et la violence même du mal, ont épuisé vos forces. Remarquons en passant que les purgatifs se trouvent ici indiqués seulement pour la seconde fois, et qu'il en faut peut-être conclure que les Romains de cette époque n'avaient recours à cette médication si efficace qu'en un petit nombre de cas.

Une lettre de Cicéron à Atticus (x, 13), en date du 7 mai 704, et dans laquelle il se moque d'Antoine, contient la phrase suivante : les députés de Naples et de Cumes lui demandaient audience, ils l'attendaient depuis le point du jour, mais il dormit jusqu'à neuf heures et leur fit dire de revenir le lendemain, parce qu'il voulait prendre un bain et se purger : « Postredie redire jussit : lavari se velle, et περὶ κιολιολυσίαν γίνεσθαι. » Était-ce caprice, médecine de précaution, usage habituel ? Rien ne l'indique. Terminons cette digression en disant que dans son traité de la *Nature des Dieux*, Cicéron, à propos des divers Esculapes reconnus chez les Grecs, dit qu'il en est un, le troisième, qui est fils d'Arsippe et d'Arsinoé, auquel on doit l'invention de l'art de purger et même celui d'arracher les dents : « Tertius Arsippi et Arsinoæ, qui primus purgationem alvi, dentesque evulsionem, ut ferunt, invenit. » (*De Nat. Deor.*, lib. III, cap. 22.)

Mais continuons : « Graves solent offensiones esse ex gravibus morbis, si qua culpa commissa est. » La moindre faute, après une maladie grave, peut avoir les plus fâcheuses conséquences. Ce précepte, un peu banal dans sa généralité, ne manque pas de fondement, mais il ne peut servir de texte à une dissertation intitulée : « De methodo Ciceronis tuendi valetudine. » Gardons-nous de ces exagérations, et contentons-nous de signaler les réflexions peu nombreuses que lui inspiraient les faits pathologiques que le hasard offrait à sa vue. Nous avons déjà noté (voyez page 52) le passage dans lequel Cicéron recommande à son ami de bien digérer, de se promener, mais sans se fatiguer, de se distraire et de se tenir le ventre libre. C'est tout ce que l'on rencontre de plus explicite dans l'œuvre du maître, et il n'y a pas là de quoi admirer si fort sa doctrine médicale.

CICÉRON ET LES MÉDECINS.

L'habitude de voir des médecins pouvait bien donner à Cicéron quelques notions scientifiques puisées dans un commerce familier. Ainsi voyageant en Épire, en novembre 703, il écrit à son cher Atticus : « In Actio Corcyræ Alexio me opipare muneratus est » (VII, 2), ce qui a été traduit ainsi : Alexion m'a régalé magnifiquement à Actium de Corcyre. Cet Alexion est-il le même que celui dont il est question dans l'épître ad Att. XV, 1, pars posterior? On peut en douter; le premier semble être un homme d'affaires d'Atticus, tandis que le second est certainement un médecin auquel Cicéron était fort attaché. Voici en quels termes il déplore sa perte : « O fatum male de Alexione! » quel malheur que la mort d'Alexion! « Incredibile est, quanta me molestia affecerit; nec mehercule ex ea parte maxime, quod plerique mecum : ad quem igitur te medicum conferes? » et certes ce n'est pas par la raison que chacun dit : où prendrez-vous un autre médecin? « Quid mihi jam medico? » qu'ai-je besoin désormais d'un médecin? « Aut si opus est, tanta inopia est? » ou s'il m'en faut un, sont-ils donc si rares? Ce qui me fait regretter Alexion, c'est son affection pour moi, sa politesse et sa douceur, « amorem erga me, humanitatem suavitatemque desidero. » Et puis que ne doit-on pas redouter quand on voit un homme aussi tempérant, un médecin aussi habile, emporté tout à coup par une maladie subite? « quid est quod non pertimescendum sit, quum hominem temperantem, summum medicum tantus improviso morbus oppressit?

Rien n'indique quelle a pu être cette maladie foudroyante. Dans une lettre subséquente, Cicéron dit encore : « de Alexione doleo; sed quoniam inciderat in ita gravem morbum, bene actum cum illo arbitror : » je déplore la perte d'Alexion, mais puisque sa maladie était si grave, je pense que la mort a été pour lui un bienfait. Ces consolations philosophiques nous semblent toujours un peu sèches et trop faciles.

Quoi qu'il en soit, on voit que Cicéron était en rapport direct et habituel avec des gens de l'art, et que c'est en grande partie à cette circonstance qu'il faut attribuer le prétendu génie médical du maître. C'est une thèse que nous avons déjà soutenue ailleurs, à savoir : l'influence exercée par l'élément médical sur une société jusque-là un peu sauvage. Aussitôt que les médecins grecs se furent répandus à Rome, les hommes plus éclairés ne tardèrent pas à comprendre la valeur de ces savants nouveaux, ils apportaient avec eux un reflet plus ou moins éclatant des doctrines hippocratiques ou autres; ils avaient puisé la science à des sources pures, presque divines, et ces ardents propagateurs de tant de connaissances utiles transmettaient des idées justes à un monde encore ignorant. Des esprits de la trempe de Cicéron ne pouvaient dédaigner le trésor qu'on leur offrait; ce n'était pas seulement la poésie et l'éloquence que la Grèce répandait dans l'univers, la médecine allait faire pour l'humanité ce qu'Homère et Démosthènes avaient fait pour les intelligences, et de nouvelles lumières jaillissaient d'un foyer qui ne devait plus s'éteindre.

En parcourant l'œuvre immense de Cicéron, l'on rencontre

à chaque pas la preuve de l'influence exercée sur son esprit par la médecine et les médecins. Son style même y gagne quelque chose ; il prend une couleur plus vive ; certaines expressions techniques donnent du relief à sa phrase, rendent mieux son idée, et souvent il emprunte ses comparaisons à l'art de guérir. Ainsi, dans une lettre adressée à Atticus, sur la fin de novembre 709 (XVI, 15), on lit ces mots : Je ne parle pas de la république, non que rien puisse m'être plus cher, « sed desperatis etiam Hippocrates vetat adhibere medicinam, » mais Hippocrate défend de traiter les maux incurables. Hélas ! il avait raison : le gouvernement de l'État passait en d'autres mains, et le parti politique auquel il avait donné tant de preuves de dévouement était vaincu et exposé à des réactions périlleuses. Il nous paraît très-intéressant de rencontrer dans le texte de Cicéron cette citation d'Hippocrate : elle démontre que les écrits du vieillard de Cos étaient connus à Rome, ou au moins que le grand orateur les avaient étudiés lors de son séjour en Grèce. Peut-être est-ce une simple réminiscence de ses conversations avec Alexion ou avec Métrodore, et ces conjectures nous plaisent.

Tout à l'heure Cicéron se servait de l'autorité d'un grand homme dans le but d'appuyer sa résolution de ne rien tenter pour le salut de la patrie, alors que la patrie ingrate tendait les mains aux oppresseurs de la liberté. Voici une autre manière de voir et de sentir que nous ne devons pas passer sous silence, car les divers sentiments d'un homme comme Cicéron sont intéressants à étudier et à connaître. Il pleurait Tullia, il écrivait le traité de la Consolation, et comme ses amis trouvaient qu'il s'abandonnait trop à sa douleur, voici ce qu'il écrivait à Atticus (XII, 7) : « Neque tamen progredior longius quam mihi doctissimi homines concedunt, » mon chagrin ne va pas au delà des bornes qui sont posées par les plus grands philosophes, « quorum scripta omnia, quæcumque sunt in eam sententiam, non legi solum, quod ipsum erat fortis ægroti, accipere medicinam, sed in meâ etiam scripta transtuli, quod certe afflicti et fracti animi non fuit, » et ces philosophes, j'ai lu tout ce qu'ils ont écrit sur cette matière. Ils disent qu'il y a du courage à un malade à chercher la guérison : moi, j'ai fait plus, j'ai mis cette idée en pratique, je l'ai développée dans mes écrits, ce qui du moins montre un cœur qui n'est point abattu ou brisé. Et il ajoute avec raison : « Ab his me remediis noli in istam turbam vocare, ne recidam, » laissez-moi dans la solitude, ces remèdes y réussiront, tandis qu'à Rome ils échoueraient.

On sent combien il est difficile de traduire exactement ces phrases si concises, où l'expression sobre et forte dit si bien ce que le père affligé veut dire. Mais enfin, il y a là un principe invoqué, « quod ipsum erat fortis ægroti accipere medicinam, » et s'il est difficile à concilier avec la sentence hippocratique, le point en litige est précisément celui où l'on établira la curabilité ou l'incurabilité de la maladie. A mesure que l'on connaît mieux les immenses ressources de la nature médicatrice, on recule les limites de ces terribles pronostics qui conduisaient les anciens au désespoir et par conséquent au suicide, comme on en voit tant d'exemples dans les ouvrages postérieurs à l'époque de Cicéron.

Veut-on un exemple du caractère particulier que donnaient au style des épîtres les habitudes médicales dont nous nous occupons en ce moment? Marcus Cœlius écrivant à Cicéron (ad div. VIII, 14) lui dit, à propos du censeur Appius qui déployait une grande rigueur dans ses fonctions : « Persuasum ei est censuram lomentum aut nitrum esse, » il s'imagine que la censure est une lotion détersive, comme la farine de fèves (c'est la signification de « lomentum ») et la soude (le sous-carbonate de soude). « Errare mihi videtur, » je crois qu'il se trompe, « nam, dum sordes eluere vult, venas sibi omnes et viscera aperit, » car, en voulant effacer ses taches, il s'ouvre les veines et les entrailles. Voilà de l'anatomie, et même de la chimie, car, si « lomentum » veut dire lessive, quelque chose qui décrasse, qui nettoie, « nitrum » ne nous paraît pas aussi certainement pouvoir être rendu par savon. Ce qu'on appelait le nitre autrefois, et qui est aujourd'hui un nitrate de potasse, peut bien, combiné avec les corps gras, former un savon, mais rien ne nous permet de supposer une industrie aussi avancée. Pline a parlé du savon, il le nomme sapo, mais Cœlius n'était pas aussi savant que le grand encyclopédiste latin. En tout cas, le passage que nous venons de citer montre que l'on se faisait une juste idée de l'action de ces diverses substances et de la manière dont elles agissaient.

Cicéron parle souvent de ce que l'on peut appeler les habitudes de la pratique médicale. Dans une lettre qui est un chef-d'œuvre de raison, de courage et d'éloquence, celle qui est adressée au proconsul P. Lentulus (ad div. I, 9), après avoir montré la faiblesse de ses amis qui n'ont pas osé condamner Clodius, il termine cette récrimination passionnée par ces mots : « Qui me homines quod salvum esse voluerunt est mihi gratissimum, » je suis fort reconnaissant de ce qu'ils ont fait pour mon salut, «sed vellem non solum salutis meæ, quemadmodum medici, sed etiam, ut aliptæ, virium et coloris rationem habere voluissent, » mais je souhaiterais que, ne se bornant pas au soin de ma vie, comme les médecins, ils eussent fait attention, comme les aliptes, à mes forces et à mon teint. Ce qui suit sert de complément à la pensée de Cicéron. Apelles, dit-on, soigna tant la tête de sa Vénus qu'il négligea le reste, « sic quidam homines in capite meo solum elaborarunt; reliquum corpus imperfectum ac rude reliquerunt. » Il est à peine nécessaire de dire que les aliptes étaient des hommes chargés de frotter et de parfumer ceux qui sortaient du bain. Ils jouaient un rôle considérable dans les magnifiques établissements thermaux qu'on trouvait à Rome, et Juvénal nous donne de leurs talents une étrange opinion. Voyez Satire VI, vers 421, ou bien nos *Études médicales sur les poëtes latins*, p. 368.

Cicéron se plaint de ce qu'on ne l'a pas défendu comme il aurait voulu l'être, de ce que, la tête sauvée, on a négligé le reste du corps, et son expression devient en quelque sorte précise et technique. Ces formes littéraires étaient usuelles, on en trouve un exemple remarquable dans une lettre adressée à Cicéron par Plancus : elle est du 21 mai 710 (ad div. X, 18). L'avenir était menaçant, les fureurs d'Antoine faisaient présager de grands malheurs, et Plancus dit à son ami : « Sed non possum non exhorrescere, si quid intra cutem subest ulceris, quod prius nocere potest, quam sciri curarique possit : » je frémis quand je pense qu'il y a peut-être sous la peau quelque plaie cachée capable de nuire avant qu'on la connaisse et que l'on en trouve le remède. Ces expressions allégoriques empruntées à la médecine se rencontrent partout, mais jamais plus souvent que dans les sociétés policées où l'art de guerir commence à être en honneur, et où ceux qui l'exercent vivent dans la familiarité des gens du monde les plus distingués par leur instruction et leur intelligence.

Voici un autre trait emprunté à la science médicale et qui démontre son influence sur les hommes dont nous nous occupons en ce moment. Appius avait eu pour successeur dans le gouvernement d'une province Cicéron, qui avait cru devoir suivre une autre voie que son devancier. Celui-ci s'en était plaint à Cicéron lui-même dans plusieurs lettres assez aigres, et le nouveau gouverneur, écrivant à son ami Atticus (ad Att. VI, 1), s'exprime ainsi : « Ut si medicus, quum ægrotus alii medico, traditus sit, irasci velit ei medico qui sibi successerit, si, quæ ipse in curando constituerit, mutet ille. » Ce qui veut dire : c'est à peu près comme si un médecin, à qui l'on aurait ôté un malade, trouvait mauvais que celui qui l'a remplacé ne se servît pas des mêmes remèdes. Il continue sa métaphore : « sic Appius, quem ἐξ ἀφαιρέσεως provinciam curavit, sanguinem miserit, quidquid potuit detraxerit, mihi tradiderit enectam, etc. » Un traducteur a pris la liberté d'écrire qu'Appius avait appliqué partout le fer et le feu, mais il nous semble plus juste de dire que ce gouverneur avait épuisé la province, qu'il lui avait tiré tout son sang, qu'elle était aux abois, etc., et ceci est encore assez médical pour venir à l'appui de la thèse que nous soutenons ici.

Cicéron se cite lui-même assez souvent, il aime à rappeler les principaux passages de ses ouvrages, comme, par exemple, dans cette circonstance. Il dit à Atticus : vous me croyez bien troublé, bien agité, mais rassurez-vous, je me contente de gémir tout le jour, « lamentari autem licet : illud tamen totos dies, » ce qui m'est bien permis. Je me rappelle ce que j'ai mis dans la bouche de Scipion à propos des devoirs d'un chef de l'État : « Ut enim gubernatori cursus secundus, medico salus, imperatori victoria, sic huic moderatori reipublicæ beata civium vita proposita est. » Comme un pilote cherche à faire bonne route, un médecin à guérir son malade, un général à remporter la victoire, ainsi le chef de la république doit se proposer le bonheur des citoyens. Ces rapprochements sont honorables pour nous, et l'on peut voir par là que Cicéron avait une bonne opinion de ceux qui comprenaient ainsi leur devoir (ad Att. VIII, 11).

On pardonnera à notre position toute particulière de relever certains passages qui nous touchent. Il s'agit des oreilles, et quelque attention que nous y ayons apportée, nous n'avons pas trouvé que Cicéron s'en occupât beaucoup. Dans une charmante lettre adressée à son frère Quintus (II, 15, pars prima), il parle ainsi de lui-même : « Tu quemadmodum me censes oportere esse et in republicâ et in nostris inimicitiis, ita et esse, et forte, auricula infima scito molliorem, » ce qui veut dire : sachez bien qu'en fait d'affaires publiques et en inimitiés, je suis aussi souple que le bout de l'oreille, c'est-à-dire, patient, endurant. Il faut sans doute prendre la chose en bonne part; il a voulu seulement indiquer le peu de valeur qu'il attache à ces choses, combien il est tolérant, de bonne composition, comme un homme qui connaît le monde et ne donne pas plus d'importance qu'il ne faut à des choses sujettes à tant de changements.

Que doit-on entendre de la phrase que voici? Cicéron écrit à son frère Quintus, à la date du 24 octobre 699 (III, 4) : Gabinius est absous honteusement, et cela montre qu'il n'y a plus de Sénat, plus de justice, que nous avons perdu toute dignité, « nullam in nullo nostrum dignitatem. » Si j'avais pris la parole, Pompée aurait cru que je l'attaquais, on m'aurait pris pour un Pacidianus se mesurant avec un autre gladiateur, et celui-ci vainqueur, « auriculam fortasse mordicus abstulisset, » m'aurait peut-être mordu l'oreille jusqu'à l'arracher. Les commentateurs ont oublié de nous expliquer ce passage, qui est une simple citation empruntée au poëte Lucilius :

Æserninus. . . . .
Cum Pacidejano componitur.

C'est une allusion à un combat entre Pacidianus et Æserninus le Samnite. On prétend que là encore Cicéron fait allusion à un passage de son traité « Sur le meilleur genre d'orateurs, » où Eschine est comparé au premier de ces personnages et Démosthènes au second. Cela est peu important ; mais l'expression mordicus employée dans la phrase que nous venons de citer est caractéristique, et elle est restée dans le vocabulaire usuel de notre époque. On dit encore aujourd'hui : je le soutiendrai mordicus! Cicéron a dit ailleurs : « verba tenent mordicus, » ils tiennent à leurs termes, à leurs paroles, ils n'en démordent pas. Longtemps avant lui, Plaute avait écrit : « mordicus arripere, » saisir avec les dents, et l'on voit que la tradition a été fidèlement conservée. Tout cela ne nous dit pas pourquoi dans un combat le vainqueur avait saisi l'oreille de son adversaire, pourquoi il l'avait arrachée ou coupée avec ses dents. Il faut que ce soit le souvenir d'un fait réel, une particularité de quelque combat demeuré célèbre parmi les amateurs des jeux publics, et en l'absence de renseignements sur ce point, nous avons cru devoir consigner ici le fait en raison des circonstances accessoires dont nous venons de parler.

Les vieilles femmes du marché d'Athènes pouvaient dire : Vous êtes étranger! à un homme qui leur avait adressé une seule parole, bien qu'il demeurât dans l'Attique depuis cinquante ans; il y a là une finesse de sens qui appartient aux natures privilégiées, aux habitants de certains pays où l'intelligence est vive, la langue finement accentuée. Servius Petus, le parent de ce Papirius avec lequel Cicéron était intimement lié, n'avait pas moins d'aptitude à distinguer certaines choses, et voici ce que l'on trouve dans une lettre datée de Tusculum (ad div. IX, 16). Cicéron, en parlant de César, dit qu'il a tout fait pour mériter ses bonnes grâces, qu'il ne l'a jamais offensé, et que depuis qu'il est devenu le maître il ne l'a jamais attaqué en rien. Je le ménage lui et ses principaux amis, « effugere autem si vellem nonnullorum acute aut facete dictorum offensionem, fama ingenii mihi esset abjicienda, » retenir quelques plaisanteries piquantes, ce serait renoncer à ma réputation d'homme d'esprit, et je le ferais volontiers, si cela m'était possible, « quod si possem, non recusarem ». D'ailleurs, ajoute-t-il, César a un excellent jugement, « sed tamen ipse Cæsar habet peracre judicium, et, ut Servius frater tuus, quem litteratissimum fuisse judico, facile diceret : Hic versus Plauti non est, hic est, » et de même que votre frère Servius, que je tiens pour un homme très-lettré, aurait dit tout d'un coup : Ce vers est de Plaute, celui-ci n'en est pas, « quod tristas aures haberet, notandis generibus poetarum et consuetudine legendi, » parce qu'il avait les oreilles accoutumées à reconnaître le style et la manière des poëtes, de même aussi César, qui connaît ma manière de dire et d'écrire, ne se trompera pas sur ce qu'on lui présenterait comme venant de moi.

Cicéron aime à revenir sur les choses dites, et dans une autre lettre au même Papirius Petus (IX, 19), il parle plaisamment d'un certain Balbus, l'ami de César, qui avait dîné chez Petus. Ce Balbus, né à Cadix, homme tout à fait nouveau, mais fort habile à profiter des circonstances, était devenu puissant, il fallait le ménager, et bien qu'il se louât beaucoup de son hôte, Cicéron, qui s'en moque, dit à son ami : « Hoc si verbis assecutus es, aures ad te afferam non minus elegantes, » si vos discours l'ont ainsi charmé, je ne vous porterai pas des oreilles moins délicates que les siennes, et il continue sur ce ton de persiflage : « sin autem opsonio, peto a te ne pluris esse Balbos quam disertos putes », si c'est par la bonne chère, je vous demande de ne pas traiter mieux les bègues que ceux qui sont réputés éloquents. Balbus veut dire bègue, on voit où Cicéron veut en venir, et les amateurs de ces sortes de jeux de mots en trouveront de fréquents exemples dans ses écrits.

Revenons à des choses plus médicales, et tâchons d'épuiser nos recherches sur la longue correspondance de Cicéron. Ainsi, dans une épître datée de Dyrrachium, le 26 novembre 695 (ad div. XIV, 1), il dit à Terentia : « De loco nunc quidem jam abiit pestilentia, sed quandiu fuit, non me attigit : » nous avions ici une maladie contagieuse, elle a disparu et je n'en ai pas été atteint. Quelle était cette maladie? rien ne peut en faire soupçonner la nature. Le mot « pestilentia » n'a pas pour Cicéron la valeur que nous lui donnons aujourd'hui. Il signifie pour lui épidémie, contagion, aussi bien que les lieux où se rencontraient ces conditions fâcheuses. C'est dans ce sens qu'il a écrit : « Pestilentiæ possessores, » possesseurs de domaines malsains. Dyrrachium était en Épire, et l'on peut supposer qu'il y avait là des circonstances spéciales d'insalubrité. Il n'est pas plus facile de savoir en quoi consistait une épidémie qui sévissait sur un des quartiers de Rome, à moins qu'on n'y voie un de ces phénomènes d'*aria cattiva*, qui existent encore à Monte Cavallo en certaines saisons, et forcent les habitans riches à chercher ailleurs un refuge contre les fièvres intermittentes. Lisez à ce sujet la dissertation de Heyne : « Programma de febribus epidemicis Romæ falso in pestium censum relatis, » Gott., 1782, travail intéressant, propre à rectifier des idées fausses sur la fréquence des pestes ou maladies pestilentielles, non-seulement à Rome, mais dans beaucoup d'autres localités de l'Italie, tant ancienne que moderne. Cicéron, à qui l'on ne peut demander une grande précision dans le langage, dit à Atticus (XII, 10) : « Alexim vero curemus, imaginem Tironis, quem ægrum Romam remisi : » soignons bien votre Alexis, qui est un autre Tiron. Celui-ci est malade et je l'ai renvoyé à Rome ; « et, si quid habet collis ἐπιδήμιον, ad me cum Tisameno transferamus. » M. de Golbéry, qui craint le mot propre, traduit ainsi ce passage : S'il y a des maladies populaires dans votre quartier, il faut faire transporter Alexis chez moi avec Tisamène. S'il est une expression, parfaitement adoptée et comprise, *épidémie* est dans ce cas-là, et personne ne saura ce que l'on veut dire en parlant de maladies populaires. Notons en passant cette particularité qui nous paraît fort remarquable. Nous voudrions bien savoir si Érasme, le savant Érasme, dans son « Dialogus Ciceronianus, sive de optimo genere dicendi » (Leyde, 1643), a pris garde à ces substitutions de mots, qui consacrent à tout jamais une véritable usurpation. Les Romains eux-mêmes ont promptement adopté le mot épidémie, si commode, si expressif, et nous avons fait comme eux. On ne pouvait mieux faire.

On trouve un peu de tout dans la correspondance de Cicéron. Les voyageurs ne marchaient pas toujours en sûreté, même aux environs de Rome. Sur la voie Appia, près du tombeau de Basile, célèbre voleur, un ami d'Atticus et de Cicéron, L. Quintius, avait été attaqué, volé, blessé, et les lettres dont il était porteur avaient disparu. Cicéron demande à Atticus (VII, 9) si celle qui lui était adressée contenait quelque chose d'important, mais il ne dit mot de la blessure du commissionnaire. Dans une autre occasion, Serv. Sulpicius, écrivant à Cicéron, est un peu plus explicite; au moment où il se préparait à partir d'Athènes, vers les quatre heures du matin, on vint lui annoncer que Marcellus avait été assassiné par Magius Chilo, l'un de ses amis : « Postumius, familiaris ejus, ad me venit, et mihi nuntiavit Marcellum, collegam nostrum, post cœnæ tempus, a P. Magio Chilone, familiare ejus pugione percussum esse. » Ce Marcellus était augure comme Cicéron, comme Sulpicius, et Valère Maxime, qui parle du crime de Chilon, l'attribue à la jalousie de ce dernier contre un autre ami que Marcellus lui préférait. Il y a là probablement quelque mystère odieux, mais cela ne nous regarde pas. Notons seulement les deux expressions « familiaris ejus, » appliquées à Postumius et au meurtrier, et qui paraissent signifier, dans le premier cas, un domestique, et dans le second un ami, un familier. Cicéron aurait mieux observé les nuances.

Quoi qu'il en soit, le correspondant de Cicéron ajoute des détails assez précis : « pugione percussum esse, » frappé d'un poignard, « et duo vulnera accepisse, unum in stomacho, alterum in capite secundum aurem, » il a reçu deux blessures, l'une dans la région de l'estomac, l'autre à la tête, près de l'oreille. Le meurtrier se fit justice aussitôt en se tuant sur la place, et Postumius est accouru vers moi pour m'annoncer ce malheur et me demander des médecins, « qui hæc nuntiaret, et rogaret, ut cogerem medicos. » J'en ai réuni plusieurs, « coegi, » et je me rendis en hâte vers le blessé, mais en approchant du Pirée, je rencontrai un esclave qui m'apportait un billet d'Acidinus : « puer Acidini obviam mihi venit cum codicillis; » il me disait que Marcellus était mort, « paulo ante lucem. » Signalons en passant que Sulpicius ne put obtenir des Athéniens la permission d'enterrer la victime dans la ville, « intra urbem, quod religione impediri dicerent, » leur religion s'y opposant, et, en effet, « neque tamen id antea cuiquam concesserant, » jamais jusqu'ici ils ne l'ont accordée à personne. On peut s'étonner à bon droit de cette interdiction, si peu d'accord avec le respect des Grecs pour les morts, mais les législateurs avaient placé une excellente coutume hygiénique sous le patronage de la religion, et éloigné de la ville de Minerve une cause d'insalubrité dont ils avaient pressenti l'importance.

Dans une lettre adressée à Petus (ad div. IX, 21), il discute chaudement une question de noblesse. Les Papirius sont des patriciens, « minorum gentium, qui se nommaient d'abord Papisius, et qui ont fourni beaucoup de hauts fonctionnaires depuis l'an de Rome 312. A ces grands noms succédèrent les Carbon et les Turdus, qui leur furent inférieurs. L'un d'eux, Caius Carbo, accusé par L. Crassus, passe pour s'être empoisonné avec des cantharides, « Caius, accusante L. Crasso, cantharidas sumpsisse dicitur. » C'est peut-être le premier exemple de suicide à l'aide d'un tel moyen, et il est bien à regretter qu'on n'en ait pas signalé les principaux symptômes.

Cicéron parle du rire sardonique dans une lettre adressée à Fabius Gallus (ad div. VII, 25), à propos de Tigellius, dont il se moque, et qui pourrait devenir redoutable. Vous paraissez craindre, lui dit-il, que si nous ne l'avons pour nous, il ne nous fasse rire sardoniquement, « videris enim mihi vereri, ne, nisi istum habuerimus, rideamus γέλωτα σαρδώνιον. » Et il ajoute : « Sed heus tu, manum de tabula ! » On a traduit ces derniers mots par : prenons garde à nous ! Il faudrait au moins nous avertir que là se trouve une locution vulgaire, une de ces exclamations proverbiales comme il y en a tant dans toutes les langues perfectionnées. Cela veut dire : ôtez la main du tableau, car le mot « tolle » est sous-entendu, ne travaillez plus, c'est assez, et non pas : prenons garde à nous ! C'est un avertissement qu'il donne et non pas qu'il se donne. Ces petites choses sont de celles qui constituent la vraie couleur du style de Cicéron, et tout traducteur jaloux de bien rendre son modèle ne doit pas les négliger. Revenons au rire sardonique.

On ne sait guère aujourd'hui ce que les anciens entendaient par là. Les dissertations savantes ne manquent pas sur ce sujet, mais la chose n'en paraît pas plus claire. Il y avait en Sardaigne une sorte d'herbe qui, quand on la mangeait, produisait sur les lèvres un certain mouvement de contraction convulsive, espèce de rire bizarre dont l'expression avait frappé les premiers observateurs. Il est des dispositions de l'âme qui donnent à la physionomie, et plus particulièrement à la bouche, une forme qui a paru avoir quelque rapport avec celle que produit la plante vénéneuse en question. Ce n'est pas la joie, la gaîté, qui provoquent cette expression des lèvres, mais bien la méchanceté, et dans les temps modernes, on a considéré comme type du rire sardonique celui qui caractérise la physionomie de Voltaire. La phrase de Cicéron ne paraît pas s'appliquer au sentiment dont nous parlons ici, par conséquent il faut en chercher ailleurs l'explication plausible. On a pensé que le rire sardonique signifiait tout simplement un rire forcé, une grimace exprimant la crainte, l'inquiétude, et c'est là probablement ce que Cicéron veut indiquer. Nous n'en dirons pas davantage sur ce sujet, bien persuadé qu'il ne pouvait faire allusion à une maladie rare, difficile à constater, l'inflammation du diaphragme, dont les contractions saccadées et douloureuses donnent, dit-on, à la figure du patient l'expression d'un rire que les pathologistes ont désigné sous le nom de sardonique.

Tout ce qui précède a été extrait de la correspondance de Cicéron, et encore n'avons-nous pas poussé à l'extrême le soin de recueillir les textes qui pouvaient servir à la démonstration de notre thèse. Car, nous pouvons bien l'avouer, Cicéron n'est pas pour nous ce qu'était pour lui le Q. Fufius, dont il parle dans la lettre ad Att. xv, 4, un de ces hommes qui écrivent fadement, et dont on dédaigne toutes les productions. Fufius m'a adressé une espèce de billet, « nescio quid ab eo litterularum, sane insulse, ut solet, » sans esprit, suivant son habitude, « nisi forte quæ non amas omnia videntur insulse fieri : » mais peut-être tout ce qui vient de ceux que nous n'aimons pas nous paraît-il fade, et l'on comprendra la justesse de cette réflexion. Tel n'est pas notre sentiment à l'égard de Cicéron ; nous trouvons dans son œuvre une si grande abondance d'idées, tant de faits intéressants, de si belles réflexions sur les malheurs de son temps, une si juste appréciation des hommes et des choses, que nous ne pouvons nous lasser de parcourir ces immortels écrits où son génie brille d'un si merveilleux éclat.

Bien que nous n'ayons pas admiré sans réserve toutes ses opinions médicales, et que nous n'ayons pas voulu le faire plus médecin qu'il ne l'est, lui prêter des perfections qu'il n'a pas, porter des chouettes à Athènes, γλαῦκ' εἰς Ἀθήνας, comme il le dit si plaisamment à Varron (ad div. IX, 3), cependant nous reconnaissons volontiers qu'il ne manque pas de sagacité dans la plupart de ses appréciations scientifiques, et qu'aucun auteur contemporain n'en a montré autant. On reconnaît qu'il a subi la douce influence de l'Attique ; son séjour en Grèce lui a donné des idées que l'on ignorait à Rome ; il a vécu au milieu d'une civilisation qui commençait à déchoir lorsque le peuple romain gardait encore un reste de sa barbarie primitive, et subissant l'heureux contact de ces esprits ingénieux qui, de captifs, allaient devenir les maîtres de leurs vainqueurs ; il a devancé son temps dans l'étude du phénomène de la santé et de la vie. Il cite Hippocrate, donc il a quelque connaissance des écrits du père de la médecine, et l'on peut supposer que les Grecs venus à Rome pour y exercer cet art, les successeurs d'Asclépiades, connaissaient l'école de Cos et la collection hippocratique. Asclepion, Metrodore, Alexion, et enfin Asclapon, de Patras, celui dont Cicéron disait : « Asclapone Patrensi, medico, utor valde familiariter » (ad div. XIII, 20), ont été pour lui des amis précieux, dans le commerce desquels il a puisé toutes les notions médicales qu'on a tant admirées dans ses œuvres. Écoutons-le au sujet de ce dernier personnage : « ejusque quum consuetudo mihi jucunda fuit, tum ars etiam, quam sum expertus in valetudine meorum, » et non-seulement j'ai goûté un grand charme dans sa société, mais je me suis bien trouvé de son habileté pour la santé des miens. Ceci se rapporte aux soins qu'il a prodigués à Tiron, ainsi que nous l'avons noté ailleurs. Il termine ce bel éloge en disant : « inque mihi quum ipsa scientia, tum etiam fidelitate benevolentiaque satisfecit : » enfin je suis aussi content de sa fidélité et de sa bienveillance que de son savoir. De pareilles relations, de pareils sentiments prouvent à quel point Cicéron tirait parti des hommes intelligents et instruits que les circonstances amenaient auprès de lui.

Peut-être serait-il temps de nous arrêter ici, de suivre le conseil de Cicéron à Brutus et à Cassius, « ad Eurotam sedere, » de s'asseoir sur les bords de l'Eurotas, suivant le proverbe athénien, mais la curiosité nous entraîne, nous n'en avons satisfait qu'une partie, « excisa est arbor, non evulsa, » il faut aller jusqu'au bout pour éviter le regret de n'avoir pas parcouru jusqu'à leurs plus extrêmes limites les régions lumineuses où le grand orateur règne en maître. Suivons donc cette voie charmante où tout nous promet de nouveaux plaisirs, et tâchons de la rendre agréable à ceux qui voudront bien nous y suivre.

CHAPITRE II.

TRAITÉS DE RHÉTORIQUE.

Il plairait peut-être à certains lecteurs de trouver dans des chapitres séparés des groupes de maladies analogues, offrant, sur un même point, la somme de connaissances acquises aux temps cicéroniens; mais cette manière de procéder aurait un grand nombre d'inconvénients. Il faudrait parcourir à chaque instant la longue série des œuvres complètes de Cicéron, interrompre la suite naturelle de ses idées, et perdre ainsi les bénéfices de l'ordre méthodique des matières traitées. Nous pensons qu'il vaut mieux passer en revue tous les ouvrages qu'il a composés, et emprunter à chacun d'eux les passages qui ont trait à la médecine, sans prétendre établir entre eux un lien systématique qui briserait des rapports naturels pour en créer d'artificiels. Il ne s'agit pas ici d'un traité didactique, mais d'une sorte de table des matières indiquant, à mesure qu'elles se présenteront, les choses qui sont vraiment de notre ressort.

Nous devons ici rendre justice au travail de Birkholz, il nous a été d'un grand secours, ainsi que l'index qui le termine. Nous aurons bien plutôt à retrancher qu'à ajouter à ses *excerpta*, car il lui a plu de réunir aux sciences médicales un grand nombre de fragments qui ne nous paraissent pas s'y rattacher, et il a grossi bien inutilement son volume de passages qui n'ont aucun droit d'y figurer. Nous tâcherons de nous montrer un peu plus rigoureux dans le choix des matériaux propres à établir que Cicéron possédait des notions médicales qui n'ont que le mérite très-réel d'avoir été rares, chez les gens du monde, à l'époque où il écrivait.

RHÉTORIQUE, A C. HERENNIUS.

Nous devons commencer par le traité intitulé « Rhetoricorum ad C. Herennium. » Quoi que l'on ait pu dire ou écrire, cet ouvrage, qui, en tout cas, appartiendrait à la première jeunesse de l'auteur, contient déjà en germe, et comme ébauchées, des idées qu'il développera plus tard, et qui dénotent une sagacité précoce. Ainsi, à propos de la constatation d'un crime, il consacre une erreur vieille comme les sociétés, en disant : « Si tumore et livore decoloratum est corpus mortui, significat eum veneno necatum » (lib. II, 5). Si le corps de la victime est enflé et livide, c'est un signe d'empoisonnement. On a peine à comprendre que Cicéron ait accepté ce préjugé, lui qui dit avec tant de raison un peu plus loin, 25 : « Vitiosa est confirmatio rationis, cum ea re, quæ plura significat, abutimur pro certo unius rei signo » : la confirmation est vicieuse lorsque nous prenons pour indice certain d'une seule chose un signe qui appartient à plusieurs. Il en donne pour preuve les observations suivantes : « necesse est, quoniam pallet, ægrotasse. » Puisqu'il est pâle, il faut nécessairement qu'il ait été malade. Et cette autre : « necesse est peperisse, quoniam sustinet infantem : » il faut que cette femme soit accouchée, puisqu'elle tient un enfant entre ses bras. Si notre auteur eût voulu appliquer cette règle excellente au fait d'un cadavre livide et gonflé, il eût pu reconnaître que ces deux phénomènes n'ont aucune valeur absolue, et surtout qu'ils n'impliquent pas l'action d'une substance vénéneuse comme cause de mort.

Au livre III de ce même traité, je trouve un paragraphe, le vingtième, qui contient une particularité intéressante. Cicéron donne des conseils relatifs aux moyens de seconder la mémoire de l'orateur, sorte de mnémonique artificielle dont nous ne garantissons pas l'efficacité. Ainsi l'on se représentera, à propos d'un empoisonnement, le malade couché et près de lui le coupable accomplissant son crime. Il est là, ayant dans la main droite une coupe, dans la gauche des tablettes, « medico testiculos arietinos tenentem, » et portant suspendus au quatrième doigt des testicules de bélier. « Digitus medicus, » c'est, suivant Pline, le doigt annulaire, le voisin du petit, mais cela ne nous explique pas pourquoi l'on mettait à ce doigt un aussi singulier ornement. Politien dit que ces prétendus testicules de bélier étaient une bourse de cuir, mais à quoi bon cet appareil dont on ne spécifie pas le volume? On ne dit pas non plus pour quel motif le quatrième doigt était appelé médical, et nous laissons ce passage qui aurait grand besoin d'éclaircissements.

Ce traité de rhétorique contient peu de choses vraiment médicales; l'auteur était très-jeune, il comptait un peu plus de vingt ans, il n'avait pas encore l'habitude de voir des médecins, de converser avec eux, de leur emprunter des idées et des sujets de comparaison. Cependant il dit avec grâce, livre IV, 27 : « formæ dignitas aut morbo deflorescit, aut vetustate exstinguitur, » la beauté se flétrit par la maladie ou s'éteint par la vieillesse. C'est encore lui qui a dit le premier : « esse oportet, ut vivas; non vivere, ut edas : » il faut manger pour vivre, et non pas vivre pour manger, sentence tant admirée par l'avare, de Molière (act. 3, scène 4), et dont, dans son enthousiasme, il bouleverse si plaisamment les termes.

RHÉTORIQUE; DE L'INVENTION ORATOIRE.

Le second ouvrage que nous devons examiner a pour titre : « Rhetoricorum, seu de inventione rhetorica; » il a beaucoup d'analogie avec le précédent, et certains érudits ont pensé que c'était une sorte de seconde édition donnée par Cicéron lui-même, dans le but d'enlever à Herennius l'honneur de la première dédicace; ces deux amis, divisés par la politique, appartenaient à des camps opposés. Quelle que soit l'opinion des savants à ce sujet, nous rechercherons avec le même soin ce qui peut nous intéresser dans une œuvre didactique où l'auteur, tout en conservant des formes scolastiques, donne carrière à son imagination, prodigue les exemples et les préceptes, multiplie les divisions : aussi son ouvrage, au dire des plus habiles professeurs d'humanités, est le vrai manuel de tous ceux qui veulent étudier à fond l'art oratoire. Voyons ce que nous pourrons y trouver de médical.

Dans une dissertation sur le « Devoir et la Fin » qui constituent la base de l'éloquence, il se sert de comparaisons pour mieux exprimer sa pensée : ainsi, dit-il : « ut medici officium dicimus esse, curare ad sanandum apposite, finem, sanare curatione, » nous disons que le devoir du médecin est de prescrire ce qu'il faut pour guérir, et que la guérison est la fin qu'il se propose. Il y a là le moyen et le but. Mais il y a aussi la matière, et il ajoute ceci : « ut si medicinæ materiam dicamus morbos ac vulnera, quod in his omnis medicina versetur, » comme on dit que les maladies et les blessures sont la matière de la médecine, parce que la médecine roule tout entière sur ces choses....

Parmi les exemples de raisonnement, il en est qui nous touchent, comme ceux-ci : « quoniam cicatrix est, fuit vulnus, » il y a une cicatrice, donc il y a eu blessure, ce qui n'est pas tellement rigoureux que les médecins légistes ne voulussent distinguer ; mais alors on n'y regardait pas de si près. Que dirons-nous de cette autre conclusion : « si peperit, cum viro concubuit? » Abraham Johnson, en 1750, quand il publia son livre intitulé : *Lucina sine concubitu*, ne se proposait pas seulement de réfuter l'espèce d'aphorisme de Cicéron, il voulait encore établir un ordre de faits physiologiques dont les anciens ne pouvaient avoir la moindre idée. Ils auraient mieux compris et surtout goûté bien davantage l'œuvre du savant qui écrivit le *Concubitus sine Lucina*, que Combes de Lyon a traduit de l'anglais, à peu près vers la même époque. N'oublions pas cependant la croyance à la conception par le fait d'agents naturels, comme certains vents agissant sur les cavales de Lusitanie, témoin ces vers de Virgile :

> Ore omnes versæ in zephyrum, stant rupibus altis
> Exceptantque leves auras; et sæpe, sine ullis
> Conjugiis, vento gravidæ (mirabile dictu),
> Saxa, etc.
>
> Georg., lib. III, v. 274.

Columelle, Varron et autres auteurs ont adopté cette fable.

LES TROIS DIALOGUES DE L'ORATEUR.

Comme complément des deux ouvrages de Cicéron sur la rhétorique, nous allons parcourir celui qui a pour titre : « M. Tullii Ciceronis, ad Quintum fratrem, dialogi tres de Oratore, » les trois dialogues de l'orateur adressés par Cicéron à Quintus son frère. Une assez bonne traduction, que l'on doit à Andrieux, nous fournira, il faut l'espérer, un sens clair revêtu d'un beau style, et nous n'aurons pas à réformer des idées dont la justesse était facilement contestable.

Cicéron n'a rien écrit sur l'art oratoire qui soit plus complet et plus considérable, et s'il nous était permis de sortir du cercle étroit que nous nous sommes tracé, nous montrerions quel fruit on peut retirer des excellents préceptes qu'il donne, non pas seulement pour la pratique de l'éloquence judiciaire ou délibérative, mais encore pour tous les genres de compositions littéraires. Il dit lui-même, dans une épître à Lentulus, qu'il a écrit ces dialogues à la manière d'Aristote et d'Isocrate, mais il faut reconnaître en outre qu'il a emprunté à Platon son style harmonieux, ses formes poétiques, d'où résulte pour le lecteur un charme extrême. On assiste à une conversation spirituelle, animée; on entend tour à tour des personnages d'un mérite éminent, des consulaires occupant les plus hautes dignités de la république; Crassus, l'éloquent défenseur de la dignité du Sénat; Catulus, victime de la jalousie de Marius; Scevola et Sulpicius, assassinés par des sicaires; l'orateur Antoine, traité par Marius comme Cicéron le fut plus tard par un autre proscripteur, et enfin Cotta, qui seul fut épargné, mais mourut en exil.

Cet admirable traité a été traduit en 1673, d'abord par l'abbé Cassaigne, un académicien, mauvais prédicateur, comme l'abbé Cottin, dont Boileau s'est moqué si plaisamment dans sa troisième satire. Cette traduction est faible et négligée, dit Andrieux, mais elle vaut encore mieux que celle de Desmeuniers, qui parut en 1783. M. Th. Gaillard, professeur de l'université de Paris, en a donné une autre qui est excellente, et nous n'aurons que l'embarras du choix pour l'interprétation des passages qui offriraient quelque obscurité.

Nous trouvons d'abord un fait intéressant. Cicéron fait dire à Crassus : « Neque vero Asclepiades is, quo nos medico amicoque usi sumus, tum quum eloquentia vincebat cæteros medicos, in eo ipso, quod ornate dicebat, medicinæ facultate utebatur, non eloquentiæ. » (Lib. I, XIV.) Et lorsque Asclepiades, qui fut mon médecin et mon ami, effaçait par son éloquence tous les hommes de sa profession, ce n'était pas seulement à cette éloquence qu'il le devait, mais bien à sa science.

Ce passage nous intéresse. Il prouve d'abord qu'Asclepiades, dont Crassus fait un si bel éloge, était à la fois le médecin et l'ami de cet homme non moins savant que vertueux, et que là se trouve la preuve d'un fait que nous avons signalé à diverses reprises. Les personnages les plus recommandables de l'ancienne Rome avaient dans leur familiarité des médecins, des savants, des philosophes, des artistes, tous originaires de la Grèce, et qui exerçaient une grande influence sur la société romaine. On étudiait les ouvrages grecs, on les admirait ; le langage athénien était facilement compris par tous les hommes bien élevés, et nous ajouterons que les médecins qui vivaient au milieu de ce monde distingué lui imprimaient un certain cachet que l'on rencontre à chaque instant dans les ouvrages qui ont conquis une plus juste célébrité parmi les chefs-d'œuvre de l'esprit humain. L'Asclepiades dont parle Crassus est celui dont nous nous sommes déjà occupé à propos de la fièvre quarte d'Atticus ; ses ouvrages que citent Celse et Galien ne sont pas venus jusqu'à nous, et cette perte est à jamais regrettable. Mais continuons notre examen.

Avec le talent qui s'acquiert, il y a aussi les dons naturels dont il faut tenir compte et que Crassus place presque au premier rang. L'éloquence que l'on enseigne n'est pas nécessairement accompagnée de la chaleur de l'âme, des mouvements de l'inspiration. Que dire de ces facultés heureuses qu'on apporte en naissant? « Quid de illis dicet, quæ certe cum ipso homine nascuntur? Linguæ solutio, vocis sonus, latera, vires, conformatio quædam et figura totius oris et corporis? » (Lib. I, XXV.) Une parole facile, une voix sonore, la force des poumons, la vigueur du corps, enfin la physionomie et une certaine tournure. Notons en passant qu'Andrieux a passé sous silence dans sa traduction les mots : « linguæ solutio, » la langue déliée, la facilité de la prononciation, et qu'il a confondu cette qualité avec « vocis sonus, » la voix sonore, ce qui est bien différent.

On n'a pas d'indulgence pour les orateurs, on ne les excuse pas, on ne veut pas croire que, s'ils ont moins bien parlé, c'est qu'ils étaient souffrants, « valetudine impediti, » ce que l'on accorde si facilement aux comédiens, par exemple, à Roscius, dont les auditeurs disent volontiers, quand il a joué médiocrement : « noluit, inquiunt, aut crudior fuit, » il ne l'a pas voulu, disent-ils, ou bien il a mal digéré. Cette réflexion piquante est d'Antoine, un des interlocuteurs de Crassus, et il ajoute : si l'orateur est faible, on l'accuse de sottise, et la sottise n'est pas excusable, « stultitia autem excusationem non habet, quia nemo videtur, aut quia crudus fuerit, aut quod ita maluerit, stultus fuisse, » parce que personne ne semble être un sot, ou volontairement, ou pour cause de maladie. (Lib. I, XXVII.)

Le même Antoine conseille à Catulus (lib. II, XLIV) de s'assurer de la disposition d'esprit des juges avant d'aborder les faits de la cause, de tâter son auditoire afin de savoir ce qu'il pense. Si l'orateur a quelque raison de croire à des préventions fâcheuses, il faut imiter le médecin prudent qui, avant de traiter un malade, étudie, explore, non-seulement son mal actuel, mais son état de santé habituel et sa complexion : « Sicut medico diligenti, priusquam conetur ægro adhibere medicinam, non solum morbus ejus, cui mederi volet, sed etiam consuetudo valentis, et natura corporis cognoscenda est. »

A propos du rire que l'orateur doit savoir faire naître dans certaines circonstances et qui ébranle à la fois les flancs, la bouche, les yeux, le visage, les veines, « et quomodo simul latera, os, venas, vultum, oculos occupet, » on pourra demander à Démocrite l'explication de ce phénomène, dit un des interlocuteurs, « viderit Democritus, » cela ne me regarde pas ; et si j'étais obligé d'en indiquer la cause, j'avouerais sans honte mon ignorance, « nescire me tamen, id non puderet, quod ne ipsi quidem illum scirent, qui pollicerentur. » Bel exemple de discrétion modeste et que nous signalons avec plaisir.

Le troisième livre de l'Orateur est un vrai chef-d'œuvre, dont l'introduction est surtout remarquable. Cicéron raconte avec une extrême vivacité de sentiment la mort de Crassus, qui fut atteint de pneumonie en prononçant un discours véhément contre le consul Philippe, qui attaquait la sagesse et la fidélité du Sénat. « Permulta tum vehementissima contentione animi, ingenii, virium, ab eo dicta esse constabat, » et ce fut pour cet homme divin le chant du cygne, « illa tamen cycnea fuit divini hominis vox et oratio, namque tum latus ei dicenti condoluisse sudoremque multum consecutum esse audiebamus, » il fut saisi, pendant son discours, d'une douleur de côté suivie d'une sueur abondante. « Ex quo cum cohorruisset, cum febri domum rediit, dieque septimo lateris dolore consumptus est ; » un frisson violent se déclara, il rentra chez lui avec la fièvre, et au bout de sept jours la douleur de côté l'emporta. (Lib. III, XI.)

Je ne sais si l'Asclepiades dont Crassus a dit qu'il était à la fois son médecin et son ami reconnut une inflammation des organes de la respiration ; je ne sais pas davantage quel genre de traitement on mit en usage dans cette grave conjoncture, mais il ne peut sembler douteux à personne qu'il y ait eu une véritable pneumonie aiguë promptement mortelle. La cause, les symptômes, la terminaison, tout contribue à en asseoir le diagnostic d'une manière évidente.

Dans le dialogue qui nous fournit ces précieux renseignements nous trouvons un propos de Crassus lui-même, qui mérite d'être relevé avec soin. « An tu existimas, quum esset Hippocrates ille Cous, fuisse tum alios medicos qui morbis, alios qui vulneribus, alios qui oculis mederentur? » (Lib. III, XXXIII.) Pensez-vous que du temps du célèbre Hippocrate de Cos il y eut des médecins pour traiter les maladies, qu'il y en eut d'autres pour panser les plaies, d'autres pour les maux d'yeux, ou, en d'autres termes, qu'il y eut des médecins, des chirurgiens, des oculistes? Crassus, en parlant ainsi, veut établir que la science se trouve amoindrie par les divisions qu'on y a introduites. Il est partisan de l'universalité des connaissances, et veut que l'orateur n'en néglige aucune. En citant ici l'exemple d'Hippocrate, Crassus montre la haute renommée de ce personnage, sa vaste science, et « laudator temporis acti se puero, » il déplore la décadence des esprits qui ne peuvent plus embrasser tout ce que savaient si bien les grands hommes des siècles précédents. On vit plus tard à Rome des médecins se chargeant seulement de la cure de certaines maladies, et une épigramme de Martial met la chose hors de doute (livre x^{e}, n° 56) ; il y avait aussi des orateurs qui ne pouvaient à la tribune aborder tous les sujets, qui ignoraient certaines parties du droit, et, bien moins savants que les Sext. Elius, les M. Manilius, ne pouvaient donner dans le Forum des conseils sur toutes choses.

Cicéron était lui-même un de ces hommes ayant des notions exactes sur tout ce que l'on savait à Rome de son temps, et même il avait rapporté de la Grèce bien des connaissances que ses compatriotes ne possédaient pas encore. Il parle souvent des organes des sens, de leur valeur comparative, des services qu'ils peuvent rendre et du parti qu'en peut tirer l'orateur qui cherche à captiver son auditoire. « Nam et auribus multa percipimus, quæ, etsi nos vocibus delectant, tamen ita sunt varia sæpe, ut id, quod proximum audias, jucundissimum esse videatur, » c'est-à-dire : ainsi beaucoup de sons divers charment nos oreilles et nous plaisent si fort que nous préférons le dernier entendu, « et oculis colliguntur pæne innumerabiles voluptates..... » Mais parmi ces sensations, il en est de plus vives les unes que les autres, et Cicéron place en première ligne celles qui viennent de l'œil, « illa vero oculorum multo acriora, » et les métaphores, qui sont d'une si grande ressource dans un discours, frappent d'autant plus qu'elles s'adressent au sens de la vue, lequel est le plus subtil de tous, « ad sensus ipsos admovetur, maxime oculorum, qui est sensus acerrimus. »

Dans toute la terminaison du troisième livre de l'Orateur, Cicéron met dans la bouche de Crassus des conseils fort sages sur l'emploi des moyens physiques qui assurent le triomphe de l'homme destiné à parler en public. La voix, le geste et surtout l'expression du visage, exercent une influence considérable sur l'auditoire ; « sed in ore sunt omnia, » mais tout dépend du jeu de la physionomie, dont le pouvoir réside surtout dans les yeux, « in eo autem ipso dominatus est omnis oculorum. » La nature nous a donné les yeux, comme elle a donné au cheval et au lion la crinière, la queue, les oreilles, pour exprimer les sentiments extérieurs : « oculos autem natura nobis, ut equo et leoni jubas, caudam, aures, ad motus animorum declarandos dedit. » Il y aurait à dire bien des choses sur ces rapprochements, sur la valeur absolue ou relative des organes que Cicéron met en jeu, et que des études plus sévères ont permis de classer autrement qu'il l'a fait : mais cela nous entraînerait trop loin, et ne se rattache pas d'ailleurs assez directement à notre sujet pour que nous nous en occupions davantage. Passons donc à une autre partie des œuvres de Cicéron, et voyons si, dans l'ouvrage intitulé *Brutus*, nous trouverons quelques passages dignes d'une mention particulière.

BRUTUS. — DES ORATEURS CÉLÈBRES.

Vers la fin de l'année 707 ou au commencement de 708, Cicéron, qui avait pris parti pour Pompée et qui, après la défaite de Pharsale, s'était réconcilié avec le vainqueur, se donna la tâche agréable d'écrire un traité des orateurs illustres tant de Rome que d'Athènes, et dédia ce travail à son ami Brutus, qui avait été chargé du gouvernement de la Gaule. De Périclès à Démétrius de Phalère, de Junius Brutus à Hortensius et à Cicéron lui-même, l'auteur passe en revue tous ceux qui ont régné par la parole, et jamais galerie de portraits ne fut expliquée et appréciée par un homme plus compétent, suivant l'heureuse expression de Burnouf.

Ce dialogue « de claris Oratoribus » commence par un juste tribut de regrets à la mémoire d'Hortensius. Cicéron, si jaloux qu'il pût être de la haute renommée de cet orateur, en fait un éloge qui les honore tous deux, et l'on aime à voir des hommes de cette trempe se rendre justice aussi cordialement. Et puis l'auteur entre en matière, racontant à Brutus et à Atticus, qui étaient venus le visiter, combien leurs lettres lui avaient été agréables, quel soulagement elles avaient apporté à ses plus cruelles infortunes : « nam me istis scito litteris ex diuturna perturbatione totius valetudinis tanquam ad adspiciendam lucem esse revocatum, » sachez, en effet, que ces lettres m'ont guéri d'une longue maladie et m'ont, en quelque sorte, rappelé à la lumière. Ces expressions sont un peu fortes, mais à l'époque en question, Brutus, alors en Asie, écrivait à Cicéron, relevait son courage, lui donnait d'excellents conseils; et il en avait grand besoin, car, aux calamités publiques qui étaient devenues les siennes, se joignaient des chagrins domestiques fort poignants, le divorce de Tullia, les petites trahisons de son frère Quintus qui cherchait la faveur de César, même aux dépens de Cicéron, et bien d'autres choses encore qui remplissaient son cœur de tristesse. L'infortuné ajoute encore à l'expression de sa joie : « istæ vero, Brute, non modo delectationem mihi, sed etiam, ut spero, salutem attulerunt; » elles ne me causaient pas seulement du plaisir, mais je pense qu'elles m'ont guéri. Il fait ici allusion à un livre d'histoire que lui avait envoyé Atticus, et il termine par ces mots : « istum ipsum, Brute, dico librum mihi saluti fuisse. »

On trouve dans la longue énumération des plus célèbres orateurs de la Grèce beaucoup de mots empruntés à la science médicale ; il est impossible de ne pas être frappé du coloris particulier que cela donne au style de Cicéron, et nous nous bornerons à en donner quelques exemples. Ainsi, à propos de l'étendue d'une période qui est limitée par la puissance respiratoire, il dit : « nam et aures ipsæ, quid plenum, quid inane sit, judicant, et spiritu, quasi necessitate aliqua, verborum comprehensio terminatur, » l'oreille elle-même distingue fort bien ce qui est plein de ce qui est vide, et l'étendue de la phrase est déterminée par l'inévitable loi de la respiration.

Voici un passage dans lequel l'emprunt est encore plus évident. Au siècle de Démosthènes, l'éloquence était dans toute sa splendeur : « hæc enim ætas effudit hanc copiam, et, ut opinio mea fert, succus ille et sanguis incorruptus usque ad hanc ætatem oratorum fuit, in qua naturalis inesset, non fucatus nitor. » Telle fut, en effet, la richesse de cette époque; et, dans mon opinion, le sang le plus pur, le suc parfait de l'éloquence, se transmirent jusqu'à ces orateurs dont l'éclat était naturel et sans fard. Citons encore cette phrase si charmante : aussitôt que l'éloquence fut sortie du Pirée, elle parcourut les îles, elle voyagea en Asie où elle adopta les mœurs étrangères, et alors « omnemque illam salubritatem Atticæ dictionis, et quasi sanitatem perderet, at loqui pæne dedisceret; » elle perdit en quelque sorte cette salubrité de la diction athénienne, la santé de la parole, et bientôt elle oublia jusqu'à son langage.

Parmi les grands orateurs romains, il en est plusieurs dont la santé était mauvaise. Calvisius souffrait de la goutte, « atque etiam ingenio, et sermone eleganti, valetudine incommodo C. Sextius Calvisius fuit; » il avait de l'esprit et parlait bien, et quand ses accès de goutte lui en laissaient la liberté, il plaidait volontiers, « quum remiserant dolores pedum, non deerat in causis. » Cn. Octavius fut dans le même cas, il avait les articulations malades; il était enveloppé de bandages et couvert de médicaments, « devinctus erat fasciis et multis medicamentis, propter dolorem artuum, delibutus. » Cotta, qui avait la poitrine faible, parlait doucement et s'était composé un genre d'éloquence tout à fait en rapport avec sa santé débile : « et ut ad infirmitatem laterum perscienter contentionem omnem remiserat, sic ad virium imbecillitatem dicendi accommodabat genus. » Sulpicius, le rival de Cotta, réussissait par des moyens opposés; il était véhément, tragique; tous deux arrivaient au même but à l'aide de procédés bien différents, ce qui prouve que le maître doit savoir distinguer les dispositions naturelles de ses élèves, et suivre le précepte d'Isocrate : « alteri calcaria adhibere, alteri frenos, » il faut à l'un l'éperon, à l'autre le frein. C'est dans ce même ouvrage que Cicéron parle de sa faible santé, des soins qu'il dut prendre pour la raffermir, de son voyage à Athènes, de ses courses en Asie ; mais nous avons déjà noté ces particularités intéressantes. (Voyez page 26.)

Nous avons, au début de notre travail, exprimé le regret de ne pas connaître l'histoire bibliographique de l'œuvre de Cicéron, de ne pas savoir à quelles circonstances heureuses, à quels hasards on doit la conservation de ses précieux écrits, et jusqu'ici les traités que nous avons parcourus ne nous ont offert aucun renseignement précis sur la manière dont ils sont arrivés jusqu'à nous. Ces travaux si importants sur la rhétorique, sur l'invention oratoire, sur toute les parties de l'éloquence, sont entre nos mains et ne seront pas perdus pour la postérité, mais comment les avons-nous reçus des siècles passés, comment ont-ils échappé aux barbaries du moyen âge? voilà ce qu'on aimerait à savoir, et ce que je finirais peut-être par découvrir, si j'en avais le temps et si cela se rattachait à la direction de nos études médicales [1].

Un des traducteurs de la collection Panckoucke, M. Alp. Agnant, a bien voulu satisfaire notre curiosité sur ce point de l'histoire littéraire. Dans l'introduction du livre intitulé *Orator*, il a pris la peine de nous dire que cet ouvrage, un des plus parfaits de Cicéron, avait été assez longtemps peu connu et même peu apprécié, et Muratori, dans les *Antiquités italiennes*, dit qu'au IXe siècle il n'y en avait pas dans toute la France un exemplaire complet. Gérard de Landriano, évêque de Lodi, en découvrit un manuscrit en 1419, et le confia à Gasparini de Bergame, qui le fit copier par un savant recommandable. Voici en quels termes Gasparini parle du manuscrit :« Feci autem, ut pro illo vetustissimo,

1. Ce travail a été fait avec soin par M. P. D. Il se trouve à la fin du volume.

ac pæne ad nullum usum apto, novum, manu hominis doctissimi scriptum (Cosmo de Cremone) ad illud exemplar corruptum, alium codicem haberes. » Que Ramus, en 1552, se soit permis d'épiloguer l'œuvre de Cicéron, que le pédantisme de la renaissance ait trouvé à critiquer les préceptes du grand maître en l'art de bien dire, nous n'y prendrons garde, sachant combien sont variables les jugements humains. Il nous suffira d'exprimer l'opinion que Cicéron, dans ce traité, ne donne plus de préceptes, n'établit plus de règles, mais cherche à peindre le parfait orateur. C'est un idéal qu'il veut rendre palpable, c'est la plus haute personnification de l'éloquence, comme son génie lui en découvre le type. On peut lui appliquer ce qu'il a dit de Phidias : « Ipsius in mente insidebat species pulchritudinis eximia quædam, quam intuens, in eaque defixus, ad illius similitudinem artem dirigebat; » il avait un idéal de beauté exquise qu'il contemplait et que son art cherchait à imiter.

Mais revenons à nos affaires, voyons si dans ce fameux traité de l'Orateur nous trouverons quelques passages justiciables de notre enquête. Ils sont en très-petit nombre, et encore n'ont-ils pas un caractère médical bien déterminé. Placé pour ainsi dire dans des régions où la pensée seule peut atteindre, les misères de la pauvre humanité n'y apparaissent guère, et tout au plus y trouve-t-on des considérations générales sur la nature de la voix, sur l'expression du visage, sur l'importance des gestes comme supplément à la pensée, et il termine un long chapitre consacré aux moyens d'action de l'orateur par ces mots : « Nam, ut imago est animi vultus, sic indices oculi, quorum et hilaritatis et vicissim tristitiæ modum res ipsæ, de quibus agetur, temperabunt : » car, si le visage est le miroir de l'âme, les yeux en sont les interprètes : ils exprimeront tour à tour la joie ou la tristesse, suivant la nature du sujet.

Nous retrouvons encore ici une manière de parler que nous avons déjà signalée. Pour caractériser le style simple de l'orateur, Cicéron dit : « Etsi enim non plurimi sanguinis est, habeat tamen succum aliquem oportet, » ce style, quoiqu'il ne doive pas être très-nourri, doit avoir cependant un certain suc, « ut, etiamsi illis maximis viribus careat, sit, ut ita dicam, integra valetudine, » et sinon une force extrême, au moins, j'ose le dire, un air de santé parfaite. On voit là une des locutions familières à Cicéron; il nous emprunte des mots, des formules, sa pensée a besoin de termes techniques pour devenir plus palpable, et nous ne nous en plaignons pas. Il va même un peu plus loin, quand il ajoute comme complément à sa démonstration : « fucati vero medicamenta candoris et ruboris omnia repellentur; elegantia modo, et munditia remanebit, » rejetez avec soin toutes les préparations mensongères qui simulent les couleurs, et ne conservez que l'élégance et la propreté. Ovide a fait un petit poëme sur les « medicamina faciei, » et l'on sait que les Romaines et même les Romains étaient fort habiles dans l'art des cosmétiques. Cicéron en employant ce langage savait qu'il serait parfaitement compris de tout le monde.

Il conseille de ne pas abuser de la voix, de ne pas crier quand le sujet est loin de le demander, « valentiorum hæc laterum sunt, » de se réserver pour les choses qui comportent un débit très-animé. Il cite plusieurs circonstances dans lesquelles il contraignit ses adversaires au silence, par l'énergie de ses accents passionnés, et, entre autres, Curion, qui, foudroyé tout à coup, s'assit, prétendant que Cicéron avait usé de quelque maléfice pour lui ôter la mémoire : « Cum cœpisset Curio pater respondere, subito assedit, cum sibi venenis ereptam memoriam diceret. » Le mot « latus » a, comme on le voit ici, une singulière acception; les auteurs de la meilleure latinité en offrent de nombreux exemples, qui appartiennent non-seulement à la littérature, mais à la science médicale. Cicéron a dit : « latus offendere, » se blesser au côté, « lateris dolor, » point de côté, et Celse emploie la même expression. Mais quand Juvénal dit : « lateri parcere, » cela signifie ménager ses forces; quand Pline le jeune écrit : « voci laterique consulere, » ménager sa voix, et que l'on trouve dans Quintilien : « illa majorum laterum, » cela demande de meilleurs poumons, on voit combien le même mot prend des significations diverses et l'on admire la souplesse de ce beau langage qui rend si bien la pensée de ceux qui le parlaient avec tant d'éloquence et l'écrivaient avec tant de pureté.

Cicéron ne brille pas seulement par le style, mais par la pensée, et à chaque instant on est frappé par la vivacité des tableaux qu'il offre à nos regards. Voici un trait que les botanistes de l'école d'Upsal n'ont eu garde de négliger : « Omnium magnarum artium, sicut arborum, altitudo nos delectat, » il en est des plus nobles études comme de ces arbres dont la hauteur charme nos regards ; « radices stirpesque non item ; » on n'en peut dire autant des racines et du tronc, « sed esse illa sine his non potest, » mais sans leur secours l'arbre n'aurait pu s'élever. En voulez-vous un autre qui n'est pas moins saisissant ? Cicéron aime le nombre dans la période, l'harmonie de la phrase, la juste pondération dans les membres qui la composent, et il prétend que l'oreille est la souveraine maîtresse en cet art. « Aures enim, vel animus aurium nuntio, » l'oreille, ou plutôt l'âme à qui l'oreille apporte le son ; il y a là une distinction lumineuse entre l'organe matériel qui recueille une impression spéciale et l'intelligence qui la comprend, l'apprécie et la juge ; nous aurons l'occasion de retrouver le développement de cette idée dans les Tusculanes, mais il n'est pas moins intéressant de constater la perspicacité de l'auteur à l'occasion de ces choses délicates.

Terminons cette revue de l'Orateur par une dernière remarque sur un passage qui sans doute n'est pas médical, mais que les médecins devraient méditer et s'approprier. Cicéron dit à Brutus : Voilà mon sentiment : peut-être ne l'approuverez-vous pas; libre à vous d'en avoir un autre. « Potest enim non solum aliud mihi, ac tibi, sed mihi ipsi aliud alias videri, » je puis penser autrement que vous sur un même sujet, je puis même ne pas penser maintenant comme autrefois. Si chacun avait la bonne foi de convenir de ces variations et de laisser à autrui la liberté d'adopter telle opinion qui lui convient, les disputes de mots ou même de choses deviendraient rares et la science ne pourrait qu'y gagner. Remercions Cicéron de son excellent conseil, et tâchons de le suivre.

TOPICA.

L'ouvrage suivant, qui a pour titre : « M. T. Ciceronis ad C. Trebatium Topica, » c'est-à-dire, les Topiques de M. T. Cicéron adressés à C. Trebatius, est un traité de rhétorique comme les précédents; il prouve tout le parti qu'on peut tirer de ce qu'Aristote désignait sous le nom de *lieux communs*, qui jouent un grand rôle dans l'art oratoire. Ce sont des ressources à l'usage des gens du métier, ressources précieuses, mais qui, traitées d'une manière un peu subtile par Cicéron, ne peuvent contenir beaucoup de choses qui nous intéressent. Cependant, même en enseignant les procédés logiques à l'aide desquels on prépare un raisonnement, en faisant voir les *lieux*, c'est-à-dire les *causes* qui influent sur les conséquences, et les conclusions qui découlent de prémisses bien établies, l'auteur passe en revue un certain nombre de phénomènes naturels, et il se sert toujours de ces comparaisons qui lui sont familières, par exemple : « in partitione quasi membra sunt ; ut corporis, caput, humeri, manus, latera, crura, pedes, et cætera : » l'énumération des parties présente, pour ainsi dire, les membres d'un corps ; dans l'homme, ce sont la tête, les épaules, les mains, les côtes, les jambes, les pieds, etc.

Quand Virgile, dans le second livre des Géorgiques, écrivait un vers que les siècles les plus savants ont répété avec lui :

Felix qui potuit rerum cognoscere causas !

on a supposé, et cela paraît assez probable, qu'il faisait allusion à Lucrèce, l'auteur du fameux poëme *De rerum natura*. Cicéron, qui avait onze ans de plus que Lucrèce et trente-six ans de plus que Virgile, ne peut être soupçonné de plagiat quand il a dit : « Conjunctus huic causarum loco locus ille est, qui efficitur ex causis. Ut enim causa effectum indicat, sic quod effectum est, quæ fuerit causa, demonstrat. » A ce lien des causes se joint celui des effets, puisque l'effet indique la cause comme la cause indique l'effet. Et il ajoute : « causarum enim cognitio cognitionem eventorum facit, » car la connaissance des causes entraîne celle des effets. Il faut rendre justice à ceux qui viennent les premiers, qui posent des principes dont leurs successeurs ont l'avantage de profiter, et l'on doit beaucoup à Cicéron, car il a ouvert des voies qui ont singulièrement favorisé la marche de l'esprit humain.

On s'étonne de rencontrer dans une œuvre où la raison éclate à chaque pas quelque chose qui répugne au plus simple bon sens, qui ne peut soutenir l'examen d'un homme accoutumé à examiner les faits sans prévention. En indiquant les sources de la vérité, Cicéron dit très-justement que certaines passions de l'âme, agissant comme une force irrésistible, ne permettent pas de mentir ; il attribue les mêmes effets à l'enfance, dont la candeur ne dissimule rien, au sommeil, dont les rêves servent à découvrir des choses cachées, à l'imprudence, à l'ivresse, à la folie. A propos d'imprudence, il cite le fait d'un certain « Salenus » qui laissa échapper quelques paroles recueillies par des personnes dignes de foi, et qui le firent condamner à mort. « Qui ea locutus est, bonis viris subauscultantibus, pariete interposito, etc. » Nous relevons ce passage, à cause des mots : « subauscultantibus, pariete interposito. » Voilà une auscultation médiate assurément, mais cela prouve au moins que ces « boni viri » avaient de bonnes oreilles. On comprend en effet que dans de semblables circonstances, « pueritia, somnus, imprudentia, vinolentia, insania, » l'homme laisse échapper ses secrets et fournit contre lui-même des armes victorieuses ; mais comment Cicéron a-t-il pu accorder la même confiance à la torture, aux verges, au feu, à tous les supplices que Plaute décrit si énergiquement dans l'*Asinaire*? La douleur arrache-t-elle nécessairement la vérité? Les grands courages ne peuvent-ils résister jusqu'à la mort en gardant leur secret, et les gens faibles, inhabiles à souffrir, n'avoueront-ils pas tout ce qu'on voudra leur faire dire, dans le seul but d'arrêter les bourreaux? Nous consignons ici ce passage contre lequel on ne peut trop s'élever, et nous pensons même avoir rencontré dans une autre partie de l'œuvre du maître quelque chose qui détruit cette opinion sur laquelle nous nous proposons de revenir. Cicéron dit dans les Topiques (xx) : « Facit etiam necessitas fidem, quæ cum a corporibus, tum ab animis nascitur : » on ajoute encore foi à la nécessité qui règne sur les corps et sur les esprits. « Nam et verberibus, tormentis, igni fatigati quæ dicunt, ea videtur veritas ipsa dicere. » Ainsi les témoignages arrachés par les verges, par le feu, les tortures, paraissent être l'expression de la vérité même. Il a fallu dix-huit siècles pour détruire cette erreur cruelle.

Il faut pardonner quelque chose à l'éducation, aux préjugés religieux ; la raison, si robuste qu'elle soit, ne brise pas tous les liens qui la retiennent. Cicéron partage plusieurs des croyances de son temps ; il attribue une grande importance aux oracles, « oracula enim ex eo ipso appellata sunt, quod inest in his deorum oratio, » ce nom leur venant de ce qu'ils sont la parole des dieux ; il place sur la même ligne le chant des oiseaux, leur vol, et les prodiges célestes ou terrestres, ainsi que les signes observés dans les entrailles des victimes, et enfin « a dormientibus quoque multa significata visis, » les révélations qui nous sont faites pendant le sommeil : « quibus ex locis sumi interdum solent ad fidem faciendam testimonia deorum, » c'est dans ces diverses choses qu'on puise quelquefois les témoignages des dieux pour opérer la persuasion. On voit que Cicéron paye un tribut vulgaire aux erreurs de son temps. Peut-être riait-il intérieurement de ces superstitions, mais il n'osait les braver ; il se rappelait que Socrate avait trouvé un Anytus et que la race des dénonciateurs n'était pas éteinte. L'orateur qui devait tonner contre Clodius violant les mystères de la bonne Déesse ne pouvait jouer le rôle d'esprit fort au milieu d'une population fanatique ; il connaissait trop bien l'influence des idées religieuses sur les choses du gouvernement pour les combattre par la raison ou par la moquerie, arme redoutable entre ses mains et que personne n'a jamais maniée avec plus de puissance et de succès.

ORATORIÆ PARTITIONES.

Les Partitions oratoires, « Oratoriæ Partitiones, » ne sont autre chose qu'un dialogue entre Cicéron et son fils, ayant pour but de décrire, sous la forme familière de questions et de réponses, les diverses parties constituantes du discours ; c'est un abrégé de rhétorique à l'usage d'un jeune homme qui se prépare à suivre la carrière illustrée par son père, résumé clair et succinct de leçons données par le grand maître à un élève qui a droit à toutes les complaisances de son professeur. Nous ne voulons y relever qu'un seul mot qui ne nous a pas moins frappé par sa vivacité que par sa profondeur. En parlant des moyens d'exciter la compassion dans son auditoire, Cicéron dit que l'orateur ne doit pas se laisser aller à une trop grande faconde, « cito enim arescit lacryma, præsertim in alienis malis, » car les larmes sèchent promptement, surtout quand il s'agit des peines d'autrui. Le mot n'est pas de Cicéron, mais bien d'Apollonius, et il le cite lui-même, à la fin du premier livre de l'Invention oratoire (livre 1er, LV). Les âmes une fois émues, dit-il, « diutinus in conquestione morari non oportet, » gardez-vous bien de prolonger vos plaintes, car, ainsi que l'a dit le rhéteur Apollonius, rien ne sèche plus vite que les larmes, « quemadmodum enim dixit rhetor Apollonius, lacryma nihil citius arescit. » Ce personnage surnommé Molon, ou tout simplement fils de Molon, suivant Plutarque, était d'Alabanda, ville de l'Asie-Mineure, et vint à Rome vers l'an 670 ; Cicéron et César furent ses disciples. Cicéron en fait un grand éloge dans l'Orateur (livre 1er, chap. 17).

Mais le mot lui avait plu, il aimait à le répéter, comme un de ses axiomes résumant une longue observation. On trouve en effet dans le traité adressé à Herennius, livre 2, chap. 31, la même idée exprimée en ces termes : « Commiserationem brevem esse oportet : nihil enim lacryma citius arescit. » On s'étonnera peut-être de ces répétitions, mais elles sont fréquentes dans les divers traités relatifs à l'art oratoire. Ils ont tant d'analogie entre eux, ils roulent sur un sujet si bien le même, que tout le talent de l'auteur ne peut le varier, ni pour le ton ni pour la forme, ce qui nécessairement entraîne des redites. Ainsi dans le petit traité des Orateurs parfaits, « De optimo genere Oratorum, » qui n'est autre chose qu'une préface à la traduction des discours de Démosthènes et d'Eschine *pour la Couronne*, Cicéron revient encore à l'une de ses expressions favorites, la santé du style, et il dit en parlant des orateurs grecs : « Eos imitemur, si possumus ; sin minus, illos potius qui incorrupta sanitate sunt (quod est proprium Atticorum), etc. » Si nous ne pouvons les égaler, du moins faut-il tâcher d'acquérir cette santé parfaite qui est l'attribut (sous-entendu du talent) des Athéniens. Nous avons à diverses reprises noté cette expression toute médicale, qui indique si bien le caractère de vigueur que Cicéron sait donner à son style. Il trouve chez Démosthènes, chez Eschine, ces qualités objet de son admiration ; il ne peut leur reprocher aucun défaut : « qui cum careant omni vitio, non sunt contenti quasi bona valetudine, sed vires, lacertos, sanguinem quærunt, quamdam etiam suavitatem coloris : » ceux-là qui, non contents d'avoir une santé robuste, veulent y joindre la force, l'énergie, la chaleur du sang et le doux coloris d'une vie puissante, ce sont ceux-là qu'il faut imiter, et non pas ces Asiatiques ramollis dont l'embonpoint n'est pas de bon aloi, « quam eos, quorum vitiosa abundantia est, quales Asia multos tulit. »

CHAPITRE III.

PLAIDOYERS.

Après tant de travaux en quelque sorte préparatoires, après un si long professorat, il est temps de voir Cicéron à l'œuvre. Celui qui a si bien enseigné toutes les parties de la rhétorique va joindre l'exemple au précepte; nous allons le suivre à la tribune, défendant les opprimés, accusant les coupables, dévouant sa vie au salut de la république, se montrant partout et toujours à la hauteur de sa tâche, magistrat, jurisconsulte, sénateur, la gloire du barreau, l'oracle des légistes, la terreur des ennemis de l'État, le père de la patrie, jusqu'au moment où le poignard de deux infâmes sicaires, Herennius et Popilius, mit fin à cette vie qu'Octave n'eut pas le courage de refuser aux implacables proscriptions d'Antoine.

On nous permettra sans doute, pour abréger ce travail, d'être sobre de détails sur chacun des discours de Cicéron, quelque intérêt qu'ils présentent d'ailleurs. Il n'était pas un de ces « causidici » occupés de minces affaires; il ne se chargeait d'une cause que quand elle était sérieuse, importante, et presque toujours, au début de sa plaidoirie, il expose avec soin les motifs qui l'ont engagé à se présenter devant le tribunal.

Le premier de ses discours est en faveur d'un certain

Roscius d'Amérie, qu'un affranchi de Sylla, L. Cornelius Chrysogon, accusait de parricide. Le père de Roscius avait été assassiné la nuit, à Rome, et ses biens, qui valaient 6 millions de sesterces, avaient été acquis ou plutôt volés par Chrysogon, qui était l'ami du dictateur. Pour assurer cette spoliation, le nouvel acquéreur prétendait que Roscius était le meurtrier de son père, et personne à Rome n'osait prendre la défense du fils, tant on craignait de se compromettre aux yeux de Sylla. Cicéron avait alors vingt-six ou vingt-sept ans; il défendit l'accusé, gagna son procès et ne se montra pas moins habile que courageux.

Le discours est long, abondant, incisif, mais souvent aussi verbeux, semé d'antithèses trop nombreuses, de plaisanteries de mauvais goût, œuvre d'un jeune homme qui se laisse aller à sa faconde et s'enivre de sa parole. Il y a de belles déclamations sur les liens du sang, sur l'amour filial, sur l'horreur du parricide, ce qui ne nous regarde pas; sur l'insomnie des coupables, sur d'autres arguments douteux, et, par exemple, sur les « domesticæ furiæ quæ dies noctesque parentum pœnas a consceleratissimis filiis repetant. » Tous ces moyens oratoires font un bon effet dans un discours, surtout quand l'orateur atteint facilement aux dernières limites du pathétique. Nous ne relèverons ici qu'une petite phrase que voici : Cicéron, qui laisse planer un soupçon terrible sur la tête de Chrysogon, s'écrie : je sens qu'il n'est pas temps encore d'éclaircir ce mystère, « intelligo me ante tempus, judices, hæc scrutari, et propemodum errare, qui, cum capiti Sct. Roscii mederi debeam, rediviam curem, » et je serais bien maladroit si, quand il s'agit de la tête de mon client, j'allais songer à panser une égratignure.

Arrêtons-nous ici, à l'exemple de Festus, de Lambinus et des autres savants. Le mot « rediviam » a beaucoup occupé les doctes interprètes de l'œuvre cicéronienne; on a dit reduviam, puis redubiam, ce qui est la même chose, le *v* et le *b* se substituant l'un à l'autre, comme cela se fait encore dans les langues méridionales. On trouve rediviam dans beaucoup d'anciens livres, dans quelques manuscrits, et sans tenir compte de ces variations, il s'agit de savoir ce qu'entend par là notre auteur. Nous trouvons dans le *Cicero medicus* de Birkholz quelques éclaircissements empruntés aux anciens commentateurs, et nous en faisons la remarque d'autant plus volontiers que c'est le seul exemple de ce genre qui se rencontre dans le gros volume du doyen de Leipzig.

La première scholie citée par Birkholz est conçue en ces termes : « Redubia est vulnus ex ungue, quod græce panaricium dicitur. » — « Redubia » est une blessure faite par un ongle, ou, si l'on veut, existant près d'un ongle, et que les Grecs appellent *panaris*. Ceci nous paraît assez étrange. Si habitué que l'on soit à voir les mots perdre leur acception primitive pour en prendre une autre, sans analogie avec la première, il y a là une différence si grande qu'elle nous pousse à chercher les motifs de ce changement, ou, au moins, une autre explication. Or, une autre scholie porte ceci : « Stultitia autem medici est, ut pro capite panaricium (παρωνυχίαν) curet, » ce serait folie à un médecin de s'occuper d'un panaris quand il est question d'un mal capital. Cette glose ne nous satisfait pas plus que la précédente, et nous ne croyons pas pouvoir nous en tenir là. Voyons donc si nous ne rencontrerons pas quelque chose de mieux.

Festus pense que « redivia » vient de redivire, lequel mot signifie guérir; mais « redivire » ne se trouve dans aucun des écrivains de la bonne latinité, et nous laisserons cette étymologie. Le même Festus ajoute : « Est enim redivia morbus, quum circa ungues cutis se resolvit. » C'est cette petite altération de la peau des doigts que l'on désigne vulgairement sous le nom d'*envie*, une sorte de soulèvement de l'épiderme autour de la base des ongles et qui doit être coupé ou du moins arraché avec précaution pour éviter une déchirure douloureuse. Cicéron a voulu dire : « quum malo magno mederi debeam, vitæ scilicet et capiti, nunc curam leviusculi mali suscipio, » je m'occupe d'une niaiserie, d'un *bobo*, lorsque je devrais songer à un mal qui peut coûter la vie à Roscius.

Enfin Lambinus attribue à Festus une autre opinion qui ne nous semble pas beaucoup plus claire que les précédentes : « Rediviam, alii reluvium appellant, cum circa ungues cutis se resolvit, quia luere est solvere. » On voit qu'à force d'éclaircissements la question s'embrouille, et que tant d'érudition aboutit à cette chose si simple qu'il ne faut pas s'occuper de l'accessoire quand le principal est en jeu ; cette idée est tout à fait en situation dans le plaidoyer de Cicéron ; c'est une forme comparative dont la justesse et la convenance sont incontestables, et qui ne nous paraît pas digne des savantes élucubrations des doctes personnages que nous venons de citer.

Nous ne nous occuperons pas de l'affaire de Publius Quintius contre un crieur public nommé Nevius. Ce dernier avait pour défenseur l'illustre Hortensius, alors à l'apogée de son talent et de sa gloire. Cicéron sortit vainqueur de la lutte, mais nous n'avons rien à voir dans cette affaire toute d'intérêts privés, et celle de Roscius le comédien est à peu près dans le même cas. Seulement Cicéron, après avoir plaidé deux ou trois fois dans des circonstances assez délicates, résolut de visiter la Grèce, de perfectionner ses études, et resta loin de Rome pendant près de deux années. Ce fut à son retour et lorsque ses amis le blâmaient de son indolence, lorsque ses envieux l'appelaient Græcus, Græculus, qu'il se décida enfin à rentrer dans la lice et à prêter de nouveau l'appui de son talent aux clients qui le sollicitaient. Roscius le comédien eut à soutenir un procès sur une question d'honoraires soulevée par Fannius Cherea, qui lui avait confié un esclave afin de lui enseigner l'art dramatique. Cicéron défendit l'artiste professeur, mais son discours nous est parvenu tellement mutilé, que nous n'en avons, dit Guéroult, ni l'exorde, ni la narration, ni la péroraison. Cependant les parties de ce discours qui nous restent ont un intérêt réel, en raison du talent et de la célébrité du personnage qu'a défendu Cicéron ; celui-ci l'appelait son maître en l'art de l'action oratoire, cet art que Roscius appelle l'éloquence du corps, cet art qui peut porter au premier rang un orateur médiocre, et sans lequel un orateur éminent ne peut produire de grands effets dans les assemblées publiques.

Parmi les fragments qui nous restent de l'oraison « pro Roscio comœdo, » nous ne relèverons qu'un seul passage, non pas médical, assurément, mais qui a trait à une coutume hygiénique, sinon à une mode en vigueur parmi les Romains, et qui consiste à se faire raser la tête et les sourcils. Cherea, l'adversaire de Roscius, était là, devant le tribunal, et Cicéron l'apostrophe en ces termes : « Judices, faciem utriusque considerate ! » regardez ces deux hommes, comparez-les ; « non ipsum caput, et supercilia illa penitus abrasa, olere malitiam, et clamitare calliditatem videntur? » Cette tête, ces sourcils si bien rasés, ne sentent-ils pas la perversité, ne proclament-ils pas la malice? « Nonne ab imis unguibus usque ad verticem summum (si quam conjecturam affert hominibus tacita corporis figura) ex fraude, fallaciis, mendaciis constare totus videtur? » et si l'on peut juger des hommes par leur seul extérieur, Fannius ne semble-t-il pas des pieds à la tête un composé de fraude, de fourberie et de mensonge?

Jusque-là nous ne voyons que des invectives, mais sans bien comprendre sur quoi elles sont fondées, et nous cherchons à savoir ce qu'il y a de si blâmable dans l'action de se raser la tête et les sourcils. Cicéron ajoute : « Qui idcirco capite et superciliis semper est rasis, ne ullum pilum viri boni habere dicatur, » c'est-à-dire : il a pris l'habitude de se faire raser la tête et les sourcils pour qu'on ne puisse pas dire de lui qu'il ressemble, même par un seul poil, à un honnête homme. C'était chez les Romains, dit-on, une marque de mollesse d'avoir recours à cette pratique efféminée, et nous ne voyons pas bien en quoi elle plaisait tant à ces sybarites. D'ailleurs, les phrases suivantes sont en opposition formelle avec cette idée de recherche sensuelle. En effet Cicéron dit que Roscius, jouant le rôle de Ballion, le marchand d'esclaves dans le *Pseudolus* de Plaute, se montrait sous ce costume, se déguisait ainsi, et ressemblait alors si bien à Cherea que celui-ci aurait dû en être reconnaissant. Donc, si les cheveux et les sourcils rasés conviennent à un marchand d'esclaves, « Ballionem illum improbissimum et perjurissimum lenonem, » il n'est pas probable que cette toilette soit du goût des gens distingués, et nous signalons cette contradiction entre le texte et les annotateurs.

Le plaidoyer pour Roscius est de l'an de Rome 678. Cicéron sollicitait alors la questure qu'il obtint; il alla l'exercer en Sicile; mais pendant les sept années qui s'écoulèrent entre le discours précédent et celui qu'il dirigea, en qualité d'accusateur, contre Q. Cecilius, et qui est intitulé *Divinatio,* bien qu'occupé de fonctions publiques, il plaida un grand nombre de causes, dont huit seulement nous sont connues, soit par des fragments, soit seulement par leurs titres. Nous n'avons pas à nous en occuper. Disons seulement, à propos du mot *divinatio,* que, quand plusieurs accusateurs se levaient contre un coupable, une sorte de plaidoirie préliminaire avait lieu devant le juge, qui prononçait en faveur de l'un d'eux, seulement d'après l'impression produite par son discours, en l'absence d'enquête, de preuves et de témoignages.

Il y a peu de choses qui nous intéressent dans ce discours où Cicéron se livre à toute l'ardeur de sa colère et entasse contre Cecilius les injures les plus violentes, sachant fort bien que derrière l'accusé se trouve Verrès, contre lequel il prépare ses foudroyantes apostrophes. Il faut bien en convenir, ces premiers ouvrages de Cicéron sont loin d'égaler ceux que nous étudierons plus tard ; l'orateur n'a pas encore atteint la perfection, il se laisse aller à des plaisanteries de mauvais goût, il joue sur les mots, il cultive le calembour, il dit, par exemple, en parlant de Verrès : « Sed repente e vestigio, ex homine, tanquam aliquo Circæo poculo, factus est Verres : » mais tout à coup, comme s'il eût pris un breuvage à la Circé, d'homme le voilà devenu Verrès, c'est-à-dire *verrat*, porc mâle, et les mots de ce genre ne sont pas rares. On connaît le sort des compagnons d'Ulysse. Notez que parmi les traducteurs il en est qui rient de bon cœur à ces échappées de la verve cicéronienne, tandis que d'autres se voileraient presque la face et déplorent ces écarts de l'esprit et du goût. Nous ne sommes pas si indulgent, pas si sévère, et nous mettons le tout sur le compte de la jeunesse. Cicéron savait bien à qui s'adressaient ses paroles, et nous ne devons pas le juger au point de vue de nos habitudes modernes.

Ainsi, dans ce même discours, il parle souvent de la maladie du corps social et des remèdes destinés à la combattre ; il désespère même de leur efficacité, tant la république est corrompue, tant les lois sont mal appliquées ou violées, et l'on trouve dans beaucoup de passages véhéments un fréquent emploi de figures empruntées à la science médicale. Ces expressions frappent les esprits les plus vulgaires, elles donnent au discours une couleur bien tranchée, chacun la saisit, la comprend, et, grâce à cet artifice, ceux qui écoutent sont bientôt en rapport direct et intime avec celui qui parle. On sait qu'à l'époque où Cicéron accusait Cecilius, il était très-assidu au barreau; il possédait au plus haut point la faveur populaire; on savait son désintéressement à l'égard des clients qu'il défendait, le respect qu'il avait pour la loi Cincia, que les avocats ses confrères ne se faisaient pas scrupule de violer. Cicéron ne recevait ni honoraires, ni présents de ceux dont il soutenait les intérêts devant les tribunaux. Il avait alors trente-sept ans et se préparait à l'édilité, en attendant que l'âge lui permît de briguer de plus hauts emplois. L'avenir lui réservait des grandeurs périlleuses, mais dignes de son courage, et nous le suivrons pas à pas dans la marche triomphante qui devait le conduire jusqu'à la catastrophe finale.

CONTRE VERRÈS.

Nous allons le voir à l'œuvre non plus contre un des amis de Verrès, mais bien contre Verrès lui-même. Ni la présence d'Hortensius, le défenseur du coupable, ni les amis puissants de cet homme, comme M. Metellus, préteur désigné, et quelques autres personnages séduits par les richesses du spoliateur de la Sicile, ne purent fermer la bouche éloquente de celui qui avait pris en main la cause sacrée des victimes, et qui devait, à l'éternel honneur du talent et de la justice, triompher de tous les obstacles et contraindre à un exil honteux ce Verrès dont le nom, comme celui de Néron, devait devenir une injure.

On sait que le premier discours, ce que l'on nomme la première action contre Verrès, eut un plein succès, et que la seconde action, composée de cinq discours désignés sous le nom collectif de Verrines, ne fut pas portée devant le tribunal. Le coupable s'était fait justice, il avait quitté

Rome pour éviter la confiscation de ses biens, mais Cicéron composa ces cinq oraisons devenues inutiles par le succès de la première, afin de laisser un éclatant témoignage de la bonté de sa cause. Il voulut prouver jusqu'à quel point son accusation était fondée et montrer son talent dans un genre nouveau pour lui, car le discours contre Cecilius était son début et se rattache intimement à l'affaire de Verrès. Cicéron n'a pas trop présumé de ses forces, et la postérité a placé les Verrines au même niveau que les Catilinaires et les Philippiques.

Il y a bien des choses intéressantes pour nous dans ces cinq oraisons qui sont l'expression si magnifique du talent de Cicéron comme accusateur, mais parmi tous les passages que nous avons rencontrés, il n'en est point qui nous touche plus directement que l'intervention d'un certain Cornelius, médecin, dans les crimes de Verrès. Nous allons examiner cette affaire, non pour y trouver la trace des idées médicales de ce personnage, mais pour chercher à connaître quelques particularités de la vie d'un homme exerçant notre profession. Malheureusement il faut dire que nous ne découvrirons rien d'honorable, mais enfin voyons ce que pouvait faire un médecin auprès d'un tyran comme Verrès.

La première fois qu'il en est fait mention, c'est dans le second discours (in Verr. act. II, XIII), et voici la phrase : « Quod civis cum cive ageret, aut eum judicem, quem commodum erat, præconem, aruspicem, medicum suum dabat, » c'est-à-dire, quand deux concitoyens avaient un procès, il leur donnait pour juges, suivant son caprice, des gens à lui, un crieur, un aruspice, son médecin. Voilà un homme de l'art investi tout à coup de fonctions nouvelles bien redoutables, et il nous déplaît fort de voir avec qui notre confrère les partage. Un crieur public, un huissier, « præco » veut dire l'un et l'autre, c'est toujours un agent subalterne, excepté dans Virgile, où il a la signification de hérault. Quant à l'aruspice, ce devin qui consultait les entrailles des victimes, espèce de boucher fourbe ou ignorant, nous ne pensons pas que Cornelius dût être flatté du rapprochement avec ces hommes qui, chargés de seconder les perversités du préteur, remplissaient un rôle ignoble dont nous rougissons pour notre part.

Le præco de Verrès s'appelait Valerius, l'aruspice Volusius ou Volusianus, car Cicéron se sert de ces deux désignations; mais un autre brigand, l'âme damnée du préteur, se nommait Apronius et remplissait la charge de décimateur, de collecteur de la dîme, dont il était le fermier. Cet homme, qui était un gouffre vivant, un vil baladin dansant nu, à la mode des Grecs, aux orgies de Verrès, exhalait de la bouche et du corps une odeur si repoussante, que Cicéron dit : « Postremo, ut odor Apronii teterrimus oris et corporis, quem, ut aiunt, ne bestiæ quidem ferre possunt. » Un vieux professeur de l'Université a osé dire qu'Apronius tuait les mouches au vol, et nous approuvons presque cette licence, cette substitution d'une locution moderne au mot énergique de Cicéron. Nous ne savons rien de particulier sur l'aruspice et le crieur public, si ce n'est que, comme Apronius, ils étaient toujours prêts à favoriser les exactions de Verrès. Mais le médecin Cornelius, voyons si nous pourrons rencontrer quelques détails capables de nous le faire apprécier.

Cicéron traite fort mal ces trois acolytes du tyran de la Sicile. Verrès, en donnant des juges de son choix aux affaires litigieuses, permettait aux parties de récuser certains magistrats; il est vrai que ceux-ci étant choisis parmi les gens du préteur, il en restait encore assez pour obtenir l'arrêt qui lui convenait. Mais, dit l'accusateur, quels étaient ces hommes? « Quid? ista cohors quorum hominum est? » C'est cette meute affamée qui rôde ici autour de moi, ou plutôt, ce sont ces chiens que vous voyez lécher le tribunal, « horum canum quos tribunal meum vides lambere. » L'expression est dure, on en conviendra, mais il y en a bien d'autres de cette force, et l'indignation de l'orateur ne ménage pas les termes.

Nous apprenons que Cornelius était de Perga, en Pamphylie, qu'il portait là le nom d'Artémidore, et qu'il aida Verrès, alors préteur de cette province, à piller le temple de Diane. C'était à coup sûr un abominable homme, et nous ne pouvons que nous associer au jugement porté contre lui. Cicéron cite un grand nombre de ses victimes; les unes sont battues de verges, les autres pendues à des arbres, et toujours d'après les jugements du médecin et du crieur public, « condemnari alios a medico et præcone prætoris. » Mais ce n'est pas tout, et voici un passage dans lequel éclate la juste indignation de l'accusateur. Les députés d'Agyrium étaient accusés d'avoir violé un édit de Verrès; ils sont traduits devant un tribunal composé d'Artémidore Cornelius, médecin du préteur, de l'huissier Valerius, du peintre Tlépolème, et d'autres commissaires de la même espèce. Notez que pas un d'entre eux n'était citoyen romain; c'était un vil ramas de Grecs sacriléges; « quorum civis romanus nemo erat, sed Græci sacrilegi jampridem improbi, » depuis longtemps fameux par leurs crimes, « et repente Cornelii, » et devenus tout à coup des Cornelius. Il est difficile de flétrir davantage un homme, le voilà établi type, et pour Cicéron, Cornelius est synonyme de coquin, de misérable.

On a cherché à savoir pourquoi le Grec Artémidore avait pris le nom de Cornelius; il est probable qu'étant un affranchi de Verrès, il avait adopté, suivant la coutume, le nom pâtronymique de son ancien maître, qui était de la famille Cornelia. D'autres savants ont pensé qu'il faisait partie des esclaves affranchis par Sylla, et qui, au nombre de dix mille, s'appelaient également des Corneliens pour le même motif.

Quoi qu'il en soit, cet homme déshonoré par tant de coupables complaisances pour Verrès n'avait aucun souci des choses médicales; il ne rougissait pas de seconder les fureurs de celui qui avait outrageusement pillé le temple d'Esculape, en enlevant la statue d'Apollon que les Agrigentins devaient à la générosité de Scipion l'Africain, « ex Æsculapii religiosissimo fano sustulisti. » Le préteur n'avait pas eu plus de respect pour ces divinités protectrices de la santé, et si fort en honneur chez les Syracusains : « ille Pæan sacrificiis anniversariis simul cum Æsculapio apud illos colebatur; » il avait également enlevé le buste d'Aristée, l'une de ces divinités décernées par les Grecs aux inventeurs des choses utiles, et en effet, « Aristæus, qui, ut Græci ferunt, inventor olei esse dicitur, » ce personnage était considéré comme l'inventeur de l'huile. Mais peu importait à Verrès, et ses rapines sacriléges ne reculaient devant aucune considération.

Laissons cet homme souillé de crimes, et poursuivons notre tâche. Le discours pour Cecina ne contient absolument rien qui nous intéresse. Il en est à peu près de même de la défense de Man. Fonteius entreprise par Cicéron en 685. Il était alors édile, il avait trente-huit ans, son talent était dans toute sa force, et il n'épargna pas les adversaires de son client, nos pauvres compatriotes qui avaient été fort maltraités par le gouverneur de la Gaule Narbonnaise. Nos ancêtres étaient un peuple vaincu, indigne par conséquent de pitié, de confiance, et le préteur qui les avait rançonnés trouvait un solide appui dans la parole de Cicéron. Il faut voir comme il nous traite, quel mépris il a pour ces nations encore sauvages qui sacrifient des victimes humaines, « humanis hostiis eorum aras ac templa funestant, » qui honorent leurs dieux par un crime, « ut ne religionem quidem colere possint, nisi eam prius scelere violarint; » mais on peut voir aussi que le défenseur est bien indulgent pour Fonteius, après avoir été si sévère pour Verrès. Tout le monde sera frappé de ce rapprochement. Le même homme qui tonnait contre les déprédations du préteur de la Sicile trouve des excuses faciles lorsqu'il s'agit d'un tyran de la Gaule; après avoir accusé, il défend, et ses arguments ne manquent pas plus d'énergie dans une circonstance que dans l'autre; admirable talent, sans doute, merveilleuse souplesse d'esprit, mais aussi conscience légère, que n'excusent pas tout à fait les besoins de la cause. Il serait trop commode de se retrancher derrière un prétendu devoir qui, après tout, est volontaire, librement consenti, pour porter atteinte à la vérité et surprendre un jugement dont la stricte équité n'est pas la base unique et respectable.

Ce discours pour Fonteius n'est pas complet; de nouveaux fragments ont été retrouvés par le docte Niebuhr et traduits en français pour la première fois par M. Victor Le Clerc. Il est très-vif, très-animé; Cicéron s'y montre avocat habile, orateur éloquent; il met en jeu toutes les passions, et, s'il a triomphé, comme on peut le présumer d'après quelques renseignements puisés dans sa correspondance, l'accusé dut en être fort reconnaissant, car il n'était certes pas exempt de reproches.

En recherchant dans l'histoire les motifs qui font agir les hommes, on arrive souvent à reconnaître que les plus beaux semblants de patriotisme ne sont pas toujours exempts d'intérêt privé, et que l'égoïsme, si naturel au cœur humain, trouve son profit à des actes qu'on croyait héroïques. Le discours de Cicéron en faveur de la loi Manilia nous montre l'orateur préparant son futur consulat et s'associant avec César dont il croyait avoir besoin pour arriver à cette haute dignité. De son côté, César voulait accoutumer les Romains à la domination d'un seul : aussi poussait-il le Sénat à donner à Pompée les pouvoirs les plus étendus, de sorte que ces deux ambitieux, combattant Hortensius et Catulus, travaillaient en vue de leur gloire future. La loi Manilia fut votée, et Cicéron, qui contribua puissamment à ce résultat, n'en retira d'autre fruit que de préparer le triomphe de celui qui méditait la ruine de la république. Et comme s'il eût eu le pressentiment du sort que lui réservait l'ingratitude des hommes, il s'écriait : « Quo minus certa est hominum ac minus diuturna vita, hoc magis respublica, dum per Deos immortales licet, frui debet summi hominis vita atque virtute : » je pense que plus la vie des hommes est incertaine et passagère, plus il faut que la république s'empresse, tandis que les dieux le permettent, de recueillir les avantages que la vie et les vertus d'un grand homme peuvent lui apporter.

Les Romains étaient de terribles ennemis, ils aimaient à voir autour d'un char de triomphe les rois vaincus, et ils s'étonnaient des représailles que se permettaient les rois quand ils étaient vainqueurs à leur tour. Mithridate, qui paya de sa vie le succès de ses armes, se vengea cruellement, il faut en convenir. Cicéron s'écria : « Vos eum regem inultum esse patemini, qui legatum populi romani consularem vinculis ac verberibus atque omni supplicio excruciatum necavit? » Et vous, Romains, permettrez-vous qu'il reste impuni, le crime d'un roi par qui votre ambassadeur, un personnage consulaire, a été chargé de chaînes, battu de verges, et livré, jusqu'à la mort, aux plus affreux supplices? Aquilius fut cette victime des barbaries du roi de Pont, et conduit à Pergame, on lui versa de l'or fondu dans la bouche : allusion terrible à la rapacité des citoyens chargés du gouvernement des provinces, surtout en pays conquis.

LA FAMILLE CLUENTIA.

Dans le discours qui a pour titre : « Oratio pro A. Cluentio Avito, » nous allons retrouver enfin cette veine médicale qui semblait épuisée dans les derniers ouvrages que nous venons d'examiner. En effet Cluentius Avitus, chevalier romain, était accusé d'avoir empoisonné son beau-père Statius Albius Oppianicus, et l'accusation était portée et soutenue par le fils même de la victime. Huit ans auparavant, Oppianicus le père avait été lui-même condamné pour tentative d'empoisonnement sur Cluentius, et il était mort en exil depuis environ six années. On reprochait de plus à Cluentius d'avoir suborné les juges qui avaient condamné son beau-père, et comme si ce n'était pas assez de tous ces crimes dans une famille, Sassia, mère de Cluentius, acharnée à la perte de son propre fils, était l'âme de l'accusation dont Caius Oppianicus n'était que l'instrument. Voilà les éléments de ce procès fameux, procès criminel, dans le sens que nous donnons aujourd'hui à ce mot, et dans lequel Cicéron déploya un talent admirable. Et comme, dans une affaire de ce genre, il y a nécessairement des choses appartenant à la médecine légale, nous allons examiner avec soin sa plaidoirie et fouiller les immondices de cette nouvelle famille des Atrides.

L'érotomanie, qu'on excuserait jusqu'à un certain point chez une jeune fille obéissant à des impulsions irrésistibles, ne peut être traitée avec la même indulgence quand elle se développe chez une femme mariée, veuve ou divorcée, laquelle connaît parfaitement la nature des actes auxquels elle se livre. Sassia, devenant tout à coup amoureuse de son gendre Melinus, et contraignant celui-ci à répudier sa jeune femme pour épouser sa belle-mère, voilà, certes, une aventure assez étrange, et il est difficile de n'y pas voir la preuve d'une passion furieuse que la médecine, plutôt que la loi, eût pu combattre utilement. Cicéron dit qu'elle avait d'abord résisté à ces entraînements : « deinde ita flagrare cœpit amentia, sic inflammata ferri libidine, ut eam non pudor, non pudicitia, non pietas, non macula familiæ, non hominum fama, non filii dolor, non filiæ mœror a cupiditate revocaret : » ses feux devinrent si ardents, que ni la honte, ni la pudeur, ni le sentiment de la maternité, ni le déshonneur de la famille, ni l'opinion publique, la douleur de son fils, le désespoir de sa fille, ne purent la retenir. Ce sont là, il faut en convenir, des passions terribles, des nymphomanies comme celle de Phèdre, et que l'on considérait comme une vengeance des dieux, ou du moins que la fatalité antique rendait en quelque sorte respectables, car ceux qui étaient en proie à ces ardeurs insensées étaient poussés par un pouvoir auquel nulle volonté ne pouvait résister.

Mais à moins de leur attribuer la manie homicide, les personnages qui figurent dans ce procès seront toujours considérés comme d'affreux scélérats. Oppianicus, l'un des maris de Sassia, se couvre du sang de ses ennemis, d'Aurius, entre autres, le premier époux de cette terrible femme, et comme elle était fort riche, il brigue sa main ; mais la dame calculait bien, elle savait qu'Oppianicus avait trois fils, et c'était là un obstacle à leur union. Ce père dénaturé se débarrasse rapidement de ses enfants et le mariage s'accomplit. Il est probable que ces meurtres furent commis à l'aide du poison, du moins Oppianicus eut-il recours à ce moyen pour se défaire de Cluentia, sa femme. « Quum ipse poculum dedisset, subito illa in media potione exclamavit se maxime cum dolore mori : » ayant reçu un breuvage de sa main, à peine en eut-elle bu la moitié, qu'elle crie aussitôt qu'elle va mourir, qu'elle souffre horriblement, et en effet elle n'alla pas loin, » nec diutius vixit quam locuta est, nam in ipso sermone hoc et vociferatione mortua est, » et elle expira pendant le temps qu'elle se plaignait ainsi. Cicéron ajoute : « Omnia præterea quæ solent esse judicia et vestigia veneni in illius mortuæ corpore fuerunt : » on trouva sur son cadavre tous les symptômes ordinaires de l'empoisonnement. Il est à regretter que l'on ne dise rien de ces indices. La substance vénéneuse était efficace, et le coupable la prodiguait : « eodemque veneno C. Oppianicum, fratrem, necavit, » il s'en servit encore pour tuer son propre frère. La femme de celui-ci, Auria, qui était enceinte, fut ajoutée à tant de victimes, « nam quum esset gravida Auria, fratris uxor, et jam appropinquare partus videretur, mulierem veneno interfecit, ut una illa, et quod erat ex fratre conceptum, necaretur. » Ainsi rien n'arrêtait ce furieux, il voulait que l'on comprît bien « nihil ei clausum, nihil sanctum esse posse, cujus ab audacia fratris liberos ne materni quidem corporis custodia tegere potuisset, » qu'il n'y avait point d'asile, point de refuge contre un homme dont l'audace savait atteindre les enfants de son frère jusque dans le sein maternel.

A cette occasion Cicéron rapporte un fait qui nous intéresse particulièrement. Nous avons parlé ailleurs des avortements provoqués si communs en Grèce et à Rome, coutume exécrable passée en quelque sorte dans les mœurs publiques et que la loi protectrice des enfants ne poursuivait pas au sein des familles les plus distinguées. Comment se fait-il que, dans certains cas, un acte de cette nature devînt l'objet d'un procès criminel entraînant une condamnation capitale? Cicéron dit : « Memoria teneo Milesiam quamdam mulierem, quum essem in Asia, quod ab heredibus secundis accepta pecunia, partum sibi ipsa medicamentis abegisset, rei capitalis esse damnatam : » je me souviens que, pendant mon séjour en Asie, une femme de Milet fut condamnée à mort pour s'être fait avorter à l'aide de médicaments, ayant reçu de l'argent des héritiers subrogés. Et c'était juste, dit l'orateur, « neque injuria : » car elle avait enlevé un citoyen à la république, un héritier de son mari, celui qui devait porter son nom. Et combien Oppianicus n'est-il pas plus coupable encore, car cette femme, en agissant ainsi, souffrit de cruelles douleurs, « cum suo corpori vim attulisset, se ipsam cruciavit, » tandis que l'empoisonneur n'agissait que sur autrui. Enfin Oppianicus est le premier qui, dans un seul être, en ait assassiné plusieurs, « Oppianicus inventus est qui uno corpore plures necaret ».

On ne se montra pas aussi sévère à Rome qu'à Milet : la veuve de Magius se trouvait enceinte à la mort de son mari, son enfant à venir devait hériter d'une somme considérable; mais Oppianicus, qui était parent de cette femme, la détermina à se faire avorter, et cinq mois après la mort de Cn. Magius il épousa sa veuve. Une autre victime, Dinea, belle-mère d'Oppianicus, se trouvant indisposée, son gendre se chargea de la cure. « Ad quam quum adduxisset medicum illum suum, jam cognitum, et sæpe victorem (per quem interfecerat plurimos), mulier exclamat se ab eo nullo modo velle curari, quo curante, suos omnes perdidisset; » il lui avait amené son médecin, connu par de pareils actes et dont le victorieux ministère l'avait délivré de bien des gens. Cette femme s'écrie qu'elle ne veut pas des soins de cet homme qui avait entraîné la perte de toute sa famille. La malheureuse ne pouvait échapper au danger qui la menaçait; son gendre s'adresse à un empirique ambulant, « pharmacopolam circumforaneum », nommé L. Clodius, lequel était d'Ancône et passait alors à Larinum. Moyennant une somme de quatre cents sesterces, ce médicastre se charge de la chose; il était pressé, il avait plusieurs courses à faire; on l'introduit auprès de la malade, il lui donne un breuvage et bientôt elle expire. « L. Clodius, qui properaret, cui fora multa restarent, simul atque introductus est rem conficit : prima potione mulierem sustulit. » Et voilà comme on expédiait les gens qui vivaient trop longtemps, voilà comme on hâtait les héritages. On sait que le coupable de tant de forfaits fut puni, mais rien n'indique que les lâches ministres de ses complots aient été l'objet de quelques poursuites, pas plus que Sext. Clodius, l'ennemi de Cicéron, ne fut accusé de meurtre à l'égard de Q. Seius dont il voulait la maison. Seius refusait de la vendre, l'acheteur eut bientôt rendu la transaction facile : « hominem veneno apertissime sustulit. » (Pro dom. XLIV.)

Oppianicus était vraiment un terrible homme : il avait été marié six fois, et Sassia, la dernière de ses femmes, n'en était encore qu'à son troisième mari. Ces noces si fréquentes, dues à des crimes, n'étaient pas chose rare dans la société romaine de cette époque, et il ne faut pas les attribuer aux barbaries républicaines, car plus d'un siècle après Cicéron, lorsque Juvénal et Martial stigmatisaient les crimes de leurs contemporains, les mêmes infamies se reproduisaient souvent et prouvaient que, sous les empereurs, la morale publique était loin de faire des progrès. Martial surtout, dans ses épigrammes (livre IX, n° 79; — livre VIII, n° 43, et passim), signale ces unions redoutables où le fer et le poison jouaient un si grand rôle, et donnent une si triste opinion de la justice d'un monde profondément corrompu. Mais continuons.

« Erat illo tempore infirma valetudine Avitus, » Avitus était alors malade; « utebatur autem medico ignobili, sed spectato homine, Cleophanto, cujus servum Diogenem Fabricius ad venenum Avito dandum spe et pretio sollicitare cœpit. » Voyons ce que cela veut dire : il avait pour médecin Cléophante, praticien peu connu; « ignobilis » signifie précisément obscur, de peu de réputation ; mais Cléophante était un homme honorable, « homo spectatus. » Or un certain Fabricius, un des affidés d'Oppianicus, essaya de corrompre Diogène, l'esclave de Cléophante, afin de déterminer celui-ci à donner du poison à Cluentius. Mais l'esclave était digne du maître, il révéla le complot et Cluentius échappa au danger.

Nous voyons plus tard Cléophante paraître en justice et déposer des faits dont il avait été témoin, ce qui prouve que sa probité scientifique était reconnue et acceptée par les magistrats. On aurait pu le désigner sous le titre de « medicus nobilissimus, » expression que Cicéron emploie dans le passage suivant. On a dit, et peut-être la comparaison n'est-elle pas juste, « quod in morbis corporis, ut quisque est difficillimus, ita medicus nobilissimus atque optimus quæritur, » que plus les maladies sont graves, plus on cherche un médecin célèbre et habile. « Ignobilis » et « nobilissimus » forment les deux termes extrêmes d'une désignation habituelle et qui n'a de valeur que dans le sens indiqué plus haut.

Parmi les empoisonnements sans nombre dont fourmille le terrible procès de Cluentius, presque tous ont été exécutés à l'aide de boissons. Les mots « potio, potione, » reviennent à chaque instant, mais il en est un qui diffère de tous les autres: « Oppianicum veneno necatum esse, quod ei datum sit in pane per M. Asellium quemdam, familiarem illius. » Le fait paraît si singulier que Cicéron se livre à une discussion très-vive pour établir son impossibilité. « Jam vero illud quam non probabile, quam inusitatum, judices, quam novum, in pane datum venenum ? » Mais quelle invraisemblance, quelle invention étrange, juges ! du poison dans du pain ! était-il plus facile à administrer ainsi que dans un breuvage? « Faciliusne potuit quam in poculo? » Était-il d'un effet plus certain, caché dans quelque partie de ce pain, que dissous, étendu dans un liquide? « Latentius potuit abditum aliqua in parte panis, quam si totum colliquefactum in potione esset? » Pris sous la forme d'aliment plutôt que de boisson, devait-il plus promptement se glisser dans les veines et dans toutes les parties du corps? « Celerius potuit comestum quam epotum in venas, atque in omnes partes corporis permanere? » (Pro Cluent. LXII).

Signalons en passant les expressions singulières dont se sert Cicéron. Le poison pénètre dans les veines et de là dans toutes les parties du corps, « in venas atque in omnes partes corporis permanare. » La science moderne, éclairée par l'expérience directe, a démontré la réalité de ces faits: l'absorption par les veines de la matière toxique, et son transport dans tous les viscères. Était-ce de la part de l'orateur une manière de parler, une rencontre de mots heureux? Il faut bien le croire, car il n'avait aucune donnée sur l'office du système veineux, sur la voie que devaient suivre les poisons pour pénétrer dans les tissus vivants.

On voit avec quelle habileté Cicéron discute les circonstances de ce crime, combien il met de soin à en démontrer l'invraisemblance, la difficulté; mais ce n'est pas tout, et nous allons voir jusqu'où il pousse les précautions en faveur de son client. « Facilius fallere potuitne in pane (si esset animadversum) quam in poculo, quum ita confusum esset, ut secerni nullo modo posset? » Enfin, si l'on venait à découvrir quelque chose, était-il plus facile de dissimuler la présence du poison dans du pain que dans une coupe, où, dès qu'il aurait été mêlé au liquide, rien ne pouvait l'en séparer? Qui eût dit alors que ces problèmes, dont la solution paraissait impossible, devaient n'être plus qu'un jeu pour la chimie au XIXe siècle? Il n'est peut-être pas si facile de démontrer à quelle cause sont dus certains empoisonnements subits comme celui qu'on reprochait à Cluentius. A un banquet nuptial, une coupe destinée à l'époux fut saisie au passage par le jeune Balbutius, il la vida gaîment et mourut tout à coup. Cicéron, qui examine le fait, prétend que le jeune homme ne mourut pas même dans la journée, ce qui nous dispense de rechercher la nature de cette substance foudroyante; mais il prétend que Balbutius s'était mis à table étant mal portant: « Dico illum, quum ad illud prandium crudior venisset, et, ut ætas illa fert, sibi tum non peperisset, aliquot dies ægrotasse, et ita esse mortuum, » son estomac était en mauvais état; il ne fut pas sobre, suivant la coutume des jeunes gens; il tomba malade et mourut quelques jours après.

Mais revenons à Oppianicus, le charmant époux de Sassia, le meurtrier de tant de victimes de sa cupidité. Banni, fugitif, il avait enfin trouvé un asile à Falerne; mais il y tomba malade, « ibi primum in morbum incidit, ac satis vehementer diuque ægrotavit. » Sa femme, ennuyée de le voir ainsi, et se croyant presque veuve après la condamnation de son mari, « quum jus matrimonii, damnatione viri sublatum arbitraretur, » vécut en adultère avec un paysan, Statius Albius, « colono, homine valente, » homme vigoureux. Oppiniacus rétabli, ou à peu près, quitta la campagne pour se loger en ville; il fit une chute de cheval, « cecidisse ex equo dicitur, et homo infirma valetudine latus offendisse vehementer, » et faible encore, il se blessa grièvement au côté. La fièvre survint et peu de temps après il mourut.

Sassia résolut alors la perte de Cluentius, son propre fils. Rupilius, médecin du défunt, avait un esclave nommé Straton; Sassia le lui achète et lui fait appliquer la torture ainsi qu'à un autre domestique de son mari; mais ces deux malheureux résistent aux tourments les plus horribles, et cette furie ne put obtenir une dénonciation conforme à ses désirs. Un homme honorable, qui avait été appelé comme témoin, voyant la cruauté de cette femme, « intelligere se dixit non id agi ut verum inveniretur, sed ut aliquid falsi dicere cogerentur,» dit à haute voix qu'il voyait bien qu'on ne se proposait pas de découvrir la vérité, mais d'obtenir par la violence quelque fausse déclaration.

Il est assez difficile de comprendre comment Sassia, après avoir agi si cruellement envers l'esclave Straton, qu'elle accusait d'avoir empoisonné son mari, lui donna une boutique très-belle, très-bien fournie de tout ce qui était nécessaire pour exercer la médecine à Larinum, « instructam ei continuo et ornatam, Larini medicinæ exercendæ causa, tabernam dedit. » Le fait nous intéresse en démontrant que l'exercice de cette profession n'était soumis à aucun règlement particulier, et que chacun pouvait, de sa propre autorité, s'instituer médecin et ouvrir boutique de praticien guérisseur. On peut dire en faveur de Straton qu'ayant été l'esclave de Rupilius, il avait au moins quelque teinture de l'art exercé par son maître, qu'il avait l'habitude de voir des malades et de leur administrer certains médicaments. Mais ce nouveau confrère ne fit pas honneur à la profession médicale. « Hoc ipso fere tempore Strato ille medicus domi furtum fecit et cædem ejusmodi, » peu de temps après le médecin Straton commit chez Sassia un vol et un meurtre. Il égorgea deux esclaves commis à la garde d'un trésor; mais le crime fut découvert, et le coupable périt sur la croix, après avoir eu la langue coupée, « in crucem actum esse, exsecta lingua. » Cette dernière précaution prise par Sassia montre combien elle redoutait les paroles de son complice.

L'histoire de Straton est féconde en enseignements : elle prouve que les esclaves pouvaient exercer la médecine, et l'on sait que beaucoup de citoyens faisaient instruire quelques-uns des leurs dans les arts libéraux, « artibus ingenuis, liberalibus vel honestis. » Dans la Vie de Caligula, par Suétone, on trouve une lettre de l'empereur Auguste où il dit : « Mitte præterea cum eo ex servis meis medicum, » envoyez cependant avec lui un de mes esclaves médecin. Néron « medicum manumiserit, » affranchit son médecin, et Cicéron parle d'un certain Philippus, médecin et esclave du roi Déjotarus. Ces preuves, que l'on pourrait multiplier, nous montrent la science encore abandonnée à elle-même, sorte d'industrie libre, n'offrant de garanties aux malades que celles qui résultaient du caractère de l'homme exerçant cette profession, et par conséquent dangereuse entre les mains de ceux qui n'étaient sensibles qu'à l'appât du gain.

La bibliothèque médico-historique de Choulant contient une longue suite de dissertations sur les conditions des médecins de Rome (pages 209 et seqq.). La plus ancienne, celle de Fred. Bœckelmann, est de 1681, in-12 de 55 pages, imprimée à Leyde, pièce rare, réimprimée plusieurs fois. Drelincourt, en 1671, avait publié une brochure dans laquelle il combattait l'assertion de Pline, qu'il traitait de calomnie, à savoir : que pendant six cents ans Rome s'était passée de médecins. Je n'ai pu lire ce travail, mais, si l'on en juge par l'orage qu'il suscita parmi les savants de cette époque, il faut que l'auteur ait vivement blessé les susceptibilités médicales, car ceux qui le réfutent ne lui épargnent pas les injures. Lepidus Pacificus (Saxoferratensis) imprima également à Leyde, en 1681, un vrai libelle intitulé : « Responsio ad epistolam bibliopolæ Leidensis græco-latini de exilio medicorum romanorum, et de absurdis libellis Drelincurtianis, etc. » On consultera avec fruit le répertoire de Choulant, qui montre quelle importance on attachait à cette question dans la première moitié du XVIIIe siècle. L'Allemagne et l'Angleterre ont surtout creusé cette mine, et l'on regrette de ne pas trouver un seul nom français parmi les auteurs qui se sont occupés de ce chapitre intéressant de l'histoire de notre art.

CHAPITRE III

ŒUVRES CONSULAIRES.

Nous voici arrivés maintenant à cette partie des œuvres de Cicéron que l'on est convenu d'appeler Consulaires. Entré en fonctions, suivant l'usage, le premier janvier (an de Rome 691), avec C. Antonius, son collègue, il trouva la ville agitée, les ambitions déchaînées, et il eut à rémédier à des maux sans nombre qui présageaient trop bien les tempêtes où devaient succomber les libertés publiques. Pendant son consulat, Cicéron prononça douze harangues (il n'en reste que huit,) dont les principales sont sur la loi agraire et contre Catilina. Nous allons examiner ces ouvrages, les plus parfaits parmi ceux qui ont le mieux fondé sa renommée.

Un tribun nouvellement élu, voulant capter la faveur du peuple, proposait une nouvelle loi agraire destinée à bouleverser la fortune publique. Servilius Rullus, l'auteur de ce projet insensé, trouva dans le nouveau consul un ardent adversaire, qui contraignit les tribuns eux-mêmes à renoncer à tous les priviléges qu'on voulait leur accorder, et il faut lire dans Pline l'ancien avec quel enthousiasme il décrit le triomphe que remporta Cicéron dans cette grave circonstance. Pour nous qui n'avons à voir dans ses discours que la chose qui nous intéresse, nous ne relèverons que le passage suivant, qui nous montre l'orateur empruntant à la science médicale une comparaison, des idées, des mots, donnant à sa pensée tout le relief désirable. « Multa sunt occulta reipublicæ vulnera, » la république porte dans son sein bien des plaies secrètes; des citoyens pervers ourdissent contre elle des complots funestes; nous n'avons rien à craindre au dehors, le mal est intérieur, il occupe nos entrailles, « inclusum malum, intestinum ac domesticum est, » il est domestique; « huic pro se quisque nostrum mederi, atque hoc omnes sanare velle debemus, » chacun de nous doit y remédier, tous nous devons vouloir le guérir. Les élégants traducteurs de Cicéron n'épargnent pas les périphrases pour rendre les mots « intestinum, domesticum; » le mal couve dans l'ombre, dit l'un; il nous mine sourdement, dit l'autre, et nous ne voyons pas que les deux expressions si énergiques du grand orateur soient justement représentées par ces tournures modernes qui sont loin de pouvoir passer pour des équivalents.

Cicéron a toujours excellé dans la peinture des personnages qu'il mettait en scène, surtout quand il avait le désir de les rendre ridicules. Ainsi Rullus, ce tribun factieux qui faisait de la popularité pour arriver au despotisme, ne pouvait échapper aux traits que lui lançait le consul son ennemi; on croit le voir quand il est dépeint avec la physionomie d'un homme austère, négligé, affectant une rudesse républicaine de fraîche date. A peine avait-il été désigné, dit Cicéron, qu'on l'avait vu s'étudier à prendre un autre air, un autre son de voix, une autre démarche, « jam designatus, alio vultu, alio vocis sono, alio incessu esse meditabatur; » ses vêtements plus délabrés, toute sa personne horriblement négligée, sa barbe, ses cheveux plus longs, « vestitu obsoletiore, corpore inculto et horrido, capillatior quam ante, barbaque majore, etc. » Je ne crois pas que le mot capillatior se retrouve une seconde fois dans toute la latinité classique, mais personne ne contestera à Cicéron le droit d'en enrichir la langue.

Nous ne résisterons pas au plaisir de consigner ici un passage dans lequel notre auteur exprime de singulières idées sur l'influence qu'exerce le physique sur le moral, sur les causes déterminantes du caractère des peuples, des nations, véritable étiologie hygiénique dont bien des modernes ont profité sans indiquer la source où ils ont puisé. Voici ce que dit Cicéron : « Non ingenerantur hominibus mores tam a stirpe generis ac seminis, quam ex iis rebus quæ ab ipsa natura loci et a vitæ consuetudine suppeditantur, quibus alimur et vivimus. » Ce qui veut dire : C'est moins le sang et la naissance qui déterminent le caractère des hommes que la nature du climat, l'éducation et la manière de vivre. Voilà un grand principe posé de main de maître, et dont nous allons suivre les conséquences, curieuses déductions appuyées sur des observations locales bonnes à connaître.

Cicéron ajoute aussitôt : « Carthaginenses, fraudulenti et mendaces, non genere, sed natura loci, quod, propter portus suos, multis et variis mercatorum et advenarum sermonibus, ad studium fallendi, studio quæstus vocabantur : » les Carthaginois étaient portés au mensonge et à la fraude, moins par caractère qu'à cause de leur position, parce que leurs ports les mettant en relation avec des voyageurs et des marchands de tout pays, la soif du gain leur inspirait le désir de tromper. « Ligures montani, duri atque agrestes, » les montagnards de la Ligurie sont durs et agrestes ; « docuit ager ipse, nihil ferendo, nisi multa cultura et magno labore quæsitum, » et cette rudesse leur vient du sol même, qui ne produit rien qu'à force de travail et de culture. En voici d'autres qui se trouvent dans des conditions opposées : « Campani, semper superbi bonitate agrorum et fructuum magnitudine, urbis salubritate, descriptione, pulchritudine, » les Campaniens ont toujours été orgueilleux, ce qui tient à l'excellence de leurs champs, à l'abondance de tous les biens, à la salubrité, à l'étendue et à la beauté de leur ville. Capoue et ses habitants avaient une singulière réputation parmi les Romains : le territoire dont Naples est devenu la capitale passait pour un lieu de délices, et quand la Rome républicaine eut fait place à la Rome impériale, quand les austères citoyens du temps de Caton eurent pour successeurs les sybarites du temps d'Auguste, de Tibère, de Néron, cette société corrompue, appréciant les douceurs du climat campanien, couvrait de ses palais le rivage heureux où Annibal avait été vaincu, non par les armes romaines, dit Cicéron, mais par le luxe et la volupté : « deinde ea luxuries, quæ ipsum Annibalem, armis etiam tum invictum, voluptate vicit. »

Ainsi notre auteur a pensé que le long séjour d'Annibal dans la Campanie a contribué puissamment à amollir le courage de l'armée carthaginoise et de son illustre chef. On serait malvenu à s'élever contre cette opinion, que les historiens postérieurs à Cicéron ont adoptée, développée, et qui est devenue en quelque sorte proverbiale. Qui ne sait ce que l'on doit entendre par les délices de Capoue? Et cependant il est certain que l'armée africaine se maintint en Campanie pendant treize ans, que tantôt victorieuse, tantôt battue, elle se montra toujours vaillante et disciplinée, toujours dure à la fatigue, prête au combat, ce qui ne s'accorde guère avec la prétendue influence démoralisante qu'on attribue à ce sol privilégié. Peut-être n'y a-t-il là qu'une invention flatteuse pour l'amour-propre des Romains, mais cela ne nous regarde pas. Disons cependant qu'Annibal fut vainqueur tant que des généraux inhabiles luttèrent contre lui, mais qu'il fut vaincu dès qu'il se rencontra un Scipion pour lui tenir tête. Tant de défaites furent une bonne école, Scipion apprit du héros africain à triompher de ses soldats mercenaires; la discipline romaine se montra toute-puissante, et l'on put présager dès lors quel sort était réservé à l'orgueilleuse Carthage.

Terminons ces citations empruntées aux discours contre la loi agraire par un mot de Cicéron contre un certain Considius, simple magistrat à Capoue et qui prenait audacieusement le titre de préteur. Ce personnage subissait au plus haut point l'influence campanienne, son air altier était surtout insupportable. « Quem hominem vegrandi macie torridum, Romæ contemptum atque abjectum videbamus, » cet homme que nous avions vu si sec et si maigre végéter à Rome dans le mépris et l'abjection. « Vegrandi macie » ne s'applique guère qu'au marasme, et nous aimons cette expression énergique et pittoresque: « torridus vegrandi macie, » c'est-à-dire, étique, desséché. Cet individu, si misérable à Rome, avait une tout autre figure à Capoue; « hunc Capuæ campano supercilio ac regio spiritu quum videremus, » il avait la morgue campanienne, l'arrogance d'un roi. On croit voir cet homme que deux mots ont suffi à peindre d'une manière admirable.

Le discours pour Rabirius, qui vient ensuite, ne contient rien qui nous appartienne en propre; cependant nous constaterons en passant que Cicéron dut ne plaider que pendant une demi-heure, d'après l'ordre formel du magistrat T. Labienus, « meque ex comparato et constituto spatio defensionis, in semihoræ curriculum coegisti, parebitur, » ce qui était bien peu, puisqu'il s'agissait d'un crime capital, le meurtre d'un citoyen romain, et que Rabirius était « reus perduellionis. » La loi des Douze Tables accordait trois heures aux défenseurs, mais ceux-ci ne s'y conformaient guère, et Pline le jeune, par exemple, se vante d'avoir parlé pendant cinq, six et même sept heures, au grand détriment de son larynx.

Il y a bien encore un petit passage qui nous fait connaître que M. Emilius, prince du sénat, ne pouvait marcher, peut-être à cause de l'âge, ou bien par suite de la goutte, « vix ingredi posset, » et il se félicitait de ce que « tarditas pedum » l'empêcherait de fuir. Cicéron nous apprend encore que Q. Scevola, accablé de vieillesse, épuisé par la maladie, privé d'un bras, et perclus de tous ses membres, appuyé sur une lance, montrait dans un corps débile toute l'énergie d'une grande âme, « quum denique Q. Scævola, confectus senectute, præpeditus morbo, mancus et membris omnibus captus ac debilis, hastili nixus, et animi vim et infirmitatem corporis ostenderet. »

CATILINAIRES.

Ces héros, que Cicéron évoque et montre à leurs enfants dégénérés comme des modèles de toutes les vertus civiques, ne se retrouvent plus dans les temps calamiteux où, devenu consul, il travaille à sauver la patrie; et ceci nous servira de transition pour arriver aux discours contre Catilina. Les quatre harangues prononcées soit dans le sénat, soit devant le peuple, ont trop de véhémence pour que leur auteur songeât à les orner d'une recherche étrangère; il n'avait pas le temps de colorer son style autrement que par des apostrophes passionnées : aussi ne trouverons-nous qu'à peine quelques traces des emprunts si fréquemment faits à la médecine dans d'autres circonstances.

Voici cependant une comparaison toute médicale qui se trouve dans le premier discours (in L. Catil. I, XIII) : « Ut sæpe homines ægri morbo gravi, quum æstu febrique jactantur, si aquam gelidam biberint, primo relevari videntur, » de même que souvent les hommes gravement malades, et s'agitant dévorés par une fièvre ardente, paraissent soulagés en buvant de l'eau glacée, « deinde multo gravius vehementiusque afflictantur, » mais ensuite se trouvent beaucoup plus gravement affectés, « sic..., » ainsi le mal dont souffre la république, calmé un instant par le supplice de Catilina, deviendra plus terrible, si nous laissons vivre ses complices. Ce rapprochement ne nous semble pas heureux : la tête de Catilina ne ressemble guère à un verre d'eau froide, mais ces sortes de mouvements oratoires saisissent vivement les auditeurs, l'improvisation leur donne la chaleur, la vie, et l'effet est produit. Remarquons d'ailleurs que Cicéron se sert d'expressions justes, « relevari, ingravescet, » qui appartiennent au vocabulaire médical et rendent parfaitement sa pensée.

Et comme le consul, animé du plus ardent désir de sauver la république, avait la conscience du danger que courait l'État et des périls qui le menaçaient lui-même, il se comparait volontiers à un médecin recourant à une opération délicate pour le salut d'un malade qu'il fallait sauver à tout prix. Ainsi, dans la seconde harangue, il s'écrie : « Quæ sanari poterunt, quacumque ratione sanabo, » tout ce qui ne sera pas incurable, je n'épargnerai rien pour arriver à le guérir ; « quæ resecanda erunt, non patiar ad perniciem civitatis movere, » s'il y a des membres à retrancher, je ne souffrirai pas qu'ils restent pour la perte de l'État (in Catil. II, v). Ces pensées se reproduisent sous différentes formes ; il a dit quelques instants auparavant : « Quos si meus consulatus, quoniam sanare non potest, sustulerit...., » si mon consulat, ne pouvant guérir ces parties malades, les enlève, les détruit..... Et plus loin, il revient à la phrase que nous avons signalée dans le discours contre la loi agraire : « Domesticum bellum manet, intus insidiæ, intus inclusum periculum est, intus est hostis ! » Les situations analogues amènent des pensées semblables, témoin cet autre passage où il dit : je suis plus porté à guérir les coupables qu'à les punir, « non tam ulcisci studeo, quam sanare : » écoutez-moi donc, Romains, et vous verrez quel est le remède que je propose à une telle maladie, « deinde singulis medicinam consilii atque orationis meæ, si quam potero, afferam. » Ce langage médical est parfaitement en scène ; seulement on sait que Cicéron, tout en donnant des conseils aux gens égarés, déploya une grande fermeté dans la punition de ceux qui méritaient le supplice, et que le médecin prudent se montra aussi résolu que l'exigeaient les circonstances.

Il pressentait, en ces luttes ardentes, quelles inimitiés le menaçaient ; tant d'énergie contre les méchants le désignait aux vengeances de ceux qui avaient tout à gagner aux bouleversements de l'État : aussi disait-il avec un noble contentement de lui-même : je dois espérer que les Dieux protecteurs de Rome me sauront gré de ce que j'ai fait pour elle, « deinde, si quid obtigerit, æquo animo paratoque moriar, » et d'ailleurs, quoi qu'il arrive, je suis prêt et je mourrai sans regret. « Neque enim turpis mors forti viro potest accidere, neque immatura consulari, nec misera sapienti, » la mort ne peut être honteuse pour l'homme courageux, prématurée pour un consulaire, affligeante pour le sage. Ce sont de belles paroles, rendues plus touchantes encore par ce qu'il ajoute : « Nec tamen ego sum ille ferreus, qui fratris carissimi atque amantissimi præsentis mœrore non movear, » et cependant je n'ai pas un cœur de fer, je ne suis pas insensible à la douleur du plus cher et du plus tendre des frères, et il termine ce passage par un tableau plein de vivacité de la désolation de tous les membres de sa famille.

Et quand tous les sénateurs opinaient l'un après l'autre, motivant leur jugement pour une condamnation plus ou moins sévère, nous ne devons pas oublier l'opinion de C. César, qui ne veut pas de la peine de mort par les motifs que voici : « Intelligit mortem a diis immortalibus non esse supplicii causa constitutam, sed ad necessitatem naturæ, aut laborum ac miseriarum quietem esse ; » il est persuadé que les dieux immortels n'ont pas voulu que la mort fût un supplice, mais un simple tribut qu'il faut payer à la nature, un état de repos après les tourments et les misères de la vie. Et il ajoute : « Itaque eam sapientes nunquam inviti, fortes etiam sæpe libenter oppetiverunt, » aussi voit-on les sages la recevoir sans répugnance et les héros l'affronter avec joie.

POUR MURÉNA.

Le discours pour Muréna, qui vient ensuite, nous montre Cicéron défendant un aspirant au consulat qui ne s'était peut-être pas tenu, dans cette ardente compétition, aux moyens absolument légaux, et que le sévère Caton accusait de brigue. Mais l'élection de Muréna importait extrêmement au salut de la république : il fallait un consul capable de maintenir les partis, d'opposer une force suffisante aux passions déchaînées, et l'orateur, dans cette occasion solennelle, lutta avec autant de bonheur que d'énergie contre Caton lui-même.

Il n'y a presque rien de médical dans cette oraison; elle est d'un genre tempéré, et bien qu'elle ait été prononcée entre la deuxième et la troisième Catilinaire, elle ne se ressent en rien des terribles mouvements qui agitaient l'âme de Cicéron. Parfaitement maître de lui-même et luttant contre Caton, il fait appel à la raison, argumente doucement, cherche à démontrer, à persuader bien plutôt qu'à émouvoir, et son langage est tout à fait en harmonie avec le but qu'il se propose. Nous ne relèverons qu'un seul passage qui nous fournira l'occasion de rechercher la signification d'un mot que l'on voit revenir souvent dans les œuvres de

Cicéron et que Birkholz signale à chaque instant dans ses *Excerpta*. Il s'agit des démarches que font les candidats auprès des électeurs. Maintenant, dit Cicéron (pro Mur. xxi), l'usage est récemment établi, parmi les compétiteurs, de parcourir toutes les maisons : « ex vultu candidatorum conjecturam faciant, quantum quisque animi et facultatis habere videatur : » à l'air d'un candidat, à son visage, on juge quelles sont ses espérances et ses moyens de succès. « Conjecturam facere, » dans cette circonstance et dans beaucoup d'autres analogues, signifie l'art d'interpréter l'avenir, de pronostiquer, d'après certains signes, et Birkholz y voit une opération très-médicale. Ainsi dans la seconde action contre Verrès (livre v), on trouve : « Quod ejus sit, vos conjectura quoque assequi debetis, » tout le monde pense, et vous devez également le conjecturer. Et bientôt après : « Conjectura bona est, » cette conjecture n'est pas hasardée. Nous en pourrions citer bien d'autres exemples, mais nous avouons que la chose ne nous paraît pas nécessaire. Le rapprochement est forcé, il n'y a pas là un caractère médical suffisant pour légitimer l'opinion du savant doyen de Leipzig.

Nous n'en dirons pas autant de ce qui suit. La loi électorale était sévère à Rome au temps de Cicéron ; elle obligeait chacun, sous des peines assez graves, à voter dans les comices. Sulpicius, le rival malheureux de Murena, ne se consolait pas de sa défaite, il accusait son compétiteur, il demandait l'application de la loi Calpurnia contre les brigues, et ne la trouvait pas encore assez rigoureuse. Cicéron lui reproche les violences de cette loi qui n'admettait aucune excuse, pas même celle de la maladie : « morbi excusationi pœna addita est, » une punition a été infligée aux malades, ce qui a fait murmurer ; « voluntas offensa multorum quibus aut contra valetudinis commodum laborandum est, aut incommodo morbi etiam cæteri vitæ fructus relinquendi (pro Mur. XXIII) : » on s'est vu forcé ou d'agir au préjudice de sa santé, ou, si l'on voulait se soigner, de se soumettre à quelque punition. On voit jusqu'où allait le zèle des législateurs de cette époque, ce qui n'empêchait pas les courtiers d'élections de faire nommer ceux qui pouvaient disposer de beaucoup d'argent. A la rigueur, on trouverait encore aujourd'hui de beaux exemples de cette vénalité des fonctions publiques, et quelques pays voisins perpétuent ces coutumes déplorables.

Au milieu des agitations que soulevait partout l'ardeur du pouvoir, alors que l'égoïsme se substituait à l'amour de la patrie, des hommes audacieux, enrichis des dépouilles des proscrits, jetaient l'or à pleines mains pour arriver aux grandes charges de l'État. Un certain P. Cornelius Sylla, le neveu du terrible dictateur, avait largement abusé de tous les moyens de séduction qui agissent sur la multitude; ses rivaux vaincus eurent recours à la justice, qui leur donna gain de cause. Les consuls désignés par des menées coupables furent remplacés par leurs accusateurs, ce qui ne s'était jamais vu jusque-là, et Cicéron, qui défendait Sylla, le fit absoudre sur certains chefs d'accusation, mais ne parvint pas à démontrer son innocence.

Il n'y a rien de médical dans ce plaidoyer où brille plus de talent que de bonne foi; mais nous saisirons l'occasion de parler d'un fait qui a bien quelque intérêt. Il s'agit de l'art d'écrire rapidement, aussi vite que la parole, de recueillir au courant de la plume des débats judiciaires, des dépositions, des discours, sorte de tachygraphie dont on a attribué l'invention à Cicéron lui-même, ou plutôt à Tiron, son affranchi. Nous en avons déjà dit quelques mots à propos de la correspondance de ces deux personnages; mais il n'est pas inutile d'y revenir. Cicéron, en parlant des dénonciateurs qui dévoilèrent, en présence du Sénat, les particularités du complot de Catilina, raconte qu'il chargea plusieurs citoyens des plus recommandables de recueillir tout ce qui se dirait dans cette circonstance solennelle, et il s'exprime en ces termes (pro P. Sulla, XIV) : « At quos viros? non solum summa virtute et fide, cujus generis in Senatu facultas maxima, sed etiam quos sciebam memoria, scientia, consuetudine et celeritate scribendi, facillime quæ dicerentur persequi posse : » quels hommes avais-je choisis? non-seulement des citoyens d'une vertu et d'une loyauté reconnue, comme on en voit tant dans le Sénat, mais ceux que je savais être par leur mémoire, leur instruction, leur talent d'écrire très-promptement, les plus capables de recueillir tout ce qui se dirait.

Il est certain que déjà, avant Cicéron, l'art d'écrire rapidement était inventé; il en parle à diverses reprises dans ses traités de l'Art oratoire, et Plutarque a tort de lui en attribuer la création. Il a formé des tachygraphes, cela est certain, et Tiron fut le plus habile de ceux-ci; mais c'était une habitude presque vulgaire, et parmi les gens du monde, certains amateurs y réussissaient parfaitement. Ce talent se conserva, et Martial en parle dans le distique suivant (liv. XIV, n° 208) :

> Currant verba licet, manus est velocior illis :
> Nondum lingua suum dextra peregit opus.

C'est sans doute à ces plumes rapides que nous devons tant de discours improvisés que leurs auteurs revoyaient ensuite, corrigaient, arrangeaient, comme nous l'avons vu faire de nos jours, alors que les débats parlementaires avaient une si grande importance. Mais laissons ce chapitre, où il y aurait trop à dire contre les orateurs anciens et modernes, et poursuivons la tâche que nous avons entreprise.

Le discours intitulé : Oratio pro A. Licinio Archia poeta, offre un grand intérêt littéraire ; il nous montre Cicéron plaidant moins la cause de son client que celle des lettres, de la poésie, chantant une hymne en faveur de la gloire et du génie, dévoilant les charmes de l'étude, se peignant lui-même tout entier : « Ego vero fateor me his studiis esse deditum, » pour moi, je l'avoue, les lettres font le charme de ma vie ; « cæteros pudeat, si qui ita se litteris addiderunt, ut nihil possint ex his neque ad communem afferre fructum, neque in adspectum lucemque proferre » (pro Arch. VI), ceux-là peuvent en rougir, qui s'ensevelissent dans les livres au point de n'en tirer aucun avantage ni pour eux ni pour les autres. Il lui sied de dire, car il en a le droit, que jamais ses occupations littéraires n'ont nui à l'accomplissement de ses devoirs de citoyen et d'avocat. Que d'autres préfèrent les festins, les jeux de hasard, la paume, « quantum alii tribuunt tempestivis conviviis ; quantum denique aleæ, quantum pilæ, » moi, je préfère consacrer mon temps à la culture des lettres, « tantum mihi egomet ad hæc studia sumpsero. » Il a porté cette passion de l'étude aussi loin que possible, et personne n'aurait pu le démentir quand il affirmait qu'il y avait sacrifié sa fortune, son plaisir et même son sommeil : « aut commodum, aut otium meum abstraxerit, aut voluptas avocarit, aut denique somnos retardarit » (pro Arch. VI, 12).

Il n'y a rien de médical dans le discours pour le poëte Archias, et celui pour Flaccus, qui vient ensuite, ne nous fournira pas de récolte plus abondante. Cependant un passage relatif aux sévices d'un certain Decianus contre les habitants d'Apollonide en général, et contre la famille d'Amyntas, un des principaux habitants de cette cité, doit nous occuper un moment. « Uxorem abduxit ab Amynta prægnantem, quæ peperit apud Decianum filiam, » il enleva sa femme qui était enceinte et accoucha chez lui d'une fille; la femme et l'enfant furent retenus contre tout droit par le ravisseur, mais il a fait bien pis : « Nam membra quæ debilitavit lapidibus, fustibus, ferro; manus quas contudit; digitos quos confregit, nervos quos concidit, restituere non potest. » (Pro Flacco, xxx.) A qui s'adressaient toutes ces tortures, à qui a-t-on affaibli les membres à coups de pierres, de bâtons, de fer? à qui a-t-on meurtri les mains, brisé les doigts? à qui a-t-on coupé les nerfs, c'est-à-dire les tendons? Nous n'en savons rien, le texte n'est pas assez clair et l'on ne peut dire avec certitude si la femme et la fille d'Amyntas ont subi ces horribles traitements que les préteurs et autres fonctionnaires publics délégués dans les provinces infligeaient si facilement, non-seulement aux esclaves, mais même aux personnes de condition libre.

Notons en passant un fait allégué par Cicéron en faveur de Flaccus et que nous ne pouvons accepter. L'orateur, qui ne s'oublie jamais et qui fait toujours une large part à ses propres mérites, reproche aux ennemis de son client l'intention de nuire, non-seulement à Flaccus, qui a porté le coup mortel à Catilina, mais à Cicéron lui-même, qui a chassé de Rome ce personnage et tous ses conjurés. « Damnatus est is, qui Catilinam signa, patriæ inferentem, interemit. » (38, LXXXXV.) Mais nous ne pouvons voir en cela qu'un artifice oratoire. L'armée de Catilina ne fut pas défaite par C. Antonius, qui feignit un accès de goutte pour ne pas combattre contre un homme avec lequel il avait comploté la ruine de sa patrie; il laissa à son lieutenant Pétréius le commandement des troupes fidèles, et celui-ci remporta la victoire, grâce à la maladie que feignait son chef.

En ces temps de trouble, les vainqueurs de la veille étaient souvent les vaincus du lendemain; la fortune avait de terribles retours, et chaque consul, en arrivant au pouvoir, se hâtait de détruire l'œuvre de ses prédécesseurs. Ainsi, peu de temps après avoir été salué du titre de père de la patrie, Cicéron fut envoyé en exil ; sa maison fut rasée, et Clodius, son ennemi acharné, le poursuivait à outrance. Mais P. Lentulus, devenu consul, le fit rappeler, et son retour à Rome fut un triomphe glorieux pour lui. C'était en 697, et le banni, qui avait si mal supporté sa disgrâce, prononça deux discours, l'un devant le Sénat, l'autre devant le peuple, le premier le 5 septembre, le second le lendemain, et dans ces deux oraisons, où il répand d'une main prodigue la louange pour ses amis, le blâme pour ses adversaires, nous trouverons quelques passages dignes d'intérêt.

« Nec enim eguissem medicina consulari, nisi consulari vulnere concidissem. » Je n'aurais pas eu besoin d'une main consulaire pour me guérir, si la blessure n'eût été faite par une main consulaire. Voilà de ces formes toutes médicales que Cicéron emploie souvent et qui nous semblent un des caractères les plus remarquables de son style. Lentulus est son dieu, « parens ac deus nostræ vitæ, fortunæ, memoriæ, nominis, » le père de sa fortune, de sa gloire, de son nom ; sa reconnaissance se répand en compliments magnifiques, mais où il y a moins de dignité que d'emphase, et où la même forme oratoire produit la fatigue et l'ennui. C'est toujours le grand médecin qui rappelle à la vie un malade désespéré, « qui me a morte ad vitam, a desperatione ad spem, ab exitio ad salutem revocavit. » Ces antithèses se reproduisent sous toutes les formes, sans relâche et sans fin, et l'orateur ne manque pas de féliciter Rome et la république du bonheur dont elles jouissent en la personne de celui qui les sauvées. On comprend bien, en lisant ce panégyrique perpétuel, cette sorte d'apothéose que se décerne Cicéron, l'espèce de haine que produisit une telle vanité. Plutarque dit que Cicéron finit par devenir odieux à tout le monde, « non par aucun mauvais acte qu'il eût fait ou attenté de faire, ains seulement pour ce qu'il se louoit et magnifioit trop lui-même. » Nous sommes ainsi faits : l'orgueil nous froisse, nous blesse. On blâme le paysan d'Athènes qui, fatigué d'entendre appeler Aristide *le Juste*, l'envoyait en exil ; mais on serait tenté de l'imiter, si Aristide se fût donné lui-même cette épithète si flatteuse. Cicéron parlait toujours de Catilina ; il se posait toujours en sauveur de la république, et ses amis les plus dévoués se moquaient de cette prétention qui, bien que suffisamment justifiée, n'en était pas moins fatigante.

Notons ici que Cicéron avait quarante-neuf ans quand il prononça ce discours, que tant de vanité n'avait plus pour excuse la jeunesse et ses emportements. Quand il dit (in Calp. Pis. XXIIe), mais en parlant de son retour d'exil, « unus ille dies mihi instar immortalitatis fuit, » on voit jusqu'où va sa pensée dans cette glorification de sa vie, et l'on pardonne presque à ceux qui troublaient, par un cri discordant, un concert d'éloges interminable. Il dit au peuple comme aux sénateurs, « sed, sicut bona valetudo jucundior est eis qui gravi morbo recreati sunt, quam qui nunquam ægro corpore fuerunt, » ainsi que la santé a plus de charmes pour ceux qui relèvent d'une grave maladie que pour ceux qui n'ont jamais éprouvé ces souffrances du corps, etc. (ad Quirit. post redit., I). Il répète encore la phrase déjà signalée ; une main consulaire pour guérir la blessure faite par une main consulaire, « quin is me confectum consularibus vulneribus consulari medicina ad salutem reduceret. » Terminons ce chapitre de congratulations solennelles et redondantes par une citation honorable pour l'orateur si plein de lui-même, et qui montrera un beau sentiment au milieu de ces épanchements orgueilleux : « Ulciscendæ injuriæ facilior ratio est, quam beneficii remunerandi, » il est plus facile de se venger d'une injure que de s'acquitter d'un bienfait, et il ajoute : la vengeance n'est pas autant une nécessité que la reconnaissance est un devoir : « tum etiam ne tam necessarium quidem est male meritis, quam optime meritis referre quod debeas. »

Mais à Rome, l'orage grondait sans cesse, la tempête était en permanence ; aux chants de triomphe et d'allégresse succédaient bientôt les cris de désespoir, et Cicéron ramené à Rome par les acclamations de la foule entendait le lendemain les plaintes de ceux qui, mourant de faim, lui reprochaient d'être la cause de la disette. Il fallait pourvoir aux besoins pressants d'une multitude affamée, et tout le crédit de Scipion suffit à peine pour prévenir les plus grands malheurs. Cependant Cicéron n'oubliait pas ses propres affaires ; le décret du Sénat qui le rappelait à Rome lui rendait en même temps ses titres, sa fortune, ses honneurs, et nous allons le voir plaidant, devant les pontifes assemblés, pour sa maison détruite, rasée, et sur l'emplacement de laquelle Clodius s'était empressé de faire construire un temple à la Liberté.

Dans son discours Pro domo sua ad Pontifices, qui fut prononcé le 30 septembre de l'année 697, et qui lui fit gagner sa cause, nous retrouvons un mot bon à conserver dans nos notes spéciales. Il s'adresse à Clodius, le grand agitateur de ce temps calamiteux ; il lui reproche non-seulement d'avoir fait la plaie, mais de l'agrandir, de l'irriter, de l'envenimer avec ses ongles : « Si utrumque fuit, ut et fames stimularet homines, et tu hoc vulnere, tanquam unguis, exsisteres ? » Et dans une pareille occurrence, ne fallait-il pas chercher à guérir le mal par tous les moyens possibles ? « Nonne fuit eo major adhibenda medicina, quæ et illud nativum, et hoc delatum malum sanare posset ? »

Il se rencontre dans les véhémentes apostrophes adressées à Clodius par Cicéron quelques mots que nous n'avons pas cru devoir passer sous silence, bien qu'ils n'eussent pas de valeur médicale proprement dite : mais ils se rapportent à des détails de mœurs qui ont un certain intérêt, car ils nous font connaître des habitudes que la loi civile et religieuse ne punissait pas. L'inceste, nous l'avons dit ailleurs, se rencontrait dans tous les rangs de la société romaine. Cicéron dit formellement, en présence du collége des Pontifes, que Sext. Clodius vivait avec sa propre sœur, et il se sert de singulières expressions : « Sext. Clodio, socio tui sanguinis, qui sua lingua etiam sororem tuam a te abalienavit, » ton digne parent dont la langue incestueuse a su te dérober les caresses de ta sœur. Il revient sans cesse sur cette image peu agréable : « Ex ore impurissimo Sext. Clodii, etc. » Et plus loin (pro Dom. XVIII) : « Hanc tibi legem Clodius scripsit, spurciorem lingua sua, » voilà donc la loi que Clodius t'a rédigée, loi plus impure encore que sa langue ! Et toujours le même reproche : « Sexte noster, quoniam jam dialecticus es, et hoc quoque ligurris, » ami Sextus (ironie), puisque vous voilà devenu dialecticien et que vous faites un si bon usage de votre langue, mot à mot, vous léchez si bien ! Dans une autre circonstance (Oratio de aruspicum responsis) il dit à Clodius : « Quum uxorem sororemque non discernis ; quum, quod ineas cubile, non sentis (XVIII). Ces étranges débordements signalés avec tant de force ne veulent pas dire que Cicéron fût un moraliste bien sévère : on sait qu'il avait été amoureux de cette infâme Clodia, qu'il s'était brouillé avec elle par les intrigues jalouses de Terentia. Ces petites scènes domestiques eurent de terribles conséquences : Clodius vengea sa sœur, et l'exil de Cicéron n'eut pas d'autre cause.

Dans une circonstance où il parle du chagrin qu'il éprouva en quittant sa femme, son frère et ses enfants, il dit qu'après tout il était homme et qu'il ne fermait pas son cœur aux sentiments naturels : « Infitiari me esse hominem et communem naturæ sensum repudiare. » Il n'y a pas de mérite à sacrifier des objets peu regrettables, et dans ce cas-là, ceux qui affectent tant de courage, une si grande fermeté, ressemblent moins à des personnes vivantes qu'à un corps, à un cadavre que l'on brûle sans qu'il s'en aperçoive : « Eamque animi duritiam, sicut corporis, quod, quum uritur, non sentit, stuporem potius quam virtutem putarem. »

Me sera-t-il permis de dire que la recherche des antithèses paraît être une des préoccupations de Cicéron ? Il ne laisse guère passer une occasion de faire des rapprochements singuliers, d'exciter l'attention par des oppositions bizarres. Ainsi, Clodius comptait un aveugle parmi ses ancêtres, et celui-là n'avait pas mérité un tel malheur, il n'avait pas vu des choses que l'on ne peut regarder sans crime, tandis que lui, Clodius, l'effronté violateur des mystères de la bonne Déesse, n'a pas perdu la vue. « Quum ille, qui nihil viderat sciens quod nefas esset, lumina amisit ; istius, qui non solum adspectu, sed etiam incesto flagitio et stupro polluit cærimonias, pœna omnis oculorum ad cæcitatem mentis est conversa. » Il en a été quitte pour un aveuglement d'esprit qui lui a fait commettre toutes les criminelles extravagances que Cicéron lui reproche.

Il n'est guère moins violent en parlant de deux consuls, Gabinius et Pison, qui, amis et complices de Clodius, travaillaient ardemment à la ruine de l'État. Dans son discours en faveur de P. Sextius, un des tribuns qui avaient le plus contribué à mettre un terme à son exil, Cicéron, animé par un sentiment de gratitude qui lui fait honneur, jeta à pleines mains le sarcasme et l'outrage contre ceux qui avaient fait tant de mal à la république. Voici comment il dépeint les deux ennemis de celui qu'il défend : « Alter unguentis affluens, calamistrata coma, despiciens conscios stuprorum, etc., » l'un, baigné d'essences, les cheveux artistement bouclés, regardant avec mépris les complices de ses amours infâmes, etc. C'est de Gabinius qu'il parle (pro P. Sext. VIII), et pour marquer le contraste, voici ce qu'il dit de Pison : « Alter, o dii boni! quam teter incedebat! quam truculentus! » L'autre, bons dieux! quelle rudesse, quel regard sombre, quel aspect terrible! « Capillo ita horrido, » voici l'antithèse, le poil hérissé, et à tel point que toute la Séplase ne semblait pas pouvoir y suffire : « Seplasiam sublaturus videretur. » Il y avait à Capoue un quartier où se tenaient les parfumeurs et où se vendait un parfum très-recherché appelé *Séplase*, mais dont on ne connaît pas la nature. Les discours de Cicéron abondent en traits de ce genre; il est peintre habile, il n'épargne pas la couleur, et pour ajouter un dernier trait à cette image si grotesque, il dit de ce Pison ridicule : « Tanta erat gravitas in oculo, tanta contractio frontis, ut illo supercilio republica, tanquam Atlante cœlum, niti videretur, » à voir son œil immobile et son front ridé, on eût dit que la république était portée sur ce sourcil, comme le ciel sur les épaules d'Atlas.

On trouve dans ce long discours pour Sextius, c'est-à-dire pour Cicéron lui-même, un grand nombre de passages où revient sans cesse l'image de la patrie malade, du médecin qui la guérit, des remèdes employés pour cela : ce n'est pas la peine de multiplier des citations qui ne nous apprendraient rien de nouveau. Je ferai cependant une exception en faveur de la phrase suivante qui se rencontre presque à la fin du discours : « Non est ea medicina, quum sanæ parti corporis scalpellum adhibetur, atque integræ. » ce n'est pas exercer l'art de la médecine que de porter le couteau dans les chairs vives et dans les parties saines, « carnificina est ista, et crudelitas, » c'est agir en bourreau et cruellement. « Hi medentur reipublicæ, qui exsecant pestem aliquam, tanquam strumam civitatis : » ceux-là guérissent la république, qui retranchent un membre gangrené, honteux fléau de l'État. Strumam civitatis n'a pas d'équivalent en français; Cicéron veut dire une plaie dégoûtante, quelque chose d'ignoble, et l'expression adoptée par Guéroult et son continuateur, Ch. Durozoir, n'est pas heureuse, justement parce qu'elle n'a pas le caractère médical : mais comment écrire en français : scrofule de la ville? N'est-ce pas là une de ces métaphores que Cicéron blâmait quand il disait : « Nolo morte dici Africani castratam esse rempublicam; nolo stercus Curiæ dici Glauciam » (de Orat., lib. III, 41) : je ne veux pas qu'on dise que la république a été châtrée par la mort de l'Africain, ni que Glaucia est l'excrément du Sénat. Struma civitatis est de la même famille.

Dans une invective ardente contre Vatinius, l'orateur, pour donner à ses paroles un plus grand degré d'énergie, se sert de ces images qui nous sont empruntées : « Omnia mea tela sic in te conjicientur, ut nemo per tuum latus saucietur; in tuis pulmonibus ac visceribus hærebunt : » tous mes traits seront dirigés contre toi de telle façon qu'aucun d'eux ne passera au travers de ton flanc pour blesser personne; ils demeureront dans tes poumons, dans tes entrailles. Voilà de la couleur chirurgicale, anatomique, si jamais il en fut, et le pauvre Vatinius fut en effet tellement maltraité par Cicéron, qu'après avoir balbutié quelques répliques il dut quitter l'audience et s'enfuir honteusement.

Parmi les reproches sanglants que lui adresse son accusateur, il en est un que nous devons relever, parce qu'il appartient à un ordre d'idées qui nous intéresse. Les superstitions constituent à nos yeux une maladie de l'esprit humain, et, à ce titre, nous pouvons nous en occuper. Or, Cicéron dit à Vatinius : « Quum inferorum animas elicere, quum puerorum extis deos manes mactare soleas, » tu t'es plu à évoquer les âmes des enfers, à consulter les dieux mânes dans les entrailles des enfants. Il ne faut pas oublier qu'on se servait, pour ces épreuves abominables, d'enfants vivants, et l'on se demande toujours, en présence de ces crimes, ce qu'était une société où, parmi tant de lois, il n'y en avait pas une qui protégeât la pauvre humanité contre des attentats aussi horribles.

Vatinius avait un goître, et Cicéron ne manque pas d'y faire allusion dans le passage suivant (in Vatin. II) : « Repente enim te, tanquam serpens e latibulis, oculis eminentibus, inflato collo, tumidis cervicibus intulisti, » soudain tu t'es élancé, comme un serpent de son repaire, les yeux sortant de leurs orbites, le col gonflé, la nuque élargie. Il nous semble voir ici une allusion au *Naja* de l'Égypte ou de l'Inde, dont le col se dilate quand l'animal se prépare à faire usage de ses dents redoutables. Les monuments égyptiens sur lesquels ce reptile est figuré étaient certainement connus à Rome, et comme cette espèce est la seule chez laquelle on observe un pareil phénomène, il me paraît hors de doute que Cicéron a voulu comparer Vatinius à un serpent dont la morsure était promptement mortelle. Son imagination ne lui fournissait rien de pis, et encore doit-on lui savoir gré d'avoir choisi un sujet offrant un caractère spécifique si bien en rapport avec l'infirmité de son adversaire. Mais voyons jusqu'à quel point la comparaison était juste.

Sénèque, dans son livre *de la Constance du Sage*, ch. XVII, dit que Vatinius était d'une humeur facétieuse; il plaisantait lui-même à propos de ses pieds déformés par la goutte, sur les cicatrices qu'il portait autour du col, et grâce à ces renseignements, nous pouvons apprécier la valeur des mots dont se sert son ennemi. « Inflato collo, tumidis cervicibus, » qui semblent une seule et même chose, du moins pour nous, ont une valeur bien différente dans la bouche de Cicéron. Il y a là deux parties distinctes, le devant du col et la nuque, abondance descriptive que notre langage ordinaire ne tolérerait guère. C'est un double effet produit par un effort expiratoire et une contraction des muscles cervicaux; cette apparente répétition de Cicéron est un moyen d'attirer les regards de l'auditoire, de désigner avec plus de force une infirmité dégoûtante. Plusieurs auteurs recommandables, Quintilien, Plutarque, Macrobe, ont vu là une plaisanterie excellente; il faut convenir que le goût peut changer, et que nous ne pensons pas aujourd'hui comme les Romains du temps de Cicéron. Un peu plus loin, nous trouvons le complément de ce reproche : « strumæ denique ab ore improbo demigrarunt, et alii jam se locis collocarunt, » les scrofules partant de ta bouche impure ont envahi les autres parties de ton corps. Il y a là une étiologie dont nous ne nous portons pas garant; elle convenait à la fantaisie de l'orateur, elle arrondissait sa phrase, et peu lui importait le reste. On peut seulement en inférer que la maladie strumeuse, suivant l'orateur, avait quelque chose de contagieux, et l'on dirait que cette phrase consacre une opinion populaire.

Un des plus célèbres commentateurs de Cicéron a vu dans le passage dont nous venons de nous occuper une plaisanterie du plus mauvais goût et qu'il regrette de rencontrer dans l'œuvre du brillant orateur. Nous croyons que M. Schütz se trompe, car, suivant nous, il y a là une injure et non une plaisanterie. En traduisant comme tout le monde : ta bouche impure a infecté toutes les parties de ton corps, il est impossible de comprendre comment cela aurait pu se faire, et Cicéron n'a rien voulu dire de semblable. Il a exprimé une opinion conjecturale sur la mauvaise santé de son adversaire, il a indiqué la cause probable d'un état fâcheux dont le passage de Sénèque nous montre la gravité, mais il n'y a rien là qui se rapporte à des actes immoraux, si communs à une époque où la licence la plus exorbitante régnait sans contrôle dans une société qui comportait aussi bien l'*atrox animus* de Caton que les voluptueuses folies de Jules César.

Je ne connais rien de plus instructif et en même temps de plus déplorable que l'étude des discours prononcés par Cicéron à cette époque de sa vie politique. On le voit successivement attaquer, écraser Vatinius, puis le défendre, parce que César et Pompée protégeaient ce misérable agent de leurs intrigues. Dans sa lutte contre Clodius, tous les éloges qu'il s'adresse font voir avec quelle violence on le poursuivait lui-même; le sauveur de la patrie avait besoin d'un peu de protection; la ville, si pleine d'enthousiasme, lors de son retour, se lassait de ses vertus tant célébrées, les Romains comme les Grecs obéissaient au caprice ou à la furie des tribuns, et dans une magnifique improvisation où Cicéron interprète la réponse des aruspices, on voit la trace des misères cachées d'un homme qui perdait peu à peu la faveur populaire. Cependant Cicéron, dans cette circonstance, déploya un talent prodigieux; il accabla Clodius des plus brûlantes invectives, et pour en indiquer la mesure, voici une accusation qui nous touche de près, car elle met en jeu un médecin.

Pison, qui gouvernait alors la Macédoine, n'ayant pu extorquer une somme d'argent à un député nommé Plator, le fit jeter en prison, lui envoya son médecin pour lui couper les veines, « medicum intromisit suum qui legato, socio, amico, libero, fœdissime et crudelissime venas incideret. » Plator était un député, un allié, un ami de la république, un homme libre enfin, et ce meurtre fut accompli avec la plus atroce barbarie. Cicéron s'écrie : « Quales hunc carnifices putamus habere, qui etiam medicis suis non ad salutem, sed ad necem utatur ? » Et que sont donc ses bourreaux, puisqu'il emploie ses médecins non à guérir, mais à tuer ? On se rappelle le médecin de Verrès, Artémidore, celui qui prit ensuite le nom de Cornelius ; il poussait loin la complaisance pour son patron ; ici le cas est bien plus grave, il y a meurtre, et le médecin, probablement esclave, exécute l'ordre que lui donne son maître, et le crime reste impuni, et aucun tribunal ne demande compte au coupable de ces odieux attentats !

Mais la république marchait rapidement à sa ruine. Jules César, qui avait réussi à se faire nommer gouverneur des deux Gaules, qui avait obtenu, malgré l'opposition d'un grand nombre de sénateurs, dix lieutenants pour consolider sa puissance et préparer son usurpation, avait inspiré à Cicéron une sorte de confiance, non pas aveugle, mais intéressée, et l'orateur ne laissait échapper aucune occasion de se montrer favorable aux projets ambitieux du futur dictateur. Ainsi dans le discours qu'il prononça sur les provinces] consulaires, vers le mois d'août 698, on trouve la preuve de cette connivence entre deux personnages que tout aurait dû séparer, et Cicéron montra une étrange faiblesse qui lui fut amèrement reprochée par le parti républicain. Voyons si, dans ce discours, il y aura quelque passage capable de nous arrêter un moment.

Il est toujours question des consuls Gabinius et Pison, double fléau des provinces dont ils avaient été nommés gouverneurs. Cicéron les maltraite comme il l'a déjà fait dans le discours *pro Sextio ;* il plaisante sur les parfums de celui-ci, sur la barbe de celui-là, sur les sourcils froncés et les airs terribles d'un tyran devant qui tout fuit ; il montre les jeunes filles de condition libre se précipitant dans les puits pour échapper au déshonneur, « quod constat, nobilissimas virgines se in puteos abjecisse, et morte voluntaria necessariam turpitudinem depulisse. » Il parle d'une armée consulaire qui a péri par la famine, par la maladie, « incuria, fame, morbo, vastitate consumpti. » Dans son invective contre Calpurnius Pison, il rappelle ce fait calamiteux en disant que les troupes ont été détruites par le fer, par le froid, par la disette et l'épidémie, « ferro, fame, frigore, pestilentia, » mais il ne dit rien qui puisse faire reconnaître de quelle nature était ce fléau, et nous ne nous en occuperons pas davantage.

Il n'y a rien qui nous intéresse dans le discours en faveur de Balbus, à qui l'on contestait le titre de citoyen romain que Pompée lui avait donné ; il en est à peu près de même du discours pour Cœlius Rufus, un des amants de Clodia, lequel était accusé d'une tentative d'empoisonnement sur cette femme de mœurs dissolues ; mais nous dirons un mot de cette circonstance grave, et nous montrerons de quoi étaient capables les hommes de cette époque. L'accusateur de Cœlius prétend qu'il avait du poison chez lui, qu'il l'avait essayé sur un esclave qui était mort aussitôt : « habuisse aiunt domi, vimque ejus esse expertum in servo quodam, ad rem ipsam parato ; cujus perceleri interitu esse ab hoc comprobatum venenum. » Cicéron, au lieu de réfuter sérieusement cette inculpation, raconte de la manière la plus pathétique la mort presque subite de Q. Metellus Celer, qui fut probablement empoisonné par sa femme, une des sœurs de Clodius : « tertio die post quam in Curia, quam in Rostris, quam in republica floruisset, integerrima ætate, optimo habitu, maximis viribus, eriperetur indignissime bonis omnibus, atque universæ civitati : » trois jours après que dans le Sénat, à la tribune, il s'était montré avec tant de gloire, il était dans la force de l'âge, plein de santé, de vigueur, je l'ai vu indignement enlevé à tous les gens de bien, à tous les citoyens (pro Cœlio Rufo, XXIV). Disons cependant qu'après ce hors-d'œuvre, il combat le reproche adressé à Cœlius Rufus et prouve, par des raisons plus subtiles que solides, une innocence assez contestable.

Voici encore une invective, et celle-ci, ardente et passionnée au plus haut point, nous montre Cicéron cédant à sa haine, oubliant toute mesure, déshonorant son talent par des excès à peine concevables. L. Calpurnius Pison, ce personnage odieux dont il a déjà tant parlé, va être encore une fois l'objet de sa fureur, et dans un discours rempli des plus grossières injures, des plaisanteries du plus mauvais goût, il va, se mettant en parallèle, exalter ses propres vertus en dévoilant les turpitudes de son ennemi.

Il reproche à Gabinius la couleur de sa peau, qui est l'indice de son origine servile; nous ne savons au juste qu'elle était cette couleur accusatrice, « color servilis, » et nous ne sommes pas plus avancé quand l'orateur lui reproche également des joues velues, « genæ pilosæ, dentes putridi » des dents pourries. Pison n'offrait rien de semblable, et Cicéron se plaint presque de ce que de pareilles imperfections ne servent pas d'enseigne à l'âme vicieuse de cet homme. La figure de Pison était trompeuse; à son aspect on pouvait le prendre pour un honnête homme. « Vultus denique totus, qui sermo quidam tacitus mentis est » (in Cal. Pis. 1), muet interprète de l'âme, le visage « in errorem homines impulit, » et l'orateur s'en étonne. Il tenait beaucoup à l'expression de l'œil, cette porte de l'âme, « animi januam ; il dit ailleurs, dans les Tusculanes, « oculi animi fenestræ ; » mais si les yeux de Pison n'étaient pas laids, Cicéron s'étend avec complaisance sur d'autres imperfections et ne lui fait grâce d'aucune, si mince qu'elle soit.

Voici un petit tableau touché de main de maître. Te souviens-tu du jour où, accompagné d'un ami, nous allâmes chez toi vers la cinquième heure? Tu sortais d'une gargote (qu'on nous permette ce mot vulgaire qui semble calqué sur le latin), la tête enveloppée, les pieds en pantoufles : « nescio quo e gurgustio te prodire, involuto capite, soleatum. » Et comme ta bouche fétide exhalait les odeurs du cabaret, « quum isto ore fœtido teterrimam nobis popinam inhalasses, » tu t'excusas sur ta santé qui exigeait des médicaments où il entrait du vin, « excusatione te uti valetudinis quod diceres vinolentis te quibusdam medicaminibus solere curari. » Nous eûmes l'air d'accepter cette excuse, et nous restâmes exposés aux exhalaisons de ta crapule, « paullisper stetimus in illo ganearum tuarum nidore atque fumo, » jusqu'à ce que la dureté de tes réponses et tes éructations nous eussent chassés, « tum turpissime eructando ejeciti » (in Calp. Pis. VI). Cicéron dit que Pison est un gouffre, un goinfre né pour son ventre, « gurges atque helluo, natus abdomini suo, » et ces expressions reviennent souvent dans ce discours.

Nous ne croyons pas pouvoir nous dispenser de dire quelques mots d'une scène qui peint bien la société de cette époque, qui montre à quel point de dissolution étaient arrivés les républicains, et combien les mœurs publiques et privées s'étaient altérées. Même en supposant que Cicéron, dans sa rage contre ses ennemis, exagère toutes choses, il faut admettre qu'il n'eût pas pu articuler des faits sans réalité, et cela nous suffit pour accepter son témoignage.

Après l'exil de Cicéron, lorsque Rome était dans la stupeur, lorsque Clodius et ses complices effrayaient les bons citoyens, Gabinius, le collègue de Pison, donnait un festin où il dansait tout nu au son des cymbales, tandis que Pison, ivre mort, gisait au milieu des déjections de ses convives : « jacebat in suo græcorum fœtore atque vino. » Il ajoute cette observation : au milieu de ce repas funeste, on ne saurait dire s'il buvait plus de vin qu'il n'en rejetait par toutes les voies : « in quo nemo potest dicere utrum iste plus biberit an vomuerit, an effuderit » (in Calp. Pis. x). On se figure cette scène odieuse, abominable, et l'on se demande comment des hommes appartenant aux premières classes de la société ont pu s'abandonner à de pareils excès, et ensuite comment Cicéron a osé les raconter en public, du haut de la tribune, en présence des magistrats chargés d'appliquer les lois et de punir les coupables.

Cicéron cite souvent des vers d'Ennius, et c'est dans ses œuvres que Jérome Columna, en 1590, recueillit bien des fragments qui ont permis aux amateurs de la vieille latinité d'apprécier le génie du grand poëte national des Romains. Nous en avons parlé ailleurs. Indiquons ici une étiologie donnée par l'orateur pour expliquer les fureurs de Pison. Ce ne sont pas les furies dont les torches ardentes produisent les troubles des esprits, « sua quemque fraus, suum facinus, suum scelus, sua audacia de sanitate ac mente deturbat, » ce sont toutes ces causes qui agissent sur la santé et sur l'intelligence. Eh quoi ! Pison, je ne te regarderais pas comme un insensé, un furieux, un frénétique, plus en démence qu'Oreste? etc. « Ego te non vecordem, non furiosum, non mente captum, non tragico illo Oreste aut Athamante dementiorem putem, etc. (ibid. xx) ? » Et puis toujours des plaisanteries sur le front ridé, sur les sourcils épais, froncés, sur certaines habitudes du visage, toutes choses qui réjouissaient les auditeurs de facéties que nous ne trouvons pas très-spirituelles, mais qui prouvent l'importance que l'on attachait à ces détails. On sait en effet que dans l'antiquité la figure humaine portait une séméiotique dont on faisait grand cas. « Veteres verecundiæ frontem assignabant, impudentiæ os, sagacitati et irrisioni nasum, judicio aurem, fastui arguere supercilium, virtuti et fidei dextram, misericordiæ genua. » Il n'y a rien de changé dans l'opinion des modernes à propos de l'interprétation de ces caractères physiques de nos passions, de nos goûts, de nos défauts, mais nos orateurs modernes n'oseraient pas les faire intervenir dans leurs plaidoiries.

Un des amis de Cicéron, Cn. Plancius, préteur en Macédoine, alors que celui-ci banni cherchait un refuge, lui avait offert un asile avec le plus grand empressement. Plus tard, ayant obtenu l'édilité, un de ses compétiteurs malheureux, Juventius Laterensis, de famille consulaire, l'accusa de brigue, mais Cicéron prit sa défense et le sauva. Le discours qu'il prononça en cette circonstance, le 2 septembre 700, est un simple panégyrique de l'accusé et de son avocat, et ne contient rien de médical. Son action dans cette circonstance fut très-tempérée; il ne parla guère que de sa reconnaissance pour l'homme généreux qui l'avait si bien accueilli dans un temps où tout le monde semblait l'abandonner, où l'on craignait de se compromettre en prenant ses intérêts. Mais nous trouvons dans ces pages agréables, qui reposent le lecteur des grandes colères précédentes, une anecdote gaiement racontée par Cicéron lui-même, et dont il aurait dû faire son profit. La voici.

Il revenait de Sicile, après une questure brillante; les Siciliens avaient inventé pour lui des honneurs sans exemple, et il s'attendait à voir Rome entière le féliciter de sa noble conduite. Passant par Pouzzoles, à l'époque où les riches oisifs de la capitale se rendaient aux bains sulfureux de Baïa, il fut presque anéanti en s'entendant demander quel jour il avait quitté Rome : « Concidi pæne, quum ex me quidam quæsisset quo die Roma exissem et num quid in ea esset novi. » Et comme je lui répondis que je venais de ma province : « Etiam mehercule, inquit, ut opinor, ex Africa. » Par Hercule, j'y pense, vous revenez d'Afrique. La colère commençait à me gagner, « jam stomachans fastidiose ; » non, répliquai-je, mais de Sicile, « immo ex Sicilia. » Alors un de ces personnages, faisant l'entendu, lui dit : mais vous ne savez donc pas qu'il était questeur à Syracuse ? « hunc Syracusis quæstorem fecisse ! » Que dire à de pareilles gens ? Je pris le parti d'en rire, « destiti stomachari, et me unum ex iis feci, qui ad aquas venissent, » et je me mêlai à ceux qui étaient venus prendre les eaux.

La leçon était bonne. Cicéron aurait dû comprendre que la gloire, si éclatante qu'elle soit, comporte des ombres, et que ceux qui croient occuper toutes les trompettes de la renommée sont souvent ignorés, même dans leur patrie, même par les personnes qui devraient le mieux savoir ce qui se passe dans un certain monde. Nous retrouverons souvent l'occasion de constater que Cicéron ne fut pas guéri de sa vanité par un incident si piquant et si vrai.

Plus nous avançons dans cet examen des plaidoiries de Cicéron en faveur de ceux qui réclamaient son appui, ou contre ses ennemis, plus nous trouvons la preuve d'une versatilité d'opinion qui nous paraît une tache dans sa vie publique ou privée. Il déplore dans ses lettres la dure nécessité où il est, non-seulement de ne pouvoir attaquer ses adversaires les plus acharnés, mais d'être contraint de les défendre, enfin de n'être libre ni dans ses amitiés ni dans ses haines. Devenu le courtisan de Pompée et de César, il obéit à l'impulsion que lui donnent ces tyrans habiles ; il sent que la république est perdue, il cherche à se garantir des dangers qui le menacent, et de là des faiblesses qu'on déplore, bien moins à cause de leur inutilité que parce qu'elles ternissent la gloire de celui qui fut si longtemps un grand citoyen.

Gabinius, tant attaqué par Cicéron, fut défendu par lui lorsqu'il était accusé de concussion; il perdit son procès et le coupable fut condamné, par Caton lui-même, à un bannissement perpétuel. Rabirius Postumus, qui était plutôt un financier habile qu'un homme politique, un agent de Gabinius, le hardi déprédateur, que toute autre chose, trouva un appui dans l'éloquence de Cicéron, et il fut sauvé, mais il est difficile d'admettre les arguments que l'orateur fait valoir en faveur d'une innocence si plobléma-tique. Ce qu'il y a de plus clair en tout ceci, c'est que Cicéron voulait être agréable à César : aussi termine-t-il son discours par un brillant éloge de ce personnage.

Vient ensuite le fameux discours « pro Milone, » celui que l'on cite comme le modèle accompli du genre, celui qui renferme les plus magnifiques développements d'une thèse excellente, à savoir, que l'accusé a tué Clodius à son corps défendant, et qu'en le tuant il a rendu le plus signalé service à l'État. Clodius, le grand agitateur de Rome, le meurtrier, l'infâme, après avoir tant abusé du glaive, a péri par le glaive; et c'était justice, mais il avait des amis puissants, et Milon, autre brouillon dangereux, mais du parti du Sénat, devait trouver un chaud défenseur dans Cicéron. L'orateur sauva la tête de l'accusé, qui ne fut que banni. Ce fut en l'année de Rome 702 que l'orateur, âgé alors de cinquante-quatre ans, plaida cette cause célèbre dans le Forum, en présence d'une foule agitée et d'un appareil guerrier tout à fait nouveau dans des circonstances semblables. Mais là encore nous ne trouvons que quelques traces de la science médicale, il n'y a rien qui puisse nous intéresser à ce titre plus qu'un grand nombre de passages déjà signalés.

Il en est de même pour le célèbre discours en faveur de Marcus Marcellus, ce chef-d'œuvre de grâce, d'adresse, d'esprit et de sensibilité. César était alors tout-puissant; Cicéron, qui avait gardé un long silence, reprit enfin la parole dans le Sénat et fit entendre tout à coup, dans une occasion imprévue, les plus merveilleuses expressions qui fussent jamais sorties de sa bouche éloquente. Il avait alors soixante ans (c'était en 708), et jamais triomphe plus magnifique ne récompensa ses efforts. Marcellus, qui s'était retiré volontairement à Mytilène, dans l'île de Lesbos, fut autorisé à rentrer à Rome, mais, ainsi que nous l'avons dit page 100, il fut assassiné par un de ses familiers dont il n'avait pas voulu payer les dettes, et qui se tua lui-même sur le corps de sa victime.

Les discours pour Marcellus et pour Ligarius nous offrent un spectacle étrange. Cicéron loue César de sa générosité, il obtient de lui le sacrifice de ses rancunes les plus légitimes, il ramène à Rome des exilés que la justice même la plus indulgente aurait dû retenir au loin, et ce Ligarius, si heureux du pardon que lui accorde le vainqueur, devient bientôt après l'un de ses assassins, et l'orateur qui a le plus contribué à mettre un terme à ce bannissement si bien mérité applaudit au meurtre de César, montrant ainsi à quel point ses paroles étaient vaines et mensongères. Jetons un voile sur ces faiblesses qui pèsent sur la conscience de Cicéron et que rien ne saurait pallier.

Dejotarus, tétrarque de la Galatie, en Asie-Mineure, un de ces petits rois qui flattaient l'orgueil des Romains pour en obtenir un appui indispensable à leur faiblesse, ou quelques faveurs pour la satisfaction de leur vanité, Dejotarus, poursuivi par son petit-fils sous le vain prétexte d'avoir voulu assassiner César, fut défendu par Cicéron, qui parvint à écarter le danger dont il était menacé. Cette cause ne nous intéresserait guère, si un médecin n'y jouait un rôle considérable. Un certain Phidippe, esclave du roi et son médecin, avait été, dit-on, gagné par le jeune homme, et, en raison même de sa profession, l'accusateur parle de poison. Mais Cicéron argumente ainsi : « Quid ait medicus ? Nihil de veneno. » Cependant le crime eût été facile, le poison aurait pu être mêlé aux boissons, aux aliments, « primo occultius in potione, vel in cibo, » et rien n'est plus facile à nier qu'un empoisonnement, « quod, quum est factum, negari posset » (pro Dejot. VI). Ainsi, dit Cicéron, Dejotarus ne vous a pas parlé d'un pareil dessein, il ne vous a rien confié, à vous, médecin habile, « id tibi, et medico callido, et servo, ut putabat, fideli, non credidit, » à vous son esclave fidèle, en qui il devait avoir toute confiance. N'oublions pas que César était l'hôte de Dejotarus, qu'il avait dîné avec le roi, mais ici se trouve un fait sur lequel il convient de s'arrêter un moment.

L'accusateur raconte que César, après le dîner, voulut vomir et qu'on le conduisit au bain. « Quum, inquit, vomere te post cœnam velle dixisses, in balneum te ducere cœperunt. » Dans une autre circonstance, César avait agi autrement. Après s'être promené au bord de la mer (il était venu visiter Cicéron, en Campanie), il se mit au bain, « in balneum, » se fit frotter et parfumer, puis, ayant vomi, il but et mangea beaucoup (voyez page 44). On voit que dans cette occasion le bain, le vomissement, étaient des actes préparatoires, tout cela précédait le repas, et nous n'avons pas à en justifier la convenance ou l'utilité.

Mais dans le discours pour Dejotarus, les mêmes pratiques se retrouvent, non plus « ante, » mais « post cœnam ; » il ne s'agit plus de provoquer l'appétit, mais de débarrasser l'estomac d'un repas trop copieux. Laissant de côté le fait du vomissement qui était dans les habitudes romaines de ce temps, voyons ce que l'on doit entendre par les mots : « in balneum te ducere cœperunt. » On a peine à croire que César ait voulu prendre un bain en sortant de table, même après avoir vomi ce qu'il avait mangé. Le plus simple bon sens indique les inconvénients, les dangers de l'immersion en pareil cas, et il nous paraît qu'on a mal rendu le mot « balneum. » Il signifie ici la salle de bains, l'endroit où l'on se baigne, et non pas le bain lui-même.

César voulait vomir après le dîner, on le conduisit « in balneum, » c'est-à-dire dans la salle de bains, afin qu'il pût accomplir l'opération en question. N'y avait-il donc pas alors de local destiné à cette évacuation volontaire, et la salle de bains pourvue de vases, d'eau et autres objets, servait-elle à cet usage? Le mot *vomitorium*, qui nous conviendrait fort dans la circonstance actuelle, n'existe pas dans la bonne latinité; les *vomitoria* sont un terme d'architecture, et aujourd'hui encore on peut les voir au Colisée et en comprendre l'utilité ainsi que la désignation symbolique.

On a beaucoup écrit sur cette bizarre coutume, sur le moyen artificiel employé pour se donner de l'appétit, sur le même procédé destiné à vider l'estomac au milieu d'un repas, dans le but d'en prendre immédiatement un autre, enfin sur le vomissement après le repas pour se débarrasser du soin de digérer les aliments trop copieux ou indigestes; cette goinfrerie était devenue un art, et les épicuriens du temps de Cicéron y étaient fort habiles. Cependant on le perfectionna beaucoup sous les empereurs, et l'on trouve dans Suétone, dans Pétrone, des renseignements fort curieux sur ce sujet.

LES PHILIPPIQUES.

L'occasion se présente tout naturellement de raconter une scène de gourmandise que Cicéron reproche à M. Antoine dans sa seconde Philippique. « Tu istis faucibus, istis lateribus, ista gladiatoria totius corporis firmitate, tantum vini in Hippiæ nuptiis exhauseras, ut tibi necesse esset in populi romani conspectu vomere postridie. » Vous, Antoine, avec cette voix si forte, cette large poitrine, cette encolure de gladiateur, vous aviez bu tant de vin aux noces d'Hippia, que le lendemain vous fûtes contraint de vomir en présence du peuple romain (2e Philipp. XXV). Quel scandale ! s'écrie l'orateur. La chose paraîtrait honteuse lors même qu'elle serait arrivée à table, au milieu des immenses libations que vous vous permettez, mais dans une assemblée publique, au milieu de vos fonctions importantes, alors qu'un simple *ructus* eût paru honteux, « is vomens, frustis esculentis, vinum redolentibus, gremium suum et totum tribunal implevit, » vous rejetiez des débris d'aliments infestés de vin, et vous en remplissiez vos vêtements et le tribunal. Il faut convenir que certaines admirations pour l'antiquité sont mal justifiées par de pareilles infamies. Et comme les médecins avaient nécessairement un rôle important à jouer dans des festins où la raison et la santé se perdaient si facilement, nous voyons que ce même M. Antoine, pour récompenser celui qui lui donnait des soins, lui fit présent de « tria millia jugerum, » trois mille arpents de bonnes terres dans les environs de Capoue.

Ces Philippiques, ainsi bizarrement nommées par Cicéron lui-même, bien qu'elles soient dirigées contre M. Antoine, sont une longue diatribe où l'on peut admirer, jusqu'à un certain point, le talent de l'orateur, mais où l'on trouve en mille endroits la preuve du mauvais goût de celui qui les écrivit. Et quand on pense que Cicéron les déclama devant le Sénat, lorsque son ennemi n'était pas là pour se défendre, quand on voit à chaque page la preuve que Cicéron mettait aussi peu de courage que de dignité dans des attaques succédant à des flatteries intéressées, on déplore les abaissements d'un homme en qui l'on voudrait trouver autant de vertus que de talent. Ses apologistes les plus ardents ne peuvent se refuser à reconnaître la conduite peu noble d'un homme qui ne combattait la dictature d'un seul que parce qu'elle enlevait au Sénat, dont il était un membre très-influent, le pouvoir qu'il voulait se réserver pour lui-même.

On voit dans ces discours si aigres, si véhéments, bien des phrases qui offrent certaines expressions médicales, certaines comparaisons comme nous en avons souvent signalées, mais elles n'ont rien de bien neuf. Il y a dans la cinquième Philippique un passage ainsi conçu : « Omne malum nascens facile opprimitur; inveteratum fit plerumque robustius, » tout mal naissant est facile à combattre, il s'aggrave ordinairement avec le temps. Ovide n'a pas eu de peine à dire :

Principiis obsta : sero medicina paratur,
Quum mala per longas invaluere moras.

Nous aurions pu relever bien des pensées aussi judicieuses, aussi saisissantes par leur justesse que par la vivacité du style, la concision des mots, qui ont été manifestement imitées par des poëtes anciens et modernes. La lecture des œuvres de Cicéron fournit en abondance des idées qui conviennent à toutes les grandes situations. Corneille, Racine et surtout Voltaire ont amplement puisé à cette source féconde, et tous les commentateurs, les traducteurs, dans leurs notes savantes, ont signalé ces rapprochements si honorables pour l'orateur romain.

Nous trouvons dans la huitième Philippique une idée qui n'est pas nouvelle pour Cicéron, mais qui revêt une forme plus énergique. « In corpore si quid ejusmodi est, quo reliquo corpori noceat, uri secarique patimur, » si quelque partie de notre corps compromet l'existence du reste, nous la faisons brûler ou amputer. Il en doit être de même dans l'État, tout membre gangrené sera retranché, « sic in reipublicæ corpore, ut totum salvum sit, quiquid est pestiferum amputetur. » (*Philipp.* VIII, v).

Plusieurs personnages considérables dont parle Cicéron étaient affectés de maladies graves, mais il ne nous donne aucun détail capable d'en faire reconnaître la nature. Ainsi, Hirtius Pansa, consul, « quum esset infirmus ex gravi diuturnoque morbo, » n'allégua pas ce motif légitime pour se dispenser de voler au secours de la république. Q. Scævola, l'augure, bien qu'il fût accablé par l'âge et les infirmités, « quum esset summa senectute, et perdita valetudine, » était toujours à son poste, « quotidie, simul atque luceret, » dès le point du jour, et pendant toute cette guerre, personne ne le vit jamais dans son lit, « neque eum quisquam illo bello vidit in lecto, senexque et debilis. » Enfin, Serv. Sulpicius, ayant reçu du sénat une mission importante, bien qu'il fût gravement malade, partit dès le lendemain, fit un long voyage, brava les fatigues de la route, la rigueur de l'hiver, les neiges, et mourut en arrivant à son poste, ayant ainsi sacrifié volontairement sa vie aux intérêts de la patrie (*Philipp.* IX, III).

Ces particularités sont racontées par Cicéron dans la neuvième Philippique; il met dans ce récit beaucoup de sensibilité, il veut qu'on décerne les honneurs d'une statue à ce grand citoyen si héroïquement victime de son zèle pour la chose publique, et c'est là, pour le dire en passant, une sorte d'oraison funèbre, la seule de ce genre qui nous soit restée parmi celles si nombreuses que l'on prononçait après la mort des personnes illustres succombant sur le champ de bataille ou dans le cours des ambassades, toutefois quand il y avait mort violente. Serv. Sulpicius avait succombé à une maladie, mais les circonstances étaient telles que l'on n'aurait pu, sans injustice, refuser une demande si bien motivée. Cicéron gagna sa cause, et le décret qu'il présenta aux sénateurs fut voté par acclamation. C'est un beau triomphe et qui eût été plus juste, si l'orateur n'avait gâté son discours par des déclamations contre Antoine. C'est même à ce seul titre que cette œuvre a été placée au nombre des Philippiques.

CHAPITRE IV

TRAITÉS PHILOSOPHIQUES.

Dans le long voyage que nous venons de faire au travers des oraisons cicéroniennes, nous avons pu constater que, si les particularités médicales proprement dites sont assez nombreuses, il en est peu qui nous montrent Cicéron agissant médicalement. Il raconte, il cite, mais il n'a pas d'opinion dont on puisse établir la valeur scientifique, de sorte que ce ne sont pas ses discours qui ont pu autoriser les savants, les érudits, à lui attribuer certains mérites exceptionnels. Sur les soixante-six discours qui nous sont parvenus entiers, et qui ont été l'objet d'une étude si persévérante de la part d'un grand nombre de traducteurs et de commentateurs, il n'en est aucun qui nous ait fourni autant de remarques que les épitres, ce qui prouve encore une fois que la correspondance des grands hommes est la vraie source où l'on doit puiser quand on veut les connaître intimement. C'est là seulement qu'ils déposent le secret de leur pensée, c'est là que l'on peut se faire une juste idée de leurs sentiments, des impulsions auxquelles ils obéissent, de leurs opinions réelles.

On sait que Cicéron a prononcé un bien plus grand nombre de discours; il en est plus de soixante dont on connait les titres, dont il nous reste quelques fragments, mais il est probable que, relativement au point de vue où nous nous sommes placé, ces nombreuses oraisons ne nous auraient fourni aucun argument de quelque valeur en faveur de notre thèse. Qui sait même si parmi tant de plaidoiries perdues il ne s'en serait pas rencontré qui eussent démontré, encore plus clairement, les singulières variations d'esprit et de conscience que l'on remarque dans l'œuvre du maître, et diminué l'estime que l'on doit à son caractère sans rien ajouter à l'admiration que mérite son talent? Cette réflexion sort un peu de la ligne que nous nous sommes tracée, mais il est difficile de ne pas se sentir porté à juger un homme qui a joué un si grand rôle dans les affaires de son pays et pour lequel la postérité s'est montrée si généreuse, si indulgente. On se rappelle toujours que l'orateur doit être « vir probus dicendi peritus, » et les esprits sérieux qui ne se contentent plus de la forme, si chère au jeune âge, veulent savoir si le fond mérite les mêmes éloges. Or, il est évident que Cicéron ne réalise pas pleinement la définition si concise et si belle que l'on doit à Quintilien.

On nous trouvera peut-être bien sévère pour Cicéron, nous oublions trop que les hommes qui font de la politique à certaines époques orageuses conservent rarement l'intégrité de leur raison au milieu des agitations ambitieuses qui les entraînent; après tout ils sont hommes, et si, comme on l'a dit, le génie est une de leurs vertus, il convient de jeter un voile favorable sur leurs faiblesses. Ainsi Cicéron, qui avait flatté César, flatte bien plus encore Brutus ; les Ides de Mars sont célébrées par l'orateur comme un jour faste, et ses colères contre Antoine sont loin d'être inspirées par le seul amour de la patrie. En lisant avec soin la correspondance échangée entre Cicéron et Brutus pendant les dix-huit mois qui se sont écoulés entre la mort de

César et celle de l'orateur, on voit à quel point ces deux hommes partageaient les mêmes opinions, quellè intimité existait entre eux; et quoi qu'on ait pu dire contre l'authenticité de ces lettres, elle se rapportent si bien aux événements connus, elles sont si concordantes avec le caractère de ces deux personnages, qu'on ne peut les rejeter comme l'œuvre de quelque grammairien du moyen âge. Donc, et toute réserve gardée sur ce point de critique qui a exercé tant d'érudits, nous dirons que nous croyons devoir recueillir un simple renseignement, parce qu'il concerne un médecin. Il y a encore ici une accusation d'empoisonnement. Pansa avait été blessé, son médecin Glycon fut accusé d'avoir empoisonné ses plaies; mais Brutus regarde cela comme une calomnie, et il dit à Cicéron : « Tibi Glycona, medicum Pansæ, qui sororem Achilles nostri in matrimonio habet, diligentissime commendo. » Cette recommandation pressante n'est appuyée que sur des considérations morales : il a épousé la sœur d'Achille, une des esclaves de Brutus, ce qui ne prouve rien. Mais il ajoute : « Nihil minus credendum est », rien n'est si incroyable; « Quis enim majorem calamitatem morte Pansæ accepit? » A qui la mort de Pansa a-t-elle fait plus de tort qu'à lui? C'est toujours l'application de ce grand principe établi par le vieux jurisconsulte : « Fecit cui prodest; » mais passons à autre chose.

Désormais nous allons étudier les divers traités philosophiques composés par Cicéron au milieu des vicissitudes de sa destinée. Les grands événements qui bouleversaient Rome et qui devaient amener peu à peu la ruine du pouvoir sénatorial réagissaient puissamment sur les chefs de ce parti. Cicéron ne tenait pas toujours tête à l'orage, il savait prudemment s'effacer, il allait méditer dans la retraite, il voyageait, et quand il avait trouvé un asile sûr, il se livrait à la composition de ses œuvres de haute philosophie, de morale, il écrivait les *Questions académiques*, les *Tusculanes*, le *Traité des Devoirs* et autres ouvrages qui ont porté bien haut la gloire de son nom. C'est sur ce nouveau terrain que nous allons le suivre, recherchant avec soin tout ce qui a le droit de nous intéresser.

Les deux livres intitulés *Academicorum* ne contiennent que des discussions qui nous paraissent aujourd'hui sans importance; les interlocuteurs que Cicéron met en scène exposent fort au long les opinions des premiers philosophes grecs sur la nature de nos sensations, sur la réalité des choses perçues par nos sens, sur les idées, sur les songes, sur les apparences trompeuses des objets, toutes choses qui ont singulièrement occupé les savants de l'École Académique, mais ces subtilités n'ont plus le droit de nous arrêter, et comme il n'y a rien en tout ceci qui se rapporte au sujet qui nous intéresse, nous passons outre pour arriver à un autre traité qui a pour titre : *De finibus bonorum et malorum* et que Cicéron adresse à Brutus. Il venait de perdre sa fille, il avait répudié Terentia pour épouser follement sa pupille, une enfant qui ne lui convenait qu'en raison de sa dot. C'était en l'an de Rome 708, la vieillesse se faisait sentir, des chagrins de tout genre l'accablaient : il composa ce traité des *Vrais biens et des vrais maux*, cherchant à résoudre la fameuse question que s'adresse tout homme raisonnable : « Pourquoi suis-je sur cette terre ? » La réponse était difficile pour les philosophes de ce temps-là. Il a fallu que le christianisme nous montrât, placés au delà du tombeau, un autre monde, une nouvelle vie, des peines et des récompenses, toutes choses que le paganisme indiquait, mais avec une autorité moindre : aussi la société tout entière ne semblait-elle plus en tenir compte.

Birkholz a extrait de ces ouvrages un grand nombre de

passages fort longs qui occupent tout l'espace compris entre la 153e et la 198e page; mais un examen sérieux de ces extraits nous a convaincu que le savant doyen de Leipzig avait singulièrement exagéré l'importance médicale de ces citations. Avec la meilleure volonté du monde, il nous est impossible d'y voir autre chose que l'exposé des divers systèmes philosophiques sur la nature de nos sensations, sur la somme de plaisirs et de peines qu'elles nous apportent, sur l'impulsion qui nous fait chercher le plaisir et fuir la douleur. Il y a là-dessus bien des sophismes entassés. Épicure est invoqué et maudit; ce qui, pour l'un, est le but unique de la vie, est pour un autre un simple accident dont il ne faut tenir aucun compte, et au milieu de ces dissertations subtiles, de ces exercices d'une dialectique raffinée, nous ne trouvons rien qui puisse grossir utilement notre récolte.

Pour montrer l'inutilité de ces choses si chères aux anciens philosophes de la Grèce et de Rome, nous citerons la phrase suivante : « Ut enim medicorum scientiam non ipsius artis, sed bonæ valetudinis causa probamus, » ce qui peut être traduit ainsi : « Ce n'est point pour la médecine même qu'on fait cas de la science du médecin, mais pour la santé qu'elle procure (*De finib. bon. et mal.* XIII); et poursuivant sa comparaison, l'auteur ajoute : « Et gubernatoris ars, quia bene navigandi rationem habet, utilitate, non arte laudatur; » un bon pilote, on ne l'estime pas pour son talent de navigation, mais par l'utilité qu'on en retire. Il en est de même de la sagesse; si on la désire, c'est parce qu'elle nous met en possession de la volupté : « artifex conquirendæ et comparandæ voluptatis. » Les autres vertus sont examinées à ce singulier point de vue, la tempérance, le courage, la raison; mais ces arguments méprisables sont détruits par Cicéron, qui déploie dans ce combat une vigueur d'argumentation admirable.

Cependant Épicure mourant adressa à son ami Hermarque une lettre dans laquelle se trouve, avec la confirmation de sa philosophie, la preuve de nobles sentiments et d'un cœur généreux. Il dit à son disciple : « Tanti autem morbi aderant vesicæ et viscerum, ut nihil ad eorum magnitudinem posset accedere, « j'éprouve des douleurs de vessie et d'entrailles si vives qu'elles ne peuvent le devenir davantage. Et ce philosophe qui se félicite d'être arrivé au dernier jour de sa vie recommande à Hermarque de prendre soin des enfants de Métrodore. Cicéron fait ressortir l'excellence de ce sentiment que nous appellerions *charitable,* si le mot eût été inventé à cette époque. Nous trouvons bien dans le cinquième livre de ce traité (*De finib. bon.* XXIII) « ipsa caritas generis humani ; » mais Cicéron, en s'exprimant ainsi, ne parle que de l'amitié, de la tendresse de l'homme pour ses enfants, pour ses parents; sentiment qui se prolonge au delà de ces limites naturelles et gagne l'humanité entière. Mais il y a loin de là au précepte divin : Aimez votre prochain comme vous-même. Cicéron dit avec une grande justesse de raison : Le soin qu'il prend de recommander de jeunes enfants, le tendre souvenir de l'amitié, sont chez lui la preuve d'une probité naturelle et gratuite : « Indicat innatam esse homini probitatem gratuitam, non invitatam voluptatibus, nec præmiorum mercedibus evocatam, » que n'excitait ni la volupté ni l'espoir des récompenses (*Id.* XXXI).

Nous mentionnons, chemin faisant, les particularités relatives à la maladie qui tua Épicure; il nous semble toujours intéressant de savoir à quelle cause on doit attribuer la mort des hommes célèbres. Atticus, l'ami intime de Cicéron, succomba, lorsqu'il avait atteint sa soixante-dix-septième année, à une affection qui se développa tout à coup, et lorsque, depuis plus de trente ans, il n'avait eu besoin de prendre aucun médicament. Donc il éprouva des accidents auxquels on fit d'abord peu d'attention, « nactus est morbum, quem initio et ipse et medici contempserunt, nam putarunt esse τεινεσμὸν, cui remedia celeria faciliaque proponebantur : » on disait que c'était un ténesme et qu'on pouvait le guérir par des remèdes prompts et faciles. Pendant trois mois le mal sembla ne faire aucun progrès, lorsque tout à coup il survint une si violente douleur au bas du rectum, que dans les derniers temps une fistule purulente se fit jour dans la région lombaire, « subito tanta vis morbi in imum intestinum prorupit, ut extremo tempore per lumbos fistula putris eruperit. » Les douleurs devinrent très-violentes, il s'y joignit de la fièvre, et le malade, ayant reconnu que rien ne pouvait le soulager, réunit près de lui son gendre Agrippa, Cornelius Balbus et quelques amis. Il leur exposa sa pénible situation, l'inutilité des moyens employés pour la guérison de son mal et sa résolution de ne pas vivre plus longtemps. Il s'abstint, en conséquence, de tout aliment pendant deux jours, « cum biduum cibo se abstinuisset, » la fièvre tomba, mais bientôt après il mourut. Nous avons raconté plusieurs scènes de ce genre qui se renouvelèrent longtemps encore après l'époque de Cicéron. Pline le jeune en rapporte plusieurs exemples, et l'on voit par là que le droit au suicide se conservait, même chez les hommes les plus éclairés, chez ceux que la raison, l'étude, la sagesse, auraient dû rendre plus patients à supporter les misères de la vie.

Dans le cinquième livre du traité *De finibus bonorum et malorum*, on rencontre un passage qui nous montre l'opinion qu'on avait alors de la médecine. Pison, l'un des interlocuteurs, conseille à ses amis de lire les ouvrages de Platon, d'Aristote et autres péripatéticiens sans lesquels, dit-il, il est impossible de rien faire de grand. « Ab his oratores, ab his imperatores, ac rerum publicarum principes exstiterunt, » orateurs, généraux, chefs de républiques, se sont formés à leur école, et si nous descendons plus bas, « ut ad minora veniam, » les mathématiciens, les poëtes, les musiciens, et enfin les médecins, n'ont pas d'autre origine, « mathematici, poetæ, musici, medici, denique ex hac, tanquam ex omnium artium officina, profecti sunt. » Nous n'avons pas trop à nous louer de la place que l'on nous donne dans cette énumération de quelques professions libérales; au temps de Cicéron, il y avait des médecins libres, mais presque tous les hommes de l'art étaient encore esclaves ou tout au plus affranchis. Et cependant lui, qui sait apprécier les hommes et les choses, ne nous a pas toujours assigné un rang aussi infime, ainsi que nous le verrons plus tard.

Arcesilas, disciple d'Épicure, souffrait d'un accès de goutte; Carnéade était venu le visiter, et comme il allait quitter le malade, celui-ci lui dit : « Mane, quæso, Carneade noster, » demeurez, je vous prie; la douleur ne pénètre pas jusque-là, « nihil illinc huc pervenit, » et il montrait sa poitrine en parlant ainsi, voulant dire que ses souffrances ne changeaient rien à son opinion. Constatons seulement que ce pauvre philosophe était goutteux non moins qu'épicurien, et que bien des fois depuis on a eu l'occasion de rapprocher ces deux choses, de voir dans l'une la conséquence de l'autre, ce qui n'en est pas plus vrai pour cela que pour tant d'autres déductions d'une logique en apparence aussi rigoureuse.

Arrivons maintenant aux *Tusculanes*, cette œuvre sérieuse dans laquelle Cicéron examine les plus graves questions qui puissent occuper un homme, c'est-à-dire, la mort, l'immortalité, véritable testament philosophique et religieux d'un sage qui a été successivement orateur, poëte, chef de l'État, citoyen, époux et père. Au milieu de ces nobles aspirations de son esprit vers la connaissance de la vérité, nous trouverons sans doute des choses qui devront exciter notre attention, non pas autant qu'en a signalé Birkholz, car il a consacré plus de soixante-dix pages de son recueil à ce relevé de passages aussi peu médicaux que possible, mais en assez grand nombre pour nous dédommager du temps que nous aurons employé à cette recherche intéressante.

Le premier chapitre des *Tusculanes* traite du mépris de la mort, *De contemnenda morte,* et fait voir, par une multitude d'exemples et d'arguments, combien est peu redoutable cette terminaison normale, nécessaire, d'une existence dont les limites sont toujours fort restreintes. Cicéron emploie, pour la démonstration de cette thèse, un grand nombre d'expressions empruntées à l'anatomie : « si cor, si sanguis aut cerebrum, est animus, » dit-il, l'âme périra avec les organes matériels qui la composent. Il se moque un peu des mânes évoqués et auxquels on prêtait un langage, bien qu'il soit impossible de parler sans langue, sans palais, sans gosier, sans poitrine et sans poumons réels : « quod fieri nec sine lingua, nec sine palato, nec sine faucium laterumve et pulmonum vi et figura potest (*Tuscul.*, XVI).

Il avait fort bien remarqué que certains états pathologiques anéantissent l'exercice des fonctions sensoriales, et il dit : ce ne sont pas nos yeux qui voient véritablement, car le sentiment n'est pas dans le corps lui-même ; « sed ut non solum physici docent, verum etiam medici ; » mais, ainsi que nous l'apprennent, non-seulement les physiciens, mais les médecins qui ont examiné ces choses de près, « qui ista aperta et patefacta viderunt; » il y a des conduits qui vont du siége de l'âme au nez, aux yeux, aux oreilles, « viæ quasi quædam sunt ad oculos, ad aures, ad nares, a sede animi perforatæ. » Une forte distraction ou un état de maladie empêche de voir et d'entendre, lors même que les yeux et les oreilles sont en bon état, « itaque sæpe aut cogitatione, aut aliqua vi morbi impediti, apertis atque integris et oculis et auribus, nec vidimus, nec audimus. » Il reconnaît que ces organes sont merveilleusement adaptés à nos besoins, « foramina illa callidissimo artificio natura fabricata est, » mais il pense que l'âme, débarrassée de ces instruments, aura des perceptions bien plus exactes. Ces parties, qui sont « quasi fenestræ animi, » peuvent se fermer; les cinq messagers, « quinque nuntii, » ne serviraient pas beaucoup à l'âme, si elle ne jugeait, n'appréciait. Nous voyons là un des arguments les plus puissants de l'école spiritualiste, et Cicéron termine ce passage si remarquable par ces mots : « Quum autem nihil erit præter animum, nulla res objecta impediet, quo minus percipiat quale quidque sit, » quand l'âme ne sera plus qu'elle-même, aucun obstacle ne l'empêchera de voir les objets tels qu'ils sont.

Notons en passant une opinion d'Aristote rapportée par Cicéron et au sujet de laquelle il plaisante agréablement. « Aristoteles quidem ait omnes ingeniosos melancholicos esse, » ainsi Aristote prétend que la mélancolie est le partage des hommes de génie : « ut ego me tardiorem esse non moleste feram, » de sorte que je suis bien aise de ne pas être au premier rang. Cette opinion du grand philosophe grec (bien qu'on sache qu'elle est apocryphe) a été mille fois confirmée par d'illustres exemples ; partout où le génie règne en maître il entraîne à sa suite un certain défaut d'équilibre qui se manifeste avec plus ou moins d'énergie et montre la désolante infériorité de quelques facultés vulgaires. Cicéron, qui se félicite de ne pas être au nombre des élus, qui semble préférer à quelque mérite éclatant, exceptionnel, une harmonie normale de toutes ses fonctions intellectuelles, était, comme toujours, mauvais juge dans sa propre cause. En parcourant son œuvre immense, en admirant le génie qui brille dans la plupart des productions de son esprit, on se demande comment le même homme qui a déployé un si merveilleux talent peut tomber aussi bas dans sa conduite privée et montrer, à côté d'un si grand courage, une si affligeante faiblesse de caractère.

Poursuivant sa brillante démonstration de l'immortalité de l'âme, Cicéron ne néglige pas les arguments anatomiques, et il dit : « Nam sanguinem, bilem, pituitam, ossa, nervos, venas, omnem denique membrorum et totius corporis figuram videor posse dicere, unde concreta, et quo modo facta sunt : » en effet, je comprends de quoi se composent et comment se forment le sang, la bile, la pituite, les os, les nerfs, les veines, tout l'ensemble du corps et de ses membres. Si l'âme n'était que le principe de la vie, il faudrait l'admettre dans les arbres : « hæc enim etiam dicimus vivere, » car nous disons que les arbres vivent. Si elle était seulement l'instinct qui fait rechercher ou éviter certaines choses, la vie des animaux suffirait à cette explication; mais notre âme a des facultés spéciales bien supérieures, divines en quelque sorte. Socrate a dit excellemment que nous n'apprenons pas, mais que nous nous souvenons, « discere nihil aliud sit, nisi recordari. » Cicéron pense de même, et, comme Platon, il croit à une âme immatérielle, d'essence supérieure, et par conséquent immortelle. Ajoutons que ces idées sont exprimées avec une clarté admirable, en termes élégants, et que la lecture du premier livre des *Tusculanes* est on ne peut plus attachante.

Le second livre des *Quæstionum Tusculanarum* est consacré à une autre thèse non moins intéressante que la première. Après avoir enseigné à mépriser la mort, Cicéron nous fait voir qu'il faut supporter la douleur, et cette démonstration *de tolerando dolore* n'est ni moins claire ni moins solide que la précédente. Il combat à outrance les idées d'Épicure, et s'il ne va pas jusqu'à soutenir que la douleur n'est point un mal, comme le prétendent les stoïciens, il établit que nous avons en nous la force de la supporter. Il avoue qu'elle est cruelle, amère, antipathique à notre nature, « asperum, difficile, odiosium, contra naturam, » mais il dit que la volonté, la résignation, la patience, suffisent pour en émousser les pointes, et qu'après tout l'homme de bien qui souffre avec courage est un noble spectacle de la vertu aux prises avec le malheur. Ces idées si justes sont appuyées sur un grand nombre d'exemples parfaitement choisis.

Cicéron raconte les souffrances si poignantes d'Hercule et de Philoctète; il cite les vers de Sophocle et des premiers tragiques latins qui l'ont imité, où la douleur est peinte en traits magnifiques. Prométhée, enchaîné sur les cimes du Caucase et dont les chairs renaissantes sont sans cesse dévorées par l'immortel vautour, exhale son martyre en termes très-touchants, mais à côté de tant de misères si mal supportées il fait voir que la vertu, c'est-à-dire, le courage réfléchi, la patience volontaire, sont les vrais remèdes qu'il faut opposer à un mal inévitable. « Quum varices secabantur C. Mario, dolebat, » quand on coupait les varices de Marius, il souffrait, cela est vrai, mais il restait debout, résistait à la douleur, montrait un grand courage. Il ne permit pas qu'on le liât, bien que ce fût l'usage, « vetuit se alligari, nec quisquam ante Marium solutus dicitur esse sectus, » et personne avant lui n'avait été opéré sans cette précaution. Il avait beaucoup souffert, car il ne voulut pas que le chirurgien fît la même chose à l'autre jambe, « crus enim alterum non præbuit (*Tuscul. quæst.* lib. II, XXII). » Les enfants des Spartiates, quand on les accablait de coups de verges, dans le temple de Diane, ne faisaient pas entendre un cri, pas même un gémissement, et mouraient sans se plaindre. Les jeunes filles elles-mêmes, dans ce pays où l'on faisait si grand cas de la force et du courage, s'accoutumaient de bonne heure aux fatigues de la palestre, aux bains dans l'Eurotas, à l'ardeur du soleil, à la poussière; souvent même on ajoutait à cela des coups, des violences douloureuses : « Ergo his laboriosis exercitationibus et dolor intercurrit nonnunquam ; impelluntur, feriuntur, abjiciuntur, cadunt; et ipse labor quasi callum quoddam obducit dolori, » elles sont poussées, froissées, frappées, renversées, et le travail produit en elles une sorte de cal, d'endurcissement contre la douleur (*Tusc.* lib. II, xv).

Cicéron, en parlant d'Épicure, convient que ce philosophe, tourmenté à la fois par la colique et par la strangurie, s'est montré assez courageux, « quamvis idem forticulum se in torminibus et in stranguria sua præbeat; » mais il ajoute que ce n'est pas à son école qu'il faut chercher des leçons de patience, et quand ce philosophe affirme que celui qui a de grandes douleurs dans un pied n'est pas bien à plaindre, si la tête, les yeux, les poumons et les entrailles sont en bon état; quand il dit que dans une douleur qui dure longtemps il y a moins de peine que de plaisir, Cicéron, qui veut être poli à l'égard de ce personnage, exprime la pensée qu'il a voulu se moquer de nous, « nunc ego non possum tantum hominem nihil sapere, dicere, sed nos ab eo derideri puto (*id.* XIV).

Dans une tragédie de Sophocle intitulée les *Niptres*, le poëte nous montre Ulysse blessé et se plaignant beaucoup; il dit à ceux qui le portent : « Pedetentim, et sedato nisu, ne succussu arripiat major dolor : » marchez doucement, ne me secouez pas, car cela irrite ma douleur. Cicéron fait remarquer que Pacuvius, le tragique latin qui a imité Sophocle, l'a corrigé heureusement, « apud illum enim perquam flebiliter Ulysses lamentatur in vulnere. » Et cependant, bien que sa plainte soit modérée, ceux qui le portent lui répliquent : « Tu quoque Ulysses, quanquam graviter cernimus ictum, nimis pæne animo es molli. » Le reste de la scène contient quelques détails sur la plaie, mais ils ne sont pas assez précis pour nous arrêter plus longtemps.

Tous les stoïciens n'étaient pas aussi fermes dans leur opinion que Posidonius (sectateur de Zénon), tourmenté par la goutte, et visité par Pompée, lequel, en revenant de Syrie, s'était arrêté à Rhodes tout exprès pour voir et entendre ce grand philosophe. Posidonius ne laissa pas que de disserter savamment sur ce texte : « nihil esse bonum, nisi quod honestum esset, » il n'y a de bon que ce qui est honnête, et au milieu des accès les plus violents, il s'écria : « Nihil agis, dolor ; quamvis sis molestus, nunquam te esse confitebor malum ! » tu as beau faire, ô douleur ! quelque importune que tu sois, je n'avouerai jamais que tu es un mal (*Tuscul.* xxv). Il est vrai que Denis d'Héraclée, disciple du même Zénon, ne poussa pas si loin la fermeté ou l'obstination philosophique, car, tourmenté par des douleurs de reins, « quum ex renibus laboraret, » il se lamentait et s'écriait que son opinion sur la douleur était fausse, « ipso in ejulatu clamitabat falsa esse illa, quæ antea de dolere ipse sensisset. » Cléanthe, son condisciple, le gourmandait de sa faiblesse, en attendant sans doute que son courage fût mis à une aussi rude épreuve. On peut être un grand philosophe et manquer de patience, surtout quand personne n'est témoin de cette défaillance de l'âme en présence des rudes épreuves de la maladie. Et puis Cicéron, qui donne de si bons conseils, qui vante si haut les stoïciens, n'en arrive pas moins à une conclusion singulière. Voici comment il termine cet admirable chapitre : « Sic urgentibus asperis et odiosis doloribus, si tanti sint, ut ferendi non sint, quo sit confugiendum, vides, » et si les douleurs deviennent si atroces que vous ne puissiez les supporter, vous savez où est votre refuge. Quel est ce refuge? Nous ne le connaissons que trop : la mort, la mort volontaire, le suicide, comme celui auquel eut recours Atticus, ainsi que tant d'autres illustres personnages, et que les hommes de cette époque, même les plus éclairés, considéraient comme un droit incontestable.

La troisième partie des *Tusculanes*, qui a pour second titre *de Ægritudine lenienda*, commence d'une manière fort intéressante pour nous, médecins, mais son début promet plus qu'il ne tient, et, après avoir lu d'un bout à l'autre cette spirituelle argumentation, on éprouve le regret de ne rien trouver qui réponde à l'attente que l'on avait conçue. Cicéron dit, dès le début : puisque l'homme est composé d'un corps et d'une âme, comment se fait-il que l'on ait donné tant d'attention à l'art de guérir le corps, tandis que l'on s'occupe si peu de la médecine de l'âme? « Cur corporis curandi, tuendique causa quæsita sit ars, ejusque utilitas deorum immortalium inventioni consecrata? » La médecine proprement dite a paru si utile qu'on en a attribué l'invention aux dieux immortels. « Animi autem medicina nec tam desiderata sit antequam inventa, nec tam culta postquam cognita est, etc. » Notre auteur fait voir combien les maladies de l'âme sont nombreuses, quel danger les accompagne : « Morbi perniciosiores pluresque sunt animi quam corporis, » et il dit que ces affections sont plus curables que celles du corps, car, lorsqu'on veut fortement se débarrasser des deux maladies principales, le chagrin et le désir, on arrive toujours à triompher de leur obsession. La philosophie est la vraie médecine de l'âme, elle enseigne à dompter ses passions, à conserver en soi le suprême arbitre de la raison, à résister aux entraînements irréfléchis qui nous conduisent au mal.

Cicéron se livre à une discussion de mots qui est assez

dans ses goûts; il critique la valeur des expressions dont on se servait en Grèce pour indiquer les émotions de l'âme, il n'accepte pas le mot πάθη comme synonyme de maladies, qui ne sont pour lui que des perturbations. « Nam misereri, invideri, gestire, lætari, hæc omnia morbos græci appellant, motus animi rationi non obtemperantis, » et il ajoute : « Nos autem hos eosdem motus concitati animi, recte, ut opinor, perturbationes dixerimus. » Poursuivant cette recherche, il fait remarquer que le mot *insania*, folie, veut dire absence de santé, tout comme *insanitas* signifie maladie, ce qui n'a pas la même valeur en latin qu'en grec. En effet, Socrate a dit en propres termes que l'absence de raison était une maladie : « omnes insipientes esse non sanos, » et dans son système *insipientia,* sottise, équivaut à *insanitas,* maladie, qui, à son tour, est l'équivalent d'*insania,* folie, c'est-à-dire, *dementia*, déraison. Mais cette logomachie ne nous conduirait à rien de positif sur les idées vraiment médicales qui régnaient au temps de Cicéron, sur l'opinion qu'il pouvait avoir à l'égard de ces troubles de l'intelligence considérés comme états pathologiques, et nous ne suivrons pas l'auteur dans des dissertations où sa subtilité brille assurément, mais où il n'y a rien pour nous à apprendre.

Ce troisième livre, qui traite de la manière d'adoucir la douleur, ne contient rien autre chose que les vagues préceptes de la résignation, de la patience, à moins qu'on ne préfère le procédé qu'enseigne Épicure, et dont Cicéron se moque si agréablement. Andromaque a vu périr en une nuit son père, sa patrie et Troie en cendres; toutes les calamités l'assaillent à la fois; comment la consoler? « Collocemus in culcita plumea, » mettons-la sur un coussin de duvet; « psaltriam adducamus, » amenons-lui une chanteuse; « hedycrum incendamus, » brûlons devant elle des parfums exquis; « demus scutellam dulciculæ potionis, » donnons-lui une coupe pleine d'une boisson agréable; enfin, ajoutons à tout cela quelque plat succulent, « aliquid videamus et cibi. » Voilà la formule, elle n'est pas toujours facile à exécuter, et bien des malheureux ne seraient pas disposés à caresser tous leurs sens quand l'âme seule est en proie à de cuisants chagrins.

Les Grecs, qui aiment à se créer des occupations de ce genre, ont écrit des traités spéciaux sur l'exil, sur la ruine de la patrie, sur l'esclavage, sur la débilité, sur la cécité, en un mot, sur tous les grands maux de la vie. Cependant il y a toujours des calamités nouvelles, et de même que les médecins, en s'occupant des maladies qui envahissent le corps tout entier, ne négligent pas pour cela les affections moins importantes qui surviennent çà et là, de même aussi la philosophie a des remèdes pour toutes nos misères : « Ut medici, toto corpore curando minimæ etiam parti, si condoluit, medentur, sic philosophia, cum universam ægritudinem sustulit. » (*Tusc.* lib. III, XXXIV.)

Le quatrième livre des *Tusculanes* traite *De reliquis animi perturbationibus*, et diffère peu du précédent. On y trouve cependant des idées sur la pathogénèse, par exemple, dans le passage suivant : « Quemadmodum quum sanguis corruptus est, aut pituita redundat, aut bilis, in corpore morbi ægrotationesque nascuntur, » de même que les maladies et les infirmités naissent dans le corps quand le sang est corrompu, que la bile ou la pituite y abondent, de même les désordres des opinions mauvaises et la lutte qui s'établit entre elles déterminent des maladies de l'âme. Il ajoute : Quand ce désordre persévère et pénètre dans les veines et les entrailles, « et tanquam in venis medullisque insederit, » alors les infirmités deviennent incurables, à moins que vous ne puissiez user d'un remède socratique, c'est-à-dire de la souveraine raison, « quasi quædam Socratica medicina. » Cicéron passe en revue un certain nombre de passions : l'avarice, la gourmandise, l'amour des femmes et la misanthropie, et il indique les moyens de combattre ces ennemis de la santé de l'âme, mais il va plus loin encore dans ce rapprochement de choses qui ont si peu d'analogie.

La disposition aux maladies constitue une chose remarquable : « Itaque dicimus gravedinosos quosdam torminosos, non quia jam sint, sed quia sæpe sint : » ainsi nous disons ceux-ci être sujets aux coryzas, ceux-là aux coliques, non qu'ils en soient tourmentés à présent, mais parce qu'ils le sont souvent. Les maladies de l'âme sont dans le même cas : on a une tendance, une inclination à telle ou telle autre passion, et c'est là précisément ce qu'il faut combattre. Cicéron pousse bien loin ces comparaisons qui plaisent à son esprit subtil, il se joue en ces difficultés, il navigue au milieu des écueils, « ex quibus tanquam e scruposis cotibus enavigavit oratio, » et il montre une merveilleuse flexibilité de talent à rapprocher la médecine de la philosophie. Mais nous devons dire que cela se borne à des idées très-générales, qui ne peuvent fournir matière à une appréciation de doctrines, et constituent une simple affaire de curiosité. Nous ne voulons extraire de tout ceci qu'un seul précepte, et il est bon : Hâtez-vous de traiter le mal, ne le laissez pas durer longtemps, car il résistera davantage à vos remèdes, « inveteratio autem, ut in corporibus, ægrius depellitur quam perturbatio ; » Vous avez plutôt raison d'un simple gonflement à l'œil que d'une chassie ancienne, « citiusque repentinus oculorum tumor sanatur, quam diuturna lippitudo depellitur. »

Nous arrivons au terme des *Tusculanes*, cet admirable traité de la vie heureuse, cet hymne brillant en faveur de la philosophie, ce grand argument à l'appui de la méthode éclectique que professe Cicéron avec tant de charme et tant d'autorité. « *Virtutem ad beate vivendum se ipsa esse contentam,* » la vertu suffit pour être heureux : tel est le titre du cinquième livre. En l'étudiant avec soin, on se sent plus fort contre l'adversité, plus patient contre la douleur, et l'on peut croire que Cicéron, usant d'un tel remède, a vu s'adoucir pour lui les amertumes qui ont marqué les dernières années de sa vie. Heureux qui trouve en soi de telles ressources contre la haine, l'injustice, la violence de ses ennemis, qui montre un front serein au milieu des tempêtes et se console à l'idée du devoir accompli !

La réfutation des idées d'Épicure occupe toujours une grande place dans les *Tusculanes*, et après avoir démontré, par cent exemples fameux, que l'on peut résister à la douleur, Cicéron s'applique à prouver que les plaisirs qui nous viennent de nos sens n'ont pas autant de valeur qu'on veut bien le dire. Il examine successivement l'œil, l'oreille, etc., et, dans cette sorte d'enquête physiologique, il rapporte, parmi ses preuves, un certain nombre de faits que nous devons noter ici.

La cécité n'est un grand mal que pour ceux qui sont ignorants, qui ne savent pas méditer. Le sage n'a pas besoin de ses yeux pour rechercher le vrai, et, si la nuit ne nous enlève pas le bonheur, comment des jours semblables à la nuit pourraient-ils nous rendre malheureux ? « Si nox non adimit vitam beatam, cur dies nocti similis adimat ? » (*Id.*, lib. V, XXXVIII.) Cette raison n'est que spécieuse, et c'est sans doute à une plaisanterie d'Antipater le Cyrénaïque qu'elle est due. Des femmes un peu frivoles plaignaient ce philosophe de ce qu'il était aveugle : « Quid agitis, inquit, an vobis nulla videtur voluptas esse nocturna ? » Ne comptez-vous donc pour rien les plaisirs de la nuit ? Appius l'ancien, qui fut aveugle pendant bien des années, n'a jamais manqué à aucun des devoirs que lui imposaient ses magistratures et ses fonctions administratives. Et C. Drusus ? Sa maison était pleine de gens qui, ne voyant pas clair dans leurs affaires, venaient prendre un aveugle pour guide, « quorum res esset, sua ipsi non videbant, cæcum adhibebant ducem. »

Voici un complément à cette liste d'aveugles. Cn. Aufidius, qui avait été préteur, opinait dans le Sénat et dictait une histoire de la Grèce. Un certain stoïcien, du reste fort obscur, Diodote, un des familiers de Cicéron, enseignait la géométrie, indiquait à ses élèves quelle ligne ils devaient tracer, de quel point à quel autre, « geometriæ munus tuebatur, verbis præcipiens discentibus, unde, quo, quamque lineam scriberent. » Nous ne nous doutions guère, lorsque, dans notre jeunesse, nous avions pour professeur de mathématiques le vénérable Pingeon, aveugle de naissance, que Cicéron avait observé un pareil phénomène et avait admiré, si longtemps avant nous, un tel prodige d'attention et de sagacité.

Les aveugles ont souvent l'esprit tourné à la plaisanterie. Asclepiade, philosophe assez distingué de l'école d'Érétrie, « non ignobilem Eretricum philosophum, quum quidam quæreret quid ei cæcitas attulisset, » répondit à quelqu'un qui lui demandait quel mal lui avait fait la cécité : « puero ut uno esset comitatior, » elle m'a forcé d'avoir un esclave pour ma suite. Démocrite, au dire de quelques anciens, avait perdu volontairement la vue ; il soutenait qu'elle nuit à la profondeur de la pensée, à la puissance de la réflexion : « hic vir impediri etiam animi aciem aspectu oculorum arbitrabatur. » Enfin, Homère était aveugle, et quel peintre a jamais reproduit les beautés de la nature avec plus de charme et d'éclat ?

« In surditate vero quidnam est mali ? » Quant à la surdité, quel mal peut-elle causer ? M. Crassus était un peu sourd, *surdaster*, mais, dit Cicéron, il entendait assez pour savoir qu'on disait du mal de lui. Ce Crassus n'était pas le fameux triumvir, mais bien celui dont parle Lucilius, que l'on avait surnommé ἀγέλαστος, parce qu'il n'avait ri qu'une seule fois en sa vie. Cicéron s'amuse à vanter les avantages de la surdité. Les sourds n'entendent pas la musique, c'est vrai, mais ils n'ont pas les oreilles déchirées par le cri de la scie qu'on aiguise, « stridorem serræ quum acuitur, » ou par les grognements du porc qu'on « égorge, aut grunnitum, quum jugulatur, suis. » Il ajoute : « Tuum, ut paullo ante cæcos ad aurium traducebamus voluptatem, sic licet surdos ad oculorum, » enfin, de même que nous consolions tout à l'heure les aveugles par les plaisirs de l'oreille, nous consolerons les sourds par les jouissances de la vue (*Tusc.* lib. V, XXXIX).

Réunissons maintenant tous ces maux sur un seul homme, « congerantur in unum omnia ; » qu'il soit aveugle et sourd, qu'il éprouve d'atroces douleurs, il sera bientôt consumé par ces mêmes souffrances, et si, par hasard, elles venaient à se prolonger, alors pourquoi les supporter ? La mort est un refuge assuré où l'on est à l'abri de ces horribles misères, « portus enim præsto est, quoniam mors ibidem est æternum nihil sentiendi receptaculum. » Et à propos de la mort, voici un mot qui nous intéresse : Lysimaque menaçant Théodore de le faire tuer, celui-ci lui répondit : « Magnum vero effecisti, si cantharidis vim consecutus es, » tu auras fait là une grande chose ! une cantharide peut en faire autant. Ainsi, dès le temps d'Alexandre, on avait reconnu la propriété vénéneuse de cet insecte. Ce Lysimaque, roi de Pergame, était un des successeurs d'Alexandre, et Théodore, le philosophe railleur, est celui qui fut surnommé l'athée.

DE NATURA DEORUM.

Cicéron n'était pas athée, lui qui a écrit le traité *de Natura Deorum*. Il était vieux, il comprenait que

M. Antoine, animé d'une haine implacable, vengerait la mort de César sur le personnage consulaire qui exerçait dans le Sénat une influence hostile à son ambition; il sentait que chacun de ses jours était précaire, et, retiré dans l'une de ses villas, il composait des œuvres philosophiques pour se distraire de la douloureuse perspective qui l'assiégeait. Le traité de la *Nature des Dieux* est le fruit d'une de ces retraites. Il met en scène trois personnages, C. Velleius, l'épicurien, Lucilius Balbus, de l'école stoïcienne, et C. Cotta, qui a embrassé les doctrines de l'Académie. Cicéron se cache sous ce dernier nom, et, comme dans la plupart des œuvres philosophiques de notre auteur, il se montre éclectique. Mais nous ne devons pas nous occuper davantage de ces choses. Voyons seulement quelles remarques pourra nous fournir cet ouvrage où brillent toutes les qualités qu'on admire le plus dans Cicéron.

On a pu reconnaître, dans les traités philosophiques qui précèdent, que l'auteur met plutôt à contribution, pour ses arguments, l'anatomie et la physiologie que la médecine proprement dite. Il en est encore de même dans l'ouvrage que nous étudions en ce moment. Ainsi, à propos de l'Être suprême, tel que le comprend Épicure, Cicéron se moque des attributions physiques que l'on donne à ce dieu, des organes qu'il possède sans avoir besoin d'en faire usage, des facultés humaines qui n'ont aucun rapport avec sa souveraine puissance, et, dans toute cette discussion, l'auteur étale un grand luxe de connaissances anatomiques. A quoi bon tout cela? Un sixième doigt est ridicule, car cinq suffisent à la beauté et à l'usage de la main. Mais quel besoin Dieu a-t-il d'une tête, d'un bras, d'un col, de pieds, de mains, de jarrets, etc.? « Tuus autem deus non digito uno redundat, sed capite, collo, cervicibus, lateribus, alvo, tergo, poplitibus, manibus, pedibus, feminibus, cruribus?»

Et s'il a tout cela, que pourra-t-il en faire? « Habebit igitur linguam deus, et non loquetur; dentes, palatum, fauces, nullum ad usum; » et comme si ce n'était pas assez de cette longue énumération de parties inutiles, Cicéron, qui ne recule devant aucun argument, surtout quand il veut tourner son adversaire en ridicule, ajoute cette phrase : « Quæque procreationis causa corpori affinxit, ea frustra habebit deus. »

Dès le début du second livre nous trouvons une phrase qui a souvent été invoquée depuis par les meilleurs observateurs : « Opinionum commenta delet dies; naturæ judicia confirmat (lib. II, II), chaque jour détruit quelque erreur de l'opinion et confirme les jugements fondés sur la nature. Il n'y aurait plus qu'à s'entendre sur le mot *nature* que chacun interprète à sa guise et suivant les besoins de sa cause; mais allons plus loin. Cicéron parle des prédictions qui sont fondées sur un pouvoir divin, il en cite un grand nombre dont l'accomplissement indique la valeur surnaturelle. Cependant il a la bonne foi de convenir que toutes ne se sont pas réalisées : « Non omnia eveniunt quæ prædicta sunt. » Il réfute cette objection à l'aide d'un argument qui nous touche de près : « Ne ægri quidem quia non omnes convalescunt, idcirco ars nulla medicina est, » l'art de la médecine est-il nul, parce que tous les malades ne guérissent pas? (*de Nat. Deor.* lib. II, IV). Les dieux indiquent l'avenir par des signes; si l'on se trompe, ce n'est pas la faute des dieux : « In his si qui erraverunt, non deorum natura, sed hominum conjectura peccavit. » Ce mot *conjectura* revient souvent dans le texte de notre auteur; nous l'avons déjà signalé plusieurs fois; il signifie interprétation ou plutôt encore pronostic, et à ce titre il nous appartient de droit.

Nous en pourrions dire autant de bien d'autres passages que l'on retrouve dans plusieurs des ouvrages de Cicéron.

Il aime à se citer, à reproduire ses opinions, ses arguments, ses traits d'esprit ; il se répète, en un mot, ce qui ne doit pas étonner, car, si déjà nous avons fait cette remarque à propos des divers traités sur l'art oratoire, nous ne pouvons nous dispenser de la reproduire, et, à plus juste titre, dans les œuvres philosophiques. Les Questions académiques, les Biens et les Maux, les Tusculanes, la Nature des Dieux, la Divination et le Destin, se tiennent de si près, que les mêmes idées se reproduisent nécessairement et ramènent des expressions analogues. Mais, bien que ces répétitions puissent être considérées comme un défaut, personne ne méconnaîtra, dans cette œuvre immense, les vrais caractères d'une intelligence supérieure, l'abondance, la variété, le fond et la forme, tout ce qui appartient aux esprits les plus élevés, tout ce qui assure à leurs compositions les hommages de la postérité.

Cicéron, bien qu'il dise que l'existence de Dieu n'a pas besoin de démonstration, expose un grand nombre de phénomènes que l'on est convenu d'appeler les merveilles de la nature ; il les considère comme un puissant argument contre la doctrine des athées, et parmi les preuves qu'il choisit, il en est qui sont empruntées à la physiologie humaine. Par exemple, à propos de la chaleur qui est la source de la vie, il cite l'opinion de Cléanthe, qui dit que les aliments les plus indigestes ne résistent pas à l'estomac plus d'un jour et une nuit : « Negat enim nullum esse cibum tam gravem, quin is die et nocte concoquatur, » et il ajoute que les résidus de cet aliment contiennent encore de la chaleur : « Cujus etiam in reliquiis inest calor iis, quas natura respuerit. » Nos veines et nos artères battent sans cesse, comme si quelque feu les agitait : « Jam vero venæ et arteriæ micare non desinunt, quasi quodam igneo motu (*id.*, IX).

Cicéron pense que ceux qui habitent un lieu sain, qui

respirent un air pur, ont l'esprit plus vif, et que des conditions contraires exercent une fâcheuse impression sur l'intelligence ; on sait que les Béotiens, les Abdéritains, passaient chez les Grecs pour un argument à l'appui de cette assertion. « Quin etiam, cibo quo utare interesse aliquid ad mentis aciem putant, » bien plus, on pense que la qualité des aliments contribue à la finesse de l'esprit.

Ces idées se justifient par certaines observations locales ou individuelles, mais il ne faudrait pas cependant y attacher trop d'importance. Il y a des gens qui surmontent facilement ces prétendus obstacles, et, pour ne parler que des mathématiciens dont notre auteur fait si grand cas, il en est qui éclosent en quelque sorte spontanément dans les conditions en apparence les moins favorables, et qui atteignent, de primesaut, des hauteurs réputées inaccessibles. Et lors même que l'on n'aurait pas touché la savante poussière, comme le dit Cicéron à son cher Velleius (*Id.* XVIII) : « Pulverem eruditum nunquam attigistis, » les plus profondes abstractions de la science des nombres pourraient nous devenir familières, grâce à une disposition organique spéciale. Remarquons en passant l'expression *pulverum eruditum,* qui indique tout simplement l'usage où l'on était autrefois de tracer les figures géométriques et autres sur une surface plane recouverte de sable ou de terre préparée à cet effet. Ce sont là de petites particularités bonnes à noter quand l'occasion s'en présente.

Voulez-vous un exemple des aménités de Cicéron à l'égard de ce pauvre Épicure ? Parce qu'il s'est avisé de dire que le monde n'est peut-être pas rond, qu'il pourrait avoir une autre forme, Cicéron lui lâche cette boutade : « Quæ, si bis bina quot essent didicisset Epicurus, certe non diceret, » certes il n'eût pas dit cela, s'il avait seulement appris combien font deux fois deux, et il joint à cela un petit calembourg que nous transcrirons ici pour montrer que ces sortes de jeux de mots ne datent pas du marquis de Bièvre : « Sed, dum palato quid sit optimum judicat, cœli palatum (ut ait Ennius) non suspexit, » mais Épicure, occupé à juger ce qui flattait le plus son palais, n'a pas porté ses regards sur le palais du ciel, comme dit Ennius.

Tout en se moquant de certains dieux, comme le vulgaire en crée à son image, Cicéron revient sur les conditions matérielles de l'existence qu'on leur prête, et il dit : « Non enim venis, et nervis, et ossibus continentur, » ils ne sont pas composés de veines, de nerfs et d'os, « nec iis escis et potionibus vescuntur, ut aut minus acres, aut nimis concretos humores colligant : » ce qu'ils boivent, ce qu'ils mangent n'est pas de nature à leur donner des humeurs trop âcres ou trop épaisses; « Nec iis corporibus sunt, ut aut casus, aut ictus extimescant, aut morbos metuant ex defatigatione membrorum, » enfin leurs corps ne craignent ni les coups ni les chutes, ni les maladies résultant de la fatigue (*Id.* XXIII). On voit en tout cela des idées étiologiques qui avaient cours au temps de Cicéron, et qu'il acceptait comme suffisamment établies par l'observation et l'expérience journalière.

A propos de la nature des dieux, Cicéron parle un peu de tout. Nous avons remarqué un passage où il traite de la nomenclature des astres sous le rapport étymologique, et, par exemple, la lune : « Luna a lucendo nominata sit. Eadem est Lucina : itaque apud Græcos Dianam, eamque Luciferam. » Son nom de Diane vient de ce qu'elle convertit la nuit en jour. Ce qui fait qu'on l'invoque dans l'enfantement, c'est que l'enfant mûrit quelquefois dans l'espace de sept révolutions lunaires, et ordinairement dans neuf de ces périodes qu'on appelle mois : « Adhibetur autem ad partus, quod ii maturescunt aut septem nonnunquam, aut, ut plerumque, novem lunæ cursibus, qui, quia mensa spatia conficiunt, menses nominantur. » Nous avons parlé ailleurs de cette singulière doctrine des accouchements à sept mois, dont les poëtes bien postérieurs à Cicéron ont conservé le préjugé; nous voyons que notre auteur adopte un *plerumque* qui modifie singulièrement cette croyance erronée. On peut consulter à ce sujet le *Dies natalis* de Censorinus, chef-d'œuvre d'érudition classique où sont recueillis tous les arguments pour ou contre cette opinion bizarre.

Voici un chapitre qui nous intéresse plus particulièrement. Les médecins, dit Cicéron, ont recueilli tout récemment, c'est-à-dire depuis peu de siècles, des observations d'après lesquelles certains animaux, dirigés par leur instinct, se guérissent de quelques maladies. Ainsi, les chiens se font vomir; l'ibis d'Égypte se purge : « Vomitione canen; purgatu autem alvos ibes Ægyptiæ curant. » On prend les panthères avec des chairs auxquelles on ajoute une substance vénéneuse, mais ces animaux savent trouver un remède qui les guérit; les chèvres de Crète, percées d'une flèche empoisonnée, mangent le dictame, et la flèche tombe d'elle-même : « Quam quum gustavissent, sagittas excidere dicunt e corpore; » enfin les biches, avant de mettre bas, se purgent avec le seseli : « Cervæque paullo ante partum perpurgant se quadam herbula quæ Seselis dicitur. » Nous ne relèverons pas ces contes : on peut en voir la collection complète dans l'œuvre de Pline le naturaliste.

Vient ensuite, dans sa démonstration des merveilles de la nature, un exposé bien fait de la fabrique humaine qui prouve à quel point les connaissances anatomiques et physiologiques étaient répandues dans le monde savant dont Cicéron était en quelque sorte le centre et l'arbitre. La bouche, les dents, l'œsophage, l'estomac et les intestins sont énumérés dans un ordre méthodique, ainsi que les organes annexés qui complètent les fonctions digestives.

Notre auteur n'est pas aussi habile quand il décrit les phénomènes respiratoires; il parle bien de la trachée-artère, « aspera arteria (sic enim a medicis appellatur), » mais il ignore les lois de la circulation sanguine, et bien des siècles s'écouleront encore avant la démonstration éclatante d'Harvey (1630). Cependant, en parlant du foie, il désigne très-clairement la veine porte, «porta jecoris (sic enim appelant) » et la veine cave, « in eam venam quæ cava appellatur. » Mais ces détails lui causent une certaine répugnance qui devient plus forte encore quand il faut terminer cet exposé de l'acte nutritif : « Sed tamen prætereundum est, ne quid faciat injucunditatis oratio, » mais je passe le reste sous silence pour ne pas déparer mon discours (lib. II, LIV).

L'anatomie des organes des sens était moins avancée peut-être que celle des viscères intérieurs, et Cicéron se laisse aller plus volontiers à la séduisante contemplation des causes finales. Nous ne le suivrons pas dans les détails qu'il donne sur l'œil, l'oreille, le nez, la bouche, sur la main comme appareil tactile : il n'y a rien là qui sorte des généralités les plus banales, et il ne semble pas avoir étudié les œuvres anatomiques du grand Aristote. Ce n'est pas la peine de grossir notre recueil de lieux communs vieux comme le monde. Consignons cependant ici un petit paragraphe relatif à la voix humaine, et qui nous montrera que déjà avant l'ère chrétienne on savait distinguer les principales variations de timbre, de qualité, qui sont reconnues par les musiciens de profession. L'oreille, dit Cicéron, est admirablement disposée pour apprécier dans le chant ou dans le jeu des instruments à vent ou à cordes, « intervalla, distinctio et vocis genera permulta, » la mesure et la variété des tons. Quant aux divers genres de voix, il en est de bien des sortes, « canorum, fuscum ; læve, asperum ; grave, acutum ; flexibile, durum ; » il y en a de sonores, d'autres qui sont sourdes; il en est de douces, de rudes, de graves, d'aiguës, de flexibles, de dures (*Id.* LVIII).

Le troisième livre du Traité de la Nature des Dieux est consacré, non à donner une solution de cette grave question, mais à faire prévaloir les doctrines de l'Académie sur celles du Portique. Cicéron, sous le nom de Cotta, réfute la plupart des arguments présentés par Balbus, et tout en soutenant la religion de ses pères, celle de l'État, comme il convient à un pontife, à un augure, il laisse entrevoir bien des doutes sur le point principal de cette enquête si hardie. Les médecins se trompent, avez-vous dit, et cela n'empêche pas que l'on croie à la médecine, et vous prétendez qu'il en est de même pour les devins, qui ne sont pas infaillibles. Cicéron blâme ce rapprochement; la médecine est fondée sur quelque chose, ses pronostics ont une base réelle, tandis que ceux qui prétendent annoncer l'avenir, on ne sait sur quoi ils s'appuient. Vous attribuez à une intervention divine tous les phénomènes de la nature qui sont sujets à des retours périodiques, le flux et le reflux de la mer, etc. Prenez garde, vous allez être forcé d'admettre que les fièvres tierces ou quartes, avec leurs accès réguliers, sont de même origine. « Vide, quæso, si omnis motus, omniaque quæ certis temporibus ordinem suum conservant, divina ducimus, ne tertianas quidem febres et quartanas divinas esse sit dicendum, quarum reversione et motu quid potest esse constantius? » Il se moque des philosophes qui couvrent leur ignorance à l'aide d'un artifice pieux : « Quod vos, cum facere non potestis, tanquam in aram confugistis ad Deum. »

Cicéron, dans une revue qu'il fait des personnages divinisés par les Grecs, donne quelques détails intéressants sur leurs diverses attributions. Il y a eu plusieurs Esculapes, parmi lesquels le premier, fils d'Apollon, est l'inventeur, dit-on, de la sonde et du bandage pour les plaies. « Æsculapiorum primus, qui specillum invenisse, primusque vulnus dicitur obligavisse » (lib. III, XXII). Le second n'a rien fait de particulier, mais le troisième mit en usage les purgatifs et enseigna l'art d'arracher les dents, « tertius, qui primus purgationem alvi dentisque evulsionem, ut ferunt, invenit. » Voilà des origines intéressantes, bonnes à connaître, et que nous adressons à qui de droit, tout en avertissant nos confrères que Cicéron ne paraît pas les considérer comme fort authentiques.

On a dit que souvent la raison était un présent funeste, et que l'homme s'en servait rarement pour faire le bien, d'où l'on a conclu qu'il eût mieux valu pour nous que les dieux se fussent montrés moins généreux. Pour appuyer ce raisonnement bizarre, on a dit : « Ut vinum ægrotis, quia prodest raro, nocet sæpissime, melius est non adhibere omnino, quam spe dubiæ salutis in apertam perniciem incurrere » (lib. III, XXVI); il vaut mieux refuser tout à fait le vin aux malades, parce qu'il est plus souvent nuisible qu'utile : jamais il ne faut courir la chance d'un danger sous prétexte d'un avantage douteux. Cette comparaison de forme classique nous apprend que le vin était considéré comme dangereux dans certaines maladies; mais le texte ne dit rien sur l'espèce de maladie qui ne supportait pas cette boisson excitante. En l'absence de ce renseignement, nous devons cependant faire remarquer la prudence d'un conseil qui sert de règle à tous les praticiens éclairés et raisonnables. S'abstenir quand on n'a pas la certitude d'être utile, ne rien livrer au hasard, ne pas chercher un avantage douteux au prix d'un danger réel, tout médecin vraiment digne de ce nom suivra cette marche et conservera ainsi la paix de sa conscience.

La même idée se trouve reproduite un peu plus loin (*Id.* XXXI). Cicéron dit : « Ut, si medicus sciat, eum ægrotum, qui jussus sit vinum sumere, meracius sumpturum, statimque periturum, magna sit in culpa : » le médecin qui saurait qu'un malade, à qui il a prescrit de boire du vin, voudrait le prendre trop pur, et pourrait en mourir, ferait une grande faute, etc. Dans toute cette argumentation un peu captieuse, le philosophe établit le libre arbitre de l'homme, mais contrebalancé, ou plutôt détruit par les passions. La raison nous a été donnée, mais nous n'écoutons guère sa voix; nous nous moquons du pilote qui annonce la tempête, du médecin qui signale la gravité d'une maladie, parce que ces pronostiqueurs sont des mortels comme nous : « Ut si medicus gravitatem morbi, gubernator vim tempestatis accuset, etsi hi quidem homunculi, sed tamen ridiculi (*Id. ib.*). Nous pourrions joindre beaucoup d'autres citations à celle-ci, mais elles nous touchent moins directement, et nous engageons seulement nos confrères à lire ce chapitre, où Cicéron fait preuve d'une érudition étonnante.

On fait abus de tout, ce qui ne veut pas dire que tout soit mauvais; mais il faut surtout considérer l'intention. Il y a des choses excellentes qui deviennent dangereuses à ceux qui les possèdent, et des dangers réels qui tournent au profit de ceux qui devaient y succomber. Par exemple, et cet exemple nous touche, « nec prodesse Pheræo Jasoni is qui gladio vomicam ejus aperuit, quam sanare medici non poterant, » celui qui, d'un coup d'épée, ouvrit l'abcès de Jason le Phéréen, que les médecins n'avaient pu guérir, ne cherchait pas à être utile, pas plus que Déjanire, en donnant à Hercule la tunique du Centaure Nessus, ne croyait lui être aussi fatale. Cette vomique de Jason est-elle bien un abcès intrathoracique? Le mot *vomica*, que nous avons signalé dans les poëtes latins de la meilleure époque, doit-il être réservé à une collection purulente se formant dans le tissu pulmonaire, ainsi que cela est admis aujourd'hui? Nous ne le croyons pas, les anciens n'ayant pas poussé jusque-là les notions pathologiques. Cependant il serait possible que le nom latin donné à ces sortes de maladies vînt de ce que l'on a dû observer des collections de pus sortant par la bouche, rejetées tout à coup, vomies en quelque sorte, et alors, par extension, d'autres abcès auraient été compris sous le même titre, bien que la circonstance principale eût manqué.

Denys le tyran se rendit coupable des crimes les plus odieux, et, dit Cicéron, cet homme ne fut pas foudroyé par Jupiter Olympien, dont il avait insulté la majesté en enlevant à sa statue le manteau d'or, trop chaud pour l'été, trop froid pour l'hiver, que Gélon de Syracuse lui avait donné ; il ne fut pas accablé par Esculape de quelque longue et cruelle maladie, bien qu'il eût commis un sacrilége dans le temple d'Épidaure. Il mourut dans son lit, d'une tympanite, et transmit à son fils, à titre d'héritage légitime, un pouvoir usurpé par un grand nombre de forfaits éclatants.

Le passage dans lequel se trouve cette anecdote a été diversement interprété, et les plus anciens manuscrits ne s'accordent pas sur le texte. « Mortuus in tympanidis, » c'est la leçon ordinaire, et M. Matter, l'un des traducteurs du *Traité de la Nature des Dieux,* prétend qu'elle n'a pas de sens; il aurait pu ajouter qu'elle n'est pas latine. Les médecins ne seront pas de cet avis. On sait que la tympanite, en tant que symptôme d'une occlusion intestinale ou de quelque lésion de la muqueuse produisant une exhalation de gaz, peut déterminer la mort, et les savants qui ont cherché l'explication de ce passage se fussent épargné bien des soins, s'ils avaient consulté nos confrères. Les uns ont lu : « Mortuus in tyrannide, » d'autres « in triumphantis toga, » d'autres enfin « immortuus tyrannidi. » Kindervater a proposé « mortuus tympanite (morbo), » et il traduit ainsi : il mourut d'un gonflement hydropique (qui donne subitement la mort), ce qui établit une confusion singulière entre un liquide accumulé dans le péritoine, et des gaz remplissant l'intestin. Enfin Meyer corrige cette leçon d'après un manuscrit, et écrit : « vi tympanitis. »

Ce qu'il y a de certain, c'est que rien dans la phrase, de quelque façon qu'on la lise, ne sert de prétexte à une mort subite. Nous l'avons dit : Jupiter Olympien ne le foudroya pas, « nec Æsculapius misero diuturnoque morbo intabescentem interemit, » Esculape ne le fit pas périr lentement par une longue et douloureuse maladie ; « atque in suo lectulo mortuus, in tympanidis rogum illatus est. » La phrase ainsi écrite dans l'édition de Panckoucke (t. XXX, p. 410) n'a pas de sens, et la traduction de M. Matter n'est pas recevable ; celui-ci dit qu'il mourut subitement dans son lit, et passa de là sur le bûcher. Il nous semble tout simple de dire : il mourut d'une tympanite, dans son lit, et fut porté au bûcher. Nous ne connaissons pas le *bûcher de Tympanis*, rien n'autorise à donner cette version singulière et à transformer une maladie en un personnage ou un lieu dont le nom ne se trouve nulle part.

Cicéron dit avec une franchise parfaite : « Nec ego multorum ægrorum salutem non ab Hippocrate potius quam ab Æsculapio datam judico, » ainsi, j'attribue la guérison de beaucoup de malades bien plutôt à Hippocrate qu'à Esculape, et en cela il rend hommage au génie du médecin, et non pas à l'intervention divine ; il ne remonte pas si haut et tient compte des intermédiaires dont l'action providentielle est réservée. Ce petit passage, qui se trouve dans le chap. XXXVIII, est suivi d'un autre dans lequel nous remarquons une singulière expression : « Critolaus, inquam, evertit Corinthum, » Critolaus a renversé Corinthe ; Asdrubal a détruit Carthage, « Carthaginem Asdrubal ; » ces deux personnages ont le mérite de cette action, et non pas quelque dieu irrité; « hi duo illos oculos oræ maritimæ effoderunt, » ils ont crevé ces deux yeux des bords de la mer. On retrouve en cela le goût poétique du grand écrivain, et je ne crois pas que M. Matter ait été bien inspiré quand il a traduit ces mots heureux par : ils ont arraché ces deux prunelles à la Méditerranée. Ce sera notre dernière remarque sur le célèbre ouvrage de Cicéron, lui laissant la responsabilité de ses opinions sur la nature des dieux.

DE LA DIVINATION.

Le traité qui vient ensuite et qui est intitulé : *De Divinatione*, forme, en quelque sorte, le complément de celui que nous venons d'étudier. Cicéron, par la seule puissance de ses inductions philosophiques, remonte des phénomènes à leur cause, de l'art de prédire l'avenir à la nécessité d'un principe général, providence ou nature qui est Dieu et règle les affaires de ce bas monde. Cette logique triomphante, mise au service d'une cause si précieuse, avait un tel prix aux yeux des premiers chrétiens, que le traité de la *Divination* était devenu une sorte de manuel orthodoxe à l'aide duquel on combattait les superstitions du paganisme. La nature même de ce travail et la circonstance dont nous parlons en avaient multiplié les copies; mais, sous le règne de Dioclétien, en 302, alors que les persécuteurs voulaient écraser la religion nouvelle, un édit impérial ordonna de brûler, non-seulement les livres saints, mais le traité de la *Divination* lui-même, tant il paraissait convenir aux disciples de Jésus. Ces violences suffisent rarement, et l'ouvrage de Cicéron sur cette question singulière de la prédiction de l'avenir nous est parvenu intact.

En lisant avec attention les pages excellentes dans lesquelles notre auteur fait l'historique des croyances romaines, on pourrait s'étonner de les voir partagées par un esprit supérieur, d'autant plus que dans d'autres circonstances il paraît ne pas les apprécier autrement qu'elles le méritent. Mais il y a toujours dans Cicéron deux hommes, le philosophe qui soumet toutes choses à l'examen de la raison, et l'homme d'État qui comprend l'utilité de ces pratiques, de ces coutumes, dans le gouvernement de la république. Cicéron a beaucoup de respect pour la tradition, pour les choses venant des ancêtres; il est *conservateur*, comme tous ceux qui sont arrivés au pouvoir; il prêche sans cesse en faveur de la stabilité des institutions, et comme les augures datent de Romulus, il argumente avec force pour établir leur utilité non moins que la réalité des phénomènes qu'ils sont chargés d'interpréter. A l'aide de cet aperçu des motifs qui le font agir, on peut se rendre compte de certaines contradictions qui ont été relevées avec aigreur par des critiques trop peu indulgents. Dans ses plaidoiries pour ou contre ceux qu'il défendait ou qu'il accusait, nous avons rencontré des oppositions de ce genre; le parfait avocat était l'homme de la cause, il effaçait sa personnalité au bénéfice de celui pour lequel il parlait; dans le *Traité de la Divination* il réfute des arguments qu'il a employés dans le *Traité des Lois*, mais il se trouve alors placé à deux points de vue très-différents, et le législateur n'a rien de commun avec le philosophe.

Se trouvant à Tusculum avec son frère Quintus, Cicéron se promenait dans son gymnase. La conversation s'étant engagée sur les prédictions des augures, sur les auspices, sur les livres sibyllins, les deux frères en vinrent à examiner cette grave question, et Quintus, grand partisan de ces croyances, exposa fort longuement les raisons qui servaient de base à sa conviction. Parmi ces raisons, il allègue le consentement de tous les peuples, l'expérience acquise de la valeur de certains signes, la rigoureuse observation d'un fait survenant après tel phénomène, enfin il s'appuie sur les vertus de certaines plantes reconnues par les médecins. « Mirari licet quæ sint animadversa a medicis herbarum genera quæ radicum ad morsus bestiarum, ad oculorum morbos, ad vulnera. » N'est-il pas étonnant que les médecins aient reconnu l'utilité des plantes, l'efficacité de certaines racines pour guérir les morsures des animaux, les maladies des yeux, les blessures? Ce n'est pas la raison qui a fait découvrir ces qualités, mais l'usage, l'expérience, le hasard : « Nihil est autem quod longinquitas temporum, excipiente memoria prodendisque monumentis, efficere atque assequi non possit. » (*De Divin.* lib. I, VI.) Il n'est, en effet, aucun genre de connaissances qu'une longue série de siècles ne puisse former et constater avec le secours de la mémoire et de documents exacts. Voilà la théorie générale de la science, et Quintus l'applique rigoureusement à la divination, qui s'appuie sur des faits observés, retenus et racontés par des témoins oculaires.

Théophraste, Pline et tout le monde avec eux, disent que le chant des grenouilles annonce la pluie. Pourquoi ? Qui peut le savoir? On a observé le rapport qui existe entre ces deux choses, on a rattaché l'une à l'autre, et n'y a-t-il pas des milliers de pronostics non moins bien fondés, et ne doit-on pas admettre qu'il en peut exister une infinité d'autres tout aussi certains? Ceux qui se livrent à l'étude de ces faits, qui recherchent la connexion existant entre tel et tel phénomène, et qui ont recueilli sur ce point les traditions d'un grand nombre d'observateurs, ceux-là peuvent pronostiquer des événements dont le vulgaire n'a pas la prescience, et cela constitue, de la part des devins, un talent dont les preuves éclatent aux yeux de tous.

Quintus, qui multiplie les exemples de ces divinations, se sert contre Cicéron d'un argument emprunté au poëme d'Aratus traduit en vers par Cicéron lui-même et dont la seconde partie contient de nombreux pronostics. Mais ces phénomènes ne sont guère qu'un ramas de croyances populaires, que détruit la critique la plus bienveillante. Au milieu de ces faits sans réalité cités par Quintus, nous trouvons ceux-ci : « Quid scammoneæ radix ad purgandum, quid aristolochia ad morsus serpentum possit, video, quod satis est; cur possit, nescio.» Je sais que la racine de scammonée purge, que l'aristoloche guérit la morsure des serpents, je le sais, et cela me suffit. Pourquoi cela? Je l'ignore. « Similiter, quid fissum in extis, quid fibra valeat, accipio; quæ causa sit, nescio. » Je sais de même quel présage m'annonce une fissure dans le foie, ce que veut dire une fibre, mais je ne sais pas quelle en est la cause (*Id. ib.* x).

Les traducteurs croient devoir rendre « fissum » par « fissure », mais nous ne pouvons partager cette opinion. Le mot *fissure* a, en médecine, une acception toute spéciale, qui ne peut se rapporter à la phrase de Cicéron. Il faudrait voir dans ce fait une déchirure, une crevasse, seules choses qui peuvent se rencontrer dans la continuité des viscères; mais il est bien plus probable qu'il s'agit d'une ulcération de la membrane muqueuse, d'une érosion produisant une ouverture étroite, et encore ne peut-on admettre qu'une lésion de ce genre ait pu être observée chez un animal bien portant. On ne sacrifiait pas les animaux malades, et la fissure, en tant que lésion morbide, si elle se fût rencontrée dans l'intestin, aurait produit aussitôt la péritonite et bien d'autres désordres. Nous avons noté ailleurs (*Études médicales sur les poëtes latins*) certaines altérations anatomiques signalées par Sénèque dans ses tragédies, et plus particulièrement dans *Œdipe*. Le devin Tirésias en donne l'explication. Il est probable que le mot « fissum » s'entendait alors de la scissure naturelle du foie, et Virgile consacre cette acception dans ce vers :

« Tristibus aut extis fibræ apparere minaces. »

Nous retrouvons ici un argument déjà noté, mais toujours bon à connaître; les prédictions ne s'accomplissent pas toutes : donc l'art de prédire est faux, disent les adversaires que combat Quintus. Mais, dit-il, « an medicina ars non putanda est, quam tamen multa fallunt? » parce que les médecins se trompent, la médecine en est-elle moins une science? Il peut exister entre certains objets des rapports que nous ne comprenons pas, et nous n'avons pas le droit de les nier; la science orgueilleuse doit au moins douter et s'abstenir de jugements superbes que l'avenir pourra réformer. Parmi les prodiges avant-coureurs d'événements funestes, Quintus cite une mule qui a mis bas, « partus mulæ, » et il affirme que les augures considérèrent cet enfantement d'un animal stérile, « quia fœtus exstitit in sterilitate naturæ, » comme l'indice de calamités qui ne se réalisèrent que trop promptement.

Un long chapitre sur les songes prouve quelle importance on attachait, chez les Romains, à ces opérations de la pensée active pendant le sommeil. Nous ne citerons que celui d'Eudème raconté par Aristote, et encore ne noterons-nous qu'une simple particularité. Pendant un voyage, Eudème tomba malade à Phères, ville de Thessalie, et si gravement que tous les médecins désespéraient de la guérison : « In eo igitur oppido ita graviter ægrum Eudemum fuisse, ut omnes medici diffiderint (lib. I., xxv). Que de fois on a employé cette formule! Abandonné par les médecins! les médecins ont déclaré qu'il n'y avait plus d'espoir! et toujours ce pronostic se trouve démenti par l'événement, toujours quelque guérisseur vient montrer les ressources d'un art mystérieux, et le public, enclin à des crédulités nouvelles, se laisse prendre aux promesses du charlatanisme et devient la pâture des habiles exploitants. On se donne bien de garde de parler des événements arrivés dans le temps indiqué par les gens de l'art. La critique est essentiellement injuste en ne signalant volontiers que les erreurs de ceux qu'elle attaque.

Tous les historiens romains ont raconté le fait d'un homme du peuple qui, averti par un songe d'une certaine irrégularité dans le prélude des jeux publics, devait en donner avis au Sénat. Il n'osa pas s'acquitter de cette commission. Sourd à un second avertissement, le paysan vit son fils mourir tout à coup. Le même songe s'étant renouvelé une troisième fois, l'homme fut frappé de paralysie, « illum etiam debilem factum. » Effrayé, il raconta la chose à ses amis, et, d'après leurs conseils, il se fit porter en litière à la curie, « quorum de sententia lecticula in curiam esse delatum, » raconta son rêve aux sénateurs, et, subitement guéri, revint à pied chez lui, « pedibus suis salvum domum revertisse » (*Id.* XXVI).

Nous nous contenterons de dire ici que Socrate, cité dans la République de Platon, reconnaît pour cause des songes absurdes, odieux, confus ou ridicules, les aliments indigestes, l'excès dans le boire ou le manger, « onusti cibo et vino, perturbata et confusa cernimus. » Quand, au contraire, on se couche après un repas frugal, l'âme n'est pas offusquée par des vapeurs grossières, et son action, pendant le sommeil, est calme et régulière : « tum et visa quietis occurrent tranquilla atque veracia. » On ne peut refuser de croire que cette étiologie des songes soit rationnelle, et l'on applaudira aux idées de Socrate sur l'utilité d'un bon régime alimentaire et de la sobriété. N'était-ce pas en vue des mêmes avantages que les pythagoriciens proscrivaient l'usage des fèves comme aliment? L'expérience a démontré combien ce légume est indigeste, « ex quo etiam pytagoricis interdictum putatur ne faba vescerentur, quod habet inflationem magnam is cibus, tranquillitati mentis, quærentis vera, contrariam (*Id.* xxx). *Inflatio* veut dire ici flatulence, météorisme, et personne ne doute de la justesse de l'expression. Reste à savoir si le mot *faba* représente bien exactement la fève telle que nous la connaissons en botanique et en agriculture. On a prétendu que Pythagore avait de singulières idées sur ce fruit, qu'il le regardait comme la demeure des âmes après la mort, et que c'était le motif de l'interdiction dont il l'avait frappé. On a longuement disserté sur ce point obscur, et, comme toujours, on a cherché bien loin ce qui nous paraît très-simple. L'épicarpe des légumineuses est de digestion difficile, surtout dans la fève, quand elle est mûre et sèche; le développement gazeux qui en est la conséquence a dû prendre un nom; les mots *flatus, animus, spiritus*, *ventus,* se sont présentés naturellement, ce qui a donné lieu à des interprétations diverses que l'on comprend facilement.

Quintus avance que la maladie et surtout la mort prochaine favorisent singulièrement la perception de l'avenir : « Tum meminit præteritorum, præsentia cernit, futura prævidet. » L'âme, à mesure qu'elle se dégage du corps qui l'embarrasse, acquiert une lucidité surprenante; l'homme qui va mourir désire ardemment la bonne renommée et se repent de ses fautes : « Tumque vel maxime laudi student, eosque qui secus quam decuit vixerunt peccatorum suorum tum maxime pœnitet » (*Id.* xxx). Cette dernière observation ne laisse pas que de surprendre; elle se rapporte à un ordre d'idées que l'on aurait cru n'appartenir qu'au christianisme; mais ce dogme des peines et des récompenses de la vie future était en vigueur chez les polythéistes, et nous voyons que la perspective de la mort agissait alors sur les esprits comme elle le fait encore aujourd'hui.

Le verbe *præsagire* se trouve dans Plaute ; un des personnages de l'*Aulularia* (acte II, scène 2) dit : « Je prévoyais que je faisais une course inutile : « præsagibat animus frustra me ire, quum exirem domo, » et Cicéron, qui aime les étymologies, se livre à une recherche grammaticale dont nous pouvons faire notre profit : « Sagire enim sentire acute est ; sagire, » c'est avoir le sens subtil, « ex quo sagæ anus, quia multa scire volunt, » d'où l'on appelle *sagæ* les vieilles femmes qui veulent tout savoir ; « et sagaces dicti canes, » et les chiens aussi sont appelés sagaces. Celui qui voit les choses avant qu'elles arrivent présage, c'est-à-dire sait les événements futurs : « Is igitur qui ante sagit quam oblata res est dicitur præsagire, id est, futura sentire. » Il y a donc dans les esprits une faculté de pressentiment qui nous est donnée par la divinité, « inclusa divinitus. » Et si cette puissance s'exalte, « furor appellatur, » on la désigne sous le nom de fureur, et l'on en connaît de nombreux exemples tout à fait incontestables.

Voici un passage qui doit nous occuper un moment, car il touche à une question qui a été vivement controversée dans ces derniers temps. On a prétendu que les organes des sens pouvaient être remplacés par des organes n'ayant avec eux aucune analogie de structure. Les magnétiseurs ont dit que certains somnambules voyaient, non avec les yeux, mais avec l'occiput ; que le goût pouvait se produire à la région épigastrique ; en un mot, que l'action sensoriale se manifestait ailleurs que dans l'appareil doué d'un système nerveux spécial, et ces idées bizarres ont trouvé autant d'incrédules que de gens capables d'examiner et de juger. Cependant il faut tenir compte de certains faits et ne pas trop se hâter de proclamer l'impossibilité absolue, radicale, de quelques phénomènes. Quintus cite une opinion de Cratippe qui se résume ainsi : « Si sine oculis non potest exstare officium et munus oculorum, possunt autem aliquando oculi non fungi suo munere : » si sans les yeux la vision ne peut pas s'exercer, il arrive quelquefois que les yeux ne remplissent pas leur office : « Qui vel semel ita est usus oculis, ut vera cerneret, is habet sensum oculorum vera cernentium : » celui qui a une fois joui de la vue de manière à voir vraiment les choses possède le sens de la vue (lib. I, XXXII). Qu'est-ce que cela veut dire? L'auteur prétend que la vision, quand elle a existé, peut s'exercer, abstraction faite de l'organe visuel, par une sorte de mémoire, de reproduction virtuelle du phénomène précédemment perçu. On regarde en soi, on découvre par la pensée des choses qui n'existent plus depuis longtemps; le sens qui a été impressionné conserve la faculté de créer de nouveau les impressions effacées, et une pareille puissance peut être mise en jeu dans des conditions dont nous ne nous rendons pas compte. De là à des manifestations qui paraissent prodigieuses, parce que l'on ne sait pas comment elles sont arrivées, il n'y a pas loin, et les choses inconnues, qui se dégagent peu à peu des ténèbres de notre ignorance, doivent nous rendre circonspects pour l'avenir. Que de choses déclarées impossibles par les savants du temps passé sont aujourd'hui à l'état de faits accomplis et appartiennent au vulgaire, qui en use sans s'étonner !

Aristote a prétendu que les mélancoliques avaient souvent le don de divination; mais Cicéron, qui rapporte cette opinion, ne l'admet pas volontiers : « Ego autem haud scio an nec cardiacis hoc tribuendum sit, nec phreneticis, » quant à moi, dit Quintus, j'hésiterais à reconnaître cette faculté à ceux qui ont l'estomac malade, ou aux frénétiques, car la divination appartient à une âme saine, à un corps bien portant (lib. I, XXXVII). Disons ici que le mot *cardiacus* n'a pas pour nous de sens rigoureux. Les savants allemands ont disserté sur ce point avec une persévérance digne d'un meilleur résultat. Il faut reconnaître que tout ce qui a été écrit sur ce sujet ne suffit pas pour donner une opinion exacte de la maladie dont il est question dans ce passage et dans plusieurs autres.

Les aruspices, en ouvrant le corps d'un animal, pouvaient, par maladresse ou autrement, léser des parties importantes : ainsi, parce que le couteau aura touché le poumon, lors même que les entrailles sont saines, vous vous abstiendrez d'agir : « Cur pulmo incisus etiam in bonis extis dirimat tempus. » On comprend avec quelle facilité l'on pouvait faire naître de pareils obstacles, quand le collége des pontifes et les augures croyaient devoir empêcher une expédition dangereuse ou mal préparée. Cette sorte de contrôle existait même chez les barbares, dit Quintus : « Si quidem et in Gallia Druidæ sunt. » Les Druides, parmi les Gaulois, ont la même autorité, remplissent le même office, et l'on comprend bien la valeur des décisions prises par une réunion d'hommes plus sages, plus éclairés et connaissant mieux la marche des affaires, ainsi que les conditions du succès.

L'argumentation que Cicéron met dans la bouche de son frère Quintus roule toujours sur des comparaisons dont la justesse est parfaitement contestable. Citons un exemple : « Ut si magnetem lapidem esse dicam, qui ferrum ad se alliciat et attrahat ; » et quand je vous dis que l'aimant est une pierre qui attire le fer et se l'attache, « rationem, cur id fiat, afferre nequeam, fieri omnino neges ? » parce que je ne puis vous en donner la raison, nierez-vous le fait ? La philosophie est inventée d'hier, « quæ nuper inventa est, » c'est elle qui a appris à douter, c'est elle qui exige des démonstrations ; mais en l'absence de ces démonstrations, faut-il refuser de croire dés choses que l'on voit, que l'on entend, que l'on a lues partout et que nos pères nous ont transmises ? « Quam et cernimus ipsi, et audimus, et legimus, et a patribus accepimus? » (*Id.* XXXIX). On voit combien ce rapprochement est peu légitime, quelle différence radicale il y a entre un fait de l'ordre matériel, se reproduisant toujours avec certitude dans des conditions déterminées, et les prédictions des aruspices, qui n'ont de fondement réel que dans le plus ou moins de sagacité de la personne chargée d'interpréter l'avenir. Et après avoir rapporté des exemples de ces prédictions réalisées, il s'écrie : « Sed id ipsum est, deos non putare, quæ ab iis significantur, contemnere, » enfin dédaigner ce qu'annoncent les dieux, c'est nier l'existence des dieux mêmes (*Id.* XLVI). Il n'y a ici qu'une toute petite difficulté : Quintus oublie de démontrer la proposition sur laquelle il se fonde, il affirme ce qui est en question, il commet une pétition de principe et nous lui en laissons la responsabilité.

Nous approuverons pleinement, au contraire, une assertion qui a une grande valeur : « Affert autem vetustas omnibus in rebus longinqua observatione incredibilem scientiam, » une longue suite d'observations produit une science étonnante (*Id.* XLIX), et l'expérience peut se passer du secours de la divinité. Il y a là une hardiesse de vues qui doit nous surprendre. A côté d'une crédulité indiquant la plus complète absence de critique, on voit se placer une idée que la philosophie de Descartes a mise dans tout son jour et qui préconise l'expérience comme aurait pu le faire Bacon lui-même. Ces éclairs de raison sont assez rares dans l'œuvre qui nous occupe pour que nous ne manquions pas d'en faire la remarque. Ne croirait-on pas entendre un de nos savants modernes, quand Quintus dit : « Ita fit, ut et observatione notari possit, quæ res quamque causam plerumque consequatur, etiam si non semper : » c'est ainsi qu'au moyen de l'observation, on peut savoir quelles sont, le plus souvent, les conséquences de chaque chose, bien que cela ne soit pas toujours exact (*Id.* LV).

On ne comprend guère comment, avec de pareils principes, les gens intéressés à y voir clair acceptaient des histoires comme celle-ci. La première fois que César, revêtu de la pourpre et assis sur une siége d'or, offrit un sacrifice aux dieux, le bœuf opime dont on consultait les entrailles n'avait pas de cœur : « in extis bovis opimi cor non fuit. « Le lendemain on trouva que le foie manquait de tête : « postero die caput in jecore non fuit. » Et Quintus ajoute : Quand des parties sans lesquelles un animal ne peut vivre viennent à manquer dans les victimes immolées, il faut en conclure qu'elles ont disparu au moment même du sacrifice : « Quum igitur eæ partes in extis non reperiuntur, sine quibus victima illa vivere nequisset, intelligendum est in ipso immolationis tempore eas partes, quæ absint, interisse. » Nous nous demandons comment ces organes ou parties d'organes ont pu disparaître, et le plus simple bon sens accuse ici les sacrificateurs qui, habiles en ces sortes de choses, pouvaient les soustraire aux regards des assistants. Ainsi le foie manque de tête, « caput in jecore non fuit ; » on doit entendre par là que la grosse tubérosité, la portion convexe qui correspond à la base du poumon droit, était déprimée, aplatie, ou bien que, par suite d'adhérences avec le diaphragme, il n'avait pas été possible de voir cette partie avec ses caractères anatomiques ordinaires. En tout ceci il y avait de la part de ceux qui pratiquaient les autopsies un certain degré de savoir faire dont on trouve la preuve dans quelques anciens ouvrages, et des hommes comme César et plusieurs autres ne se laissaient pas tromper par des subterfuges dont ils connaissaient la valeur.

Les stoïciens n'admettaient pas l'intervention des dieux à propos des scissures du foie, du chant des oiseaux : « nam non placet stoicis singulis jecorum fissis aut avium cantibus interesse deum. » Nous avons déjà cherché ce qu'il fallait entendre par *fissum in extis;* évidemment l'expression *fissa jecorum* ne peut avoir la même signification. En anatomie, *fissure* et *scissure* répondent bien à ces états si différents, le premier appartenant à une lésion pathologique ou simplement mécanique, le second indiquant un état normal. Cependant Quintus se met fort à l'aise quand, pour expliquer les phénomènes observés dans les organes intérieurs des animaux, il dit : « Parvis enim momentis multa natura aut affingit, aut mutat, aut detrahit, » il faut peu de temps à la nature pour ajouter, pour changer, pour retrancher, et c'est à la suite de ce principe si légèrement posé qu'il raconte les prodiges observés dans les victimes offertes par César.

On ne voit pas trop quelles relations peuvent exister entre certains phénomènes observés dans l'ordre naturel et des événements politiques survenus bientôt après. Par exemple : « Si puella nata biceps esset, seditionem in populo fore, corruptelam et adulterium domi : » s'il naît une fille à deux têtes, il y aura sédition dans le peuple, corruption et adultère dans la maison (lib. I, LIII). En cherchant bien, on trouverait peut-être que la naissance de Ritta et Christina a été le signal de graves perturbations dans les États de l'Europe ou de grands scandales dans les maisons princières, et de fait, ces événements ne sont pas assez rares pour que l'on ne puisse établir la coïncidence.

Dès les premiers temps de ces pratiques augurales, il s'est trouvé des hommes plus instruits, meilleurs observateurs, qui ont cherché la valeur réelle des faits servant de base aux pronostics, et ces philosophes ne luttaient pas toujours avec avantage contre la foule crédule. Socrate, qui s'en moquait un peu, a payé bien cher la liberté de sa pensée, la supériorité de sa raison. Démocrite, de son côté, a dit que l'on avait agi très-sagement en établissant l'usage d'examiner les entrailles des animaux : « quorum ex habitu atque ex colore tum salubritatis, tum pestilentiæ signa percipi, » car de leur état et de leur couleur on peut tirer des signes de santé ou de maladie ; « nonnunquam etiam, quæ sit vel sterilitas agrorum, vel fertilitas futura, » et l'on peut même savoir si les champs sont fertiles ou stériles (*Id.* LVII). Partant de là, Quintus rapporte, pour la blâmer, l'opinion que Pacuvius prête à un médecin qui figure parmi les personnages de la tragédie intitulée : *Chrysès*. Voici ce que dit notre confrère :

Nam istis, qui linguam avium intelligunt,
Plusque ex alieno jecore sapiunt quam ex suo,
Magis audiendum quam auscultandum censeo.

Quant à ceux qui comprennent le langage des oiseaux, qui trouvent plus de sens dans le foie d'un animal que dans le leur, je pense qu'il faut plutôt les entendre que les écouter. C'est bien là ce que tout médecin peut dire, et Pacuvius a parfaitement exprimé la pensée de ceux qui font profession de voir, d'examiner avant de croire. La nuance est délicate; l'homme de l'art conseille d'entendre et non pas d'écouter ceux qui ont de telles opinions; il ne veut pas qu'on blesse le sentiment religieux : il faut respecter la croyance, mais se borner à cela. Or, Quintus reproche au médecin qui tient ce langage de ne pas connaître la nature, « minime naturam rerum cognosse videatur, » et il appuie ce jugement sur ce qu'il y a des signes, que les hommes doivent nécessairement connaître ces signes, leur valeur, et que cette science est divine et infaillible. C'est précisément ce qu'il faudrait démontrer.

Nous allons voir, dans le second livre de la *Divination*, quel cas Cicéron fait de tous les arguments de son frère en faveur de cette croyance ; le grand orateur va les réfuter avec une verve charmante, avec une supériorité de raison qui montre bien la fermeté et l'élévation de son jugement.

Toujours disposé à ménager les préjugés populaires, comprenant bien leur valeur dans le gouvernement de la république, il se contente d'un examen philosophique de ces matières délicates, il ne cherche pas à substituer une opinion à une autre opinion, ou plutôt à détruire une chose sans rien mettre à sa place, mais il discute les faits et les croyances avec autant de sagesse que d'esprit, et laisse au lecteur le soin de conclure. Telle est d'ailleurs son procédé habituel dans toutes les discussions sur des matières analogues; il ne veut pas démontrer rigoureusement une thèse quelconque, il se contente de fournir toutes les raisons possibles en faveur d'une opinion qui est la sienne, mais qu'il laisse à peine deviner. Il prête à ses adversaires tous les arguments sur lesquels on appuie une manière de voir qu'il veut combattre, et démolit peu à peu cet édifice laborieusement élevé par la crédulité ou l'ignorance. Voyons comment il va traiter son cher Quintus.

Voici son début. Il faut que je réponde à ce que vous avez dit; je le ferai, « sed ita, nihil ut affirmem; quæram omnia, dubitans plerumque, et mihi ipse diffidens, » sans rien affirmer, en recherchant la vérité, le plus souvent en émettant des doutes et toujours avec défiance de moi-même (lib. II, II). Il ajoute : « Si enim aliquid certi haberem, quod dicerem, ego ipse divinarem, qui esse divinationem nego : » en effet, si j'affirmais quelque chose, ne serait-ce pas me poser en devin, moi qui nie la divination? Et avec ce bon sens pratique qui ne l'abandonne jamais, il dit aussitôt : « Etenim ad ægros non vates, aut hariolos, sed medicos solemus adducere, » nous appelons auprès de nos malades, non des devins, non des prophètes, mais des médecins (*Id.* III). Si habile que soit le devin, l'augure ou l'aruspice, jugeront-ils avec plus de discernement le caractère d'une maladie que le médecin? « Medicus morbum ingravescentem ratione providet » (*Id.* VI), la raison apprend au médecin que la maladie fera des progrès, et ces pronostics ont de la valeur, bien qu'ils ne soient pas d'une certitude absolue.

Cicéron discute avec une verve étonnante la valeur des signes fournis par les entrailles des animaux. Il établit que cette science n'a pas de fondement réel, que les mêmes signes sont interprétés différemment par les aruspices d'Étrurie, de l'Élide, de l'Égypte et de Carthage. L'opinion de Démocrite lui-même sur la valeur de ces signes comme indication d'une année abondante ou stérile, d'une saison saine ou malsaine, ne serait valable que si tous les animaux immolés offraient invariablement les mêmes caractères. Mais on trouve chez l'un le foie luisant et gonflé, chez l'autre, cet organe est rude et maigre, « eadem hora aliæ pecudis jecur nitidum atque plenum est, aliæ horridum et exile » (*Id.* XIII). Les mots *nitidum* et *horridum* se traduisent, suivant les professeurs de belles lettres, le premier par *bien portant* et le second par *malade*. A notre point de vue, le sens accepté par nous est plus exact, plus médical, plus anatomique, aussi lui donnons-nous la préférence.

Les signes fournis par le foie ne valent pas mieux que ceux qui appartiennent aux intestins. Les aruspices discutent sur les fissures de cet organe, sur celle qui est favorable et sur la fissure vitale : « fissum naturale et vitale tractant. » Nous avons dit ce que l'on devait entendre par là et quelle était l'importance de ces scissures plus ou moins profondes dans la substance du foie à l'état normal. Les scoliastes ont été fort embarrassés à l'occasion de ce passage ; on a voulu rapporter au poumon la fissure vitale, mais sans aucune autorité suffisante. Évidemment il ne peut être question ici que du foie, et l'on a pu donner des noms différents aux diverses scissures qui divisent cet organe en plusieurs lobes, surtout chez les animaux. Un de ces lobes s'appelait *familiaris;* l'autre *hostilis;* ces désignations, dont on retrouve la trace dans des auteurs bien postérieurs à Cicéron, ne représentent pas pour nous des idées très-exactes; les coutumes locales ne nous ont pas été transmises avec certitude, et il faut s'en tenir aux conjectures les plus naturelles. Par exemple, les stoïciens, dit Cicéron, avaient remarqué une affinité singulière entre le foie des souris et le solstice d'hiver, « musculorum jecuscula bruma dicuntur augeri, » mot à mot : on dit que les lobes du foie des petites souris se gonflent au solstice d'hiver; et Pline, qui accepte ces choses sans critique, dit que le nombre de lobes de ce foie est en rapport avec le nombre de jours de la lune. Cicéron n'examine pas si certains phénomènes naturels sont vrais ou contestables, il croit sur parole ceux qui les décrivent et montre en cela une facilité qui a droit de nous surprendre. Ainsi le pouliot, *Mentha pulegium*, Lin., même desséché, fleurit le jour du solstice, « puleium aridum florescere ipso brumali die. » Varron, Pline et bien d'autres racontent merveilles du pouliot, de ses propriétés médicinales; mais l'observation la plus simple ne les confirme pas. L'arôme agréable de cette labiée, si puissant dans les pays méridionaux, a dû faire supposer des qualités analogues; mais en dehors de l'action stimulante d'une huile essentielle, il n'y a rien qui soit de nature à légitimer les contes de ces collecteurs de phénomènes.

A ce sujet, nous devrons rectifier des interprétations que les traducteurs ont admises bien légèrement. A la suite de la phrase que nous venons de citer, « puleium aridum florescere ipso brumali die, » on trouve ceci : « et inflatas rumpi vesiculas. » Qu'est-ce que cela veut dire? Le traité de la *Divination* de l'édition Panckoucke a été traduit et annoté par M. de Golbery, et cet auteur écrit tout simplement : les petites cloches se gonflent et se rompent, et puis dans une note il cite Pline le naturaliste, qui affirme qu'au solstice d'hiver on voit fleurir cette plante, même desséchée et suspendue dans une chambre. L'air qui la gonfle en rompt les membranes. Quelles sont ces vésicules qui se gonflent et se déchirent ? Le pouliot des anciens est-il une autre espèce que celui qui porte ce nom en botanique moderne? aurait-il un calice renflé ou une corolle marcescente prenant la forme ampullaire? Cela est facile à supposer, mais, quoi qu'il en soit, on comprend que l'air humide puisse agir sur des membranes très-hygrométriques et leur donner une forme particulière.

Ce n'est pas tout. A la suite de cette sorte de résurrection du *puleium* vient cette terminaison de la phrase : « Et semina malorum quæ in iis mediis inclusa sunt in contrarias partes se vertere. » Nous retombons encore une fois dans nos doutes, et nous nous demandons : qu'est-ce que cela veut dire? Voyons le mot à mot : Et les graines des pommes, qui sont renfermées en elles, se tournent en sens contraire. Dans les divers exemplaires des œuvres de Cicéron que j'ai pu consulter, j'ai toujours vu que ces phénomènes végétaux ne forment qu'une seule phrase, et que les divers membres qui la composent ne sont séparés que par de simples virgules. Cependant il ne me paraît pas possible de confondre les phénomènes de la végétation du pouliot avec celui qui se manifeste dans la graine des pommes. Il y a là évidemment un fait d'une autre ordre, et la ponctuation devrait l'annoncer. Sans le mot *malorum* on pourrait admettre que les quatre akènes placés au fond du calice persistant du pouliot ont été renversés par un accident analogue à celui qui a gonflé les vésicules et les a fait rompre, mais *semina malorum* ne peut se rapporter à une labiée, et nous pensons que le texte laisse quelque chose à désirer.

Cependant, comme on peut toujours supposer que beaucoup de particularités de ce genre, mal observées et racontées par des esprits enclins au merveilleux, ont pour point de départ un fait réel, j'ai dû m'enquérir de ces choses et voir si, dans le midi de la France, en Italie, en Sicile, il ne se passait pas de phénomènes analogues. Or, on sait que partout sur le littoral de la Méditerranée les labiées, fortement aromatiques, jouent un certain rôle dans les habitudes de la vie privée. Partout, aux environs de Montpellier et en Provence, on rencontre, dans les maisons, des paquets de thym ; on en met surtout dans les lieux où il est nécessaire de combattre une mauvaise odeur, et il n'est personne qui ne sache qu'à une certaine époque de l'année l'action de l'air agit sur les calices de cette plante. On trouve le sol de la pièce couvert de graines, et cette dissémination des semences se produit par l'action de l'air humide qui change les conditions matérielles de certaines parties du végétal. Les calices urcéolés sont fermés à la gorge par des poils dont la disposition s'oppose à la chute des graines. L'air humide agit sur ces parties très-hygrométriques, et de là le phénomène dont on parle. On pourrait objecter que c'est précisément le phénomène contraire qui doit se manifester, la chaleur dilatant les parties : mais il nous suffira de constater des changements capables d'expliquer certains faits mal interprétés pour en faire disparaître tout le merveilleux.

Donc, ce passage tout entier offre des obscurités qu'on ne détruit pas en invoquant le témoignage de Pline, car personne n'acceptera son autorité plus que suspecte en semblable matière. Il faut donc, ou rester dans le doute à propos d'assertions sans valeur, ou changer la ponctuation de la phrase et la terminer au mot *vesiculas*. Si l'on adopte le mouvement des graines en sens contraire, il faudra supprimer le mot *malorum* qui n'est peut être qu'une simple interpolation de copiste ou de scoliaste, et passer outre, car c'est beaucoup de bruit pour rien.

Après les entrailles et le foie, les deux choses principales pour les aruspices, vient le cœur, qui n'apparaissait pas de prime abord aux yeux des sacrificateurs. Il fallait ouvrir la poitrine, inciser le péricarde, et l'on pouvait alors apprécier ses qualités physiques, sa position, son volume, sa couleur, le plus ou moins de tissu graisseux recouvrant ses fibres charnues. Mais que César ait pu être trompé au point de croire que chez le taureau immolé par lui cet organe manquait complétement, voilà ce que Cicéron ne peut admettre : « Id quia non potuerit accidere, ut sine corde victima illa viveret, judicandum esse, tum interiisse cor, quum immolaretur, » et comme il était impossible que l'animal vécût sans cœur, vous en concluez qu'il disparut au moment du sacrifice (lib. II, XVI). Il soutient que, puisque l'animal vivait, le cœur n'a pu s'envoler tout à coup, et l'on ne sait où, « cor subito non potuisse, nescio quo, avolare. » Et il ajoute ces raisons excellentes. Je me résignerais plutôt à ignorer de quelle nécessité le cœur est à l'existence, « vel suspicari contractum aliquo morbo, bovis exile et exiguum et vietum cor, et dissimile cordis fuisse, » j'admettrais que, rétréci par une maladie, il s'est retiré, amolli, qu'enfin il ne ressemblait plus à un cœur. Cicéron, qui perd rarement l'occasion de plaisanter sur les mots, dit à Quintus : croyez-vous que le taureau gras a perdu tout à coup son cœur, ou bien qu'ayant vu César sans cœur, « excordem Cæsarem, » revêtu de la pourpre, il s'est lui-même débarrassé de son cœur, « ipse corde privatus est ? » Il termine ce chapitre en disant : « dum aruspicinam veram esse vultis, physiologiam totam pervertitis, » tandis que vous soutenez la vérité de la science des aruspices, vous détruisez la physiologie, c'est-à-dire, la science de la nature. Ainsi, pendant que vous répandez la farine et le vin sur l'autel, un dieu arrache le cœur de l'animal, détruit la tête du foie; ce n'est plus la nature qui crée ou fait périr les objets; quelque chose peut naître de rien et disparaître dans le néant, « et erit aliquid, quod aut ex nihilo oriatur, aut in nihilum subito occidat. » Conclusion : le vieux Caton avait coutume de dire qu'il s'étonnait que deux aruspices pussent se regarder sans rire : « Mirari se aiebat, quod non rideret aruspex, aruspicem quum vidisset. » On attribue ce mot piquant à Cicéron lui-même, mais c'est une erreur, car il dit : « vetus autem illud Catonis admodum scitum est. »

Cette soif de connaître l'avenir, si universelle qu'on l'observe, en est-elle plus sage, et n'est-ce pas un bonheur d'ignorer les misères réservées à chacun de nous ? Dicearque a écrit un gros livre pour prouver qu'il vaut mieux ignorer l'avenir, et Cicéron dit : « Certe igitur ignoratio futurorum malorum utilior est quam scientia. » A quoi bon savoir une chose que l'on ne peut éviter ? Un homme honnête ne dit pas à son ami le malheur qui le menace, quand ce malheur est certain et inévitable, de même que les médecins instruits ne disent pas aux malades désespérés qu'ils doivent mourir de leur maladie : « Ut medici, quanquam intelligunt sæpe, tamen nunquam ægris dicunt illo morbo eos esse morituros (lib. II, xxv). Voilà comme M. de Golbery traduit ce passage, mais il faudrait dire que les médecins, lors même qu'ils le savent souvent, ne disent pas aux patients qu'ils doivent mourir de cette maladie. Il ne s'agit pas du degré de science de l'homme de l'art, mais du pronostic qu'il porte sur un cas spécial.

L'efficacité de la médecine, dans beaucoup de cas, va contre les augures. En effet, bien des hommes nés avec des défauts, des imperfections, s'en corrigent, sont redressés ou guéris, soit que la nature agisse d'elle-même, ou par l'art médical : « Multi quum ita nati essent, ut quædam contra naturam depravata haberent, restituerentur et corrigerentur ab natura, quum se ipsa revocasset, aut arte atque medicina (*Id.* XLVI). Cicéron cite à l'appui un fait qui ne paraît pas très-croyable. Il y a des hommes, dit-il, qui ont la langue adhérente, et ne peuvent parler, « quorum linguæ sic inhærerent, ut loqui non possent, » et chez lesquels une opération remédie à cet inconvénient, « eæ scalpello resectæ liberarentur. » Ces langues, au pluriel, se rapportent à « multi, » mais, si la grammaire est satisfaite, la science s'étonne de ce grand nombre d'adhérences d'un organe habituellement fort mobile. Le texte s'oppose à ce que l'on ne voie ici que la persistance de ce que l'on nomme le *filet* qui, chez les nouveau-nés, gêne non pas la parole, mais la succion, l'allaitement, petite imperfection fréquente qu'un léger coup de « scalpellum » fait disparaître aussitôt. Nous inclinons à penser que l'adhérence de la langue dont parle Cicéron n'est, en effet, que le repli muqueux qui s'avance au-dessous de l'organe jusqu'à sa pointe et rend les mouvements moins faciles. Alors le pluriel de Cicéron s'explique et l'opération n'a plus d'importance.

Les songes et leur interprétation sont l'objet d'un long examen de la part de Cicéron ; il se montre en ceci non moins incrédule que pour les augures et les aruspices, il rit des malades qui iraient demander un remède à celui qui explique les rêves plutôt qu'à un médecin : « ægros a conjectore somniorum potius quam a medico petere medicinam (*Id.* LIX). Esculape et Serapis pourraient, dans un songe, nous guérir de nos maux, tandis que Neptune ne pourrait diriger les pilotes. Enfin, Minerve pourrait nous donner la médecine sans le médecin, « et, sine medico, medicinam dabit Minerva. » On voit que Jean-Jacques

Rousseau n'a pas eu de peine à inventer sa fameuse épigramme.

Et puis les prescriptions médicales qui sont formulées dans les songes, au dire de ceux qui les interprètent, ont-elles assez de clarté, de précision, pour qu'on doive les accepter aveuglément ? Cicéron se moque des périphrases obscures, des bizarreries de langage que l'on prête à ces inspirés, et il dit : « ut si quis medicus ægroto imperet, ut sumat »

Terrigenam, herbigradam, domiportam, sanguine cassam.

C'est comme si un médecin prescrivait à son malade de prendre un enfant de la terre, rampant sur l'herbe, portant sa maison et dépourvu de sang, « potius quam hominum more cochleam dicere, » au lieu de dire simplement, comme tout le monde, un colimaçon (*Id.* LX). Comment Alexandre a-t-il pu reconnaître la plante que lui montrait le serpent de son rêve, alors que le héros dormait auprès de son ami Ptolémée, grièvement blessé par une flèche empoisonnée? On prétend que le reptile lui avait dit le nom de cette herbe; mais, dit Cicéron, il pouvait difficilement parler pendant qu'il tenait la plante dans sa gueule. Quoi qu'il en soit, Alexandre ne se trompa pas, et son ami fut guéri par la vertu de ce végétal précieux et malheureusement resté inconnu.

Les arguments que Cicéron oppose à la véracité des songes sont souvent de simples plaisanteries. Il rapporte un grand nombre de rêves interprétés dans deux sens absolument contraires et montrant bien la subtilité d'esprit de ceux qui se chargeaient de ce soin. Ainsi, une femme qui désirait un enfant ne savait si elle était enceinte ; elle rêva... cela est difficile à dire. Enfin « visa est in quiete obsignatam esse naturam. » « Obsignare » veut dire *cacheter*. Un interprète consulté répondit que la grossesse était impossible en raison de cette circonstance. « Negavit eam, quoniam obsignata fuisset, concipere potuisse. » La voilà au désespoir, mais comme deux avis valent mieux qu'un seul, elle s'adresse à un autre interprète, qui lui dit : Vous êtes enceinte assurément, « nam inane obsignare nihil solere, » car on ne cachète rien de vide. Et voilà comme les gens habiles se tirent d'affaire.

Telle n'est pas la science des médecins, elle est fondée sur des observations régulières, précises : « Medici signa quædam habent ex venis, et ex spiritu ægroti multisque ex aliis futura præsentiunt, » les veines, la respiration d'un malade, sont des signes qui servent à établir un pronostic (*Id.* LXX). D'après certains symptômes, l'homme de l'art voit arriver une maladie, il observe ses progrès : « nam medici ex quibusdam rebus et advenientes et crescentes morbos intelligunt, » et l'on prétend même que certains songes indiquent la nature du mal dont on est affecté, savoir, s'il y a plénitude ou épuisement, « pleni enectine simus, ex quodam genere somniorum intelligi posse dicuntur. » Ce passage a beaucoup exercé la patience des traducteurs. « Plenus » et, par opposition, « enectus, » cela paraît tout simple, et Hippocrate a parlé des espèces de songes qui peuvent conduire à ces aperçus révélateurs. On ne voit pas qu'il soit nécessaire de tourmenter le texte, de multiplier les leçons, les variantes, de dire avec Lambinus, « enectine fame, » ou « spleneticine, » avec Hottinguer, supposant une affection de la rate. L'édition de Moser, celle de Lemaire, et enfin M. Victor Le Clerc, ont adopté le sens le plus naturel, et nous nous croyons bien appuyé sur de telles autorités.

Il est un autre ouvrage de Cicéron, malheureusement mutilé, incomplet, mais dont les fragments méritent une sérieuse attention de tous ceux qui veulent connaître l'histoire de la philosophie. Le traité *De Fato* sert, en quelque sorte, de complément à ceux que nous avons parcourus, il vise à la solution d'un des problèmes les plus difficiles de notre nature, et l'auteur désignait ce sujet sous le titre de « obscurissima et implicatissima quæstio. » Aussi a-t-il suivi une autre marche. Au lieu de confier à un ou plusieurs interlocuteurs le soin d'établir divers systèmes qu'il combat les uns par les autres, ou par des arguments qui lui sont propres, comme les idées sur le destin sont plus obscures, il se charge seul d'exposer le sentiment des diverses sectes philosophiques sur ce point. Il est à regretter que son ouvrage ne nous soit parvenu qu'en partie, et d'autant plus que nous ne possédons pas ceux de Carnéade, de Chrysippe, dont il expose les doctrines. Nous savons seulement qu'il réfute à la fois Posidonius le stoïcien, qui fut un de ses maîtres, et Épicure. Mais, voyons si nous trouverons là quelque chose qui nous touche.

Au commencement du second fragment, Cicéron rapporte quelques faits singuliers dont nous sommes libres d'apprécier l'importance, mais qui ont au moins un intérêt de curiosité. Le poëte Antipater, qui était de Sidon, éprouvait tous les ans, le jour même de sa naissance, un accès de fièvre bien caractérisé. Il vécut très-longtemps et mourut de cet accès périodique à longs intervalles. Valère Maxime et Pline rapportent le fait, ce qui ne suffirait pas pour en garantir l'authenticité. On sait cependant que ces sortes de fièvres intermittentes à longues périodes ne sont pas absolument rares. M. le docteur Mêlier en a signalé plusieurs exemples fort remarquables. Cela ne nous empêche pas de douter de la fièvre d'Antipater.

Sous le titre de sympathies naturelles, qu'il appelle

« naturæ contagio, » Cicéron rapporte les exemples connus de deux personnes nées le même jour et soumises à des destins semblables, comme les philosophes Polystrate et Hippoclide ; mais il croit peu à ces rapprochements qui ne peuvent être que fortuits. Cependant il est un fait remarquable que nous citerons ici par considération pour les noms qui lui servent de garantie. Saint Augustin, dans la *Cité de Dieu* (liv. V, chap. II), rapporte le fait suivant : « Cicero dicit Hippocratem, nobilissimum medicum, scriptum reliquisses quosdam fratres, quum simul ægrotare cœpissent, et eorum morbus eodem tempore ingravesceret, eodem levaretur, geminos suspicatum. » On doit savoir gré à l'évêque d'Hippone de nous avoir conservé ce détail, qui n'est indiqué dans l'ouvrage dont nous nous occupons en ce moment que par ces mots : « Ut in simul ægrotantibus fratribus» (*de Fato,* III). On voit là un exemple de la sagacité hippocratique, une induction rationnelle établie à priori et confirmée par le fait lui-même. Encore une fois, nous dirons comme Cicéron, ces accidents sympathiques nous frappent, nous les constatons avec réserve, nous les acceptons, non point comme une fatalité, une nécessité, « vis est nulla fatalis, » mais en qualité de coïncidence remarquable.

Cicéron n'attache aucune importance aux signes fournis par les urines ; l'ouvrage intitulé Οὐρομαντεία ne lui inspire pas de confiance, et nous serions volontiers de cet avis, si les progrès de la chimie pathologique n'avaient produit à la longue une science réelle qui doit, en grande partie, sa certitude et son éclat à M. Rayer et à M. Alf. Becquerel. Entre les gens qui, à la simple inspection de l'urine, prétendent connaître la nature d'une maladie, et ceux qui, à l'aide de réactifs et d'analyses savantes, font en quelque sorte l'anatomie de ce liquide, il y a toute la distance qui sépare le plus grossier empirisme du médecin habile et consciencieux qui s'éclaire de toutes les ressources que peuvent fournir les sciences exactes et l'observation la plus intelligente.

Nous ne pouvons placer sur le même rang certains signes auxquels l'antiquité a donné une valeur que rien ne peut justifier. Les taches qui se montrent sur les ongles ont servi de base a bien des pronostics de fantaisie; Pline en parle fort au long, mais notre auteur ne daigne pas s'y arrêter, et il a raison. Il accorde, en revanche, une attention méritée aux climats salubres ou malsains, lesquels produisent sur leurs habitants des dispositions particulières : « Alios esse salubres, alios pestilentes, in aliis esse pituitosos et quasi redundantes, in aliis exsiccatos atque aridos » (*Id.* IV). En continuant cet examen, il attribue à l'air vif et pur de l'Attique la finesse des Athéniens, « Athenis tenue cœlum, ex quo acutiores etiam putantur Attici. » Le contraire s'observe à Thèbes, « crassum Thebis, itaque pingues Thebani, et valentes, » aussi les Thébains sont gras et robustes; et même après ces observations générales qui ont un fondement très-réel, Cicéron doute encore de l'efficacité absolue de ces conditions locales et climatériques, car, dit-il, on voit même dans chacun de ces pays des hommes qui sont doués de qualités physiques ou morales tout à fait différentes, ce qui doit nous tenir en garde contre les jugements trop absolus. Nous ne pouvons qu'approuver cette sage réserve.

Il ne dépend pas de nous, dit Cicéron, de naître robustes ou faibles, spirituels ou niais, « acuti hebetesne, valentes imbecilline simus, non esse id in nobis; » mais nous pouvons nous corriger de certains défauts et devenir meilleurs. Stilpon de Mégare était enclin à aimer les femmes et le vin, ainsi qu'en convenaient volontiers ses amis, « hunc scribunt ipsius familiares et ebriosum et mulierosum fuisse : » mais la philosophie le guérit, et il ne céda jamais à ce double entraînement. Telle est la puissance de la volonté, de la raison, et une r reille victoire remportée par un homme sur lui-même prouve combien ce que l'on appelle la fatalité est chose dérisoire. Quelle foi accorder à ceux qui prétendent, comme Zopyre, reconnaître les penchants, le caractère, à l'inspection du front, des yeux, du visage? Ce physionomiste disait que Socrate était lourd, stupide, « bardum et stupidum, » parce que le devant du col était saillant, « quod jugula concava non haberet, » parce que la gorge n'était pas creuse (*Id.* v), et il ajoutait : « obstructas eas partes et obturatas esse dicebat, » que chez lui ces parties étaient remplies et obstruées. On ne sait pas bien ce que cela signifie, à moins que cette disposition ne tienne à un goître, à une tumeur lymphatique quelconque, pouvant se rapporter à l'affection strumeuse, et cette interprétation nous semble la plus admissible. Enfin, pour terminer l'exposé de cette science de Zopyre, Cicéron dit que ce grand physionomiste affirmait que Socrate était fort amateur du beau sexe, « mulierosum, » et à propos de cela, il ajoute avec sa malice ordinaire : « in quo Alcibiades cachinnum dicitur sustilisse, » ce qui faisait rire Alcibiade aux éclats. Pétrone, Plutarque et quelques autres écrivains de grand poids ont vengé Socrate de ces calomnies, et la plaisanterie de Cicéron ne peut prouver autre chose que son goût pour les épigrammes. On sait que Socrate avouait lui-même les combats qu'il avait dû soutenir contre certaines inclinations et le triomphe dû à son énergique résistance.

Cicéron accorde le même titre de savants aux médecins et aux géomètres; on voit qu'il revient sur une appréciation beaucoup moins flatteuse que nous avons signalée page 200. Cette nouvelle opinion, plus réfléchie, se fonde sur une forme logique un peu paradoxale que l'on nous prête; on prétend que nous exprimons notre pronostic d'une manière conjonctive ou négative. Et comme, suivant Cicéron, Chrysippe affirme que les Chaldéens ont tort de formuler leurs prévisions d'une manière affirmative, il en conclut que les médecins eux-mêmes devraient changer leur manière d'établir, d'annoncer l'avenir. Par exemple, au lieu de dire : ce malade a le pouls agité, donc il a la fièvre : « si cui venæ sic moventur, is habet febrem, » ils devraient dire : « non ei venæ sic moventur, et febrem is non habet, » c'est-à-dire, on ne peut avoir le pouls ainsi agité et n'avoir pas la fièvre (*de Fato*, VIII). Ce sont là des subtilités de sophistes qui ne valent guère la peine qu'on s'en occupe : aussi Cicéron s'en moque à outrance et il a bien raison.

A propos de la réalité des choses futures, notre auteur se lance dans des raisonnements plus spécieux que justes, où nous ne relèverons qu'un exemple choisi par lui et qui nous intéresse : « Ut in eo, qui mortifero morbo urgeatur, verum sit, hic morietur hoc morbo ; » ainsi d'un malade affecté d'une maladie mortelle, on dira : cet homme mourra de sa maladie ; « at hoc idem si vere dicatur in eo, in quo vis morbi tanta non appareat, nihilominus futurum sit, mais on peut dire la même chose, avec non moins de vérité, d'un individu qui serait en proie à une maladie semblable, mais moins grave, et ici la distinction paraît puérile, le vrai ne pouvant pas cesser de l'être, bien que le degré de certitude varie entre deux cas analogues. Encore une fois ces distinctions subtiles ne peuvent intéresser que les amateurs des formes scolastiques, ceux qui attachent plus d'importance à la composition d'un syllogisme qu'à la valeur de la proposition énoncée.

Voici un argument que les philosophes désignent sous le nom de paresseux, ἀργὸς λόγος, et que n'ont pas cessé d'employer bien des gens qui se piquent de raisonner en esprits forts. « Si fatum tibi est ex hoc morbo convalescere, si medicum adhibueris, sive non, convalesces; » s'il est dans votre destinée d'échapper à cette maladie, que vous appeliez ou non un médecin, vous guérirez; si vous devez en mourir, ayez ou non un médecin, vous mourrez. « Et alterutrum fatum est: » or le destin veut l'un ou l'autre, donc il est inutile d'appeler un médecin, « medicum ergo adhibere nihil attinet » (*de Fato*, XII). Cicéron dit que c'est avec raison qu'on a appelé paresseux ce genre d'argument, et qu'il pourrait servir pour toute autre affaire. Il ajoute cette remarque pleine de sens : « Tam enim est fatale medicum adhibere quam convalescere, » le destin suppose l'appel du médecin conjointement avec la guérison, ou plutôt comme condition de celle-ci. Chrysippe appelle ces choses *confatalia*.

Cela conduit l'auteur à examiner la doctrine des causes. Il dit : « Causa autem ea est, quæ id efficit, cujus est causa, » c'est ce qui produit réellement l'effet qu'on lui rapporte, « ut vulnus, mortis; cruditas, morbi; ignis, ardoris, » comme la blessure relativement à la mort; l'indigestion à la maladie; le feu à la chaleur. Mais les événements qui se succèdent ne sont pas nécessairement enchaînés l'un à l'autre. Si Philoctète a été abandonné dans l'île de Lemnos, cela n'était pas vrai de toute éternité; il fallait faire intervenir une blessure, et à propos de cette blessure, que l'on attribue d'ordinaire à une des flèches d'Hercule, flèche empoisonnée, Cicéron dit que le héros grec fut piqué par un serpent, « serpentis morsu. » Déjà, dans les Questions tusculanes, livre II, nous avions remarqué des vers d'Ennius dans lesquels il exprime le même fait :

E viperino morsu venæ viscerum
Veneno imbutæ tetros cruciatus cient.

Le serpent devient une vipère, la chose prend un caractère

plus net, plus spécial, et le malade peut dire : « Conficit animam vis vulneris, ulceris æstus, » bien que l'on ne connaisse pas de vipère de l'ancien monde capable de produire un mal aussi durable. Ce n'est guère qu'à la Martinique que l'on voit les incurables suppurations que laisse après elle la morsure du terrible bothrops ou fer de lance, ainsi que M. le docteur Rufz en rapporte tant d'exemples lamentables.

Tout ceci prouve que Cicéron s'amusait quelquefois à des subtilités peu dignes de lui, qu'il se laissait entraîner aux disputes de mots des sophistes et que, dans les obscurités d'une dialectique de mauvais aloi, il trouvait un certain plaisir, celui de faire briller la sagacité de son esprit. C'est aussi dans des travaux de ce genre que nous rencontrons le moins de choses purement scientifiques, car de pareilles finesses ne comportent pas l'emploi des faits d'un ordre matériel, et la médecine n'a rien à faire au milieu des discussions que soulèvent les arguments de l'école.

DE OFFICIIS.

Il en est à peu près de même, mais pour d'autres motifs, d'un traité célèbre dans lequel Cicéron a déployé un merveilleux talent d'analyse. Nous voulons parler de son fameux ouvrage intitulé : *M. T. Ciceronis ad Marcum filium, de Officiis*. Le Traité des Devoirs démontre avec la plus grande force que l'homme doit obéir, en toutes choses, à deux sentiments principaux : l'honnête et l'utile ; que le souverain bien ne saurait être séparé de la vertu, et que celle-ci a pour base la prudence, la justice, la force et la tempérance.

Il ne nous appartient pas de pousser plus loin cette étude d'un ouvrage où brillent toutes les perfections, où la pensée excellente, revêtue d'une forme exquise, ne peut être assez méditée. L'auteur, qui traite à la fois des devoirs les plus sérieux et des bienséances, qui sont une autre sorte de devoirs, a été de tous temps l'objet des plus unanimes applaudissements; il a servi de modèle et de guide à un grand nombre d'écrivains, et son ouvrage, cent fois traduit et annoté, a été considéré comme un chef-d'œuvre immortel. Sa perfection elle-même, non moins que l'élévation du style et la hauteur des vues, ne comportaient guère d'allusions à la médecine, aussi n'aurons-nous que peu de chose à y récolter. A mesure que le sujet s'élève, que l'esprit s'abandonne à des spéculations plus intimes sur la nature des obligations imposées à l'homme, Cicéron cesse de s'occuper des choses vulgaires, et les misères de la pauvre humanité tiennent moins de place dans son discours. Cependant nous verrons que les affaires médicales proprement dites ont une telle connexion avec le côté immatériel de l'être humain, qu'il est impossible de les séparer entièrement, de sorte que, même en un traité où le côté moral de l'homme est en cause, il faut encore avoir recours à l'art de guérir pour expliquer certaines questions naturellement obscures.

Après un examen rapide des différences essentielles qui séparent l'homme des animaux, sa perfectibilité morale, le lien de la famille, la sociabilité, la mémoire et le jugement, il établit que ces précieuses facultés ont besoin de culture, d'exercice. « Sed ut nec medici, nec imperatores, nec oratores, quamvis artis præcepta perceperint, quidquam magna laude dignum sine usu et exercitatione consequi possunt : » comme jamais ni médecin, ni général, ni orateur, n'ont eu de grands succès par la seule théorie de leur art et sans le secours de l'expérience, de même, etc. (*de Off.* lib. I, XVIII). Et un peu plus loin, à propos de ces règles de conduite qui doivent diriger les hommes dans les circonstances graves, il dit très-sagement : « Quapropter in adeundis periculis consuetudo imitanda medicorum est, qui leviter ægrotantes leviter curant, gravioribus autem morbis periculosas curationes et ancipites adhibere coguntur : » imitons ici les médecins, qui guérissent les maladies légères avec des remèdes doux, et appliquent au contraire des médicaments énergiques et même hasardeux aux affections d'une nature dangereuse (*Ibid.* XXIV). On dirait qu'il s'agit ici d'un certain principe qui n'est pas du goût de tout le monde, « melius anceps remedium quam nullum, » et que de sages esprits ont remplacé par celui-ci : Il vaut mieux s'arrêter que de marcher dans les ténèbres, « melius est sistere gradum quam progredi per tenebras. » Nous déclarons incliner fortement vers ce dernier parti.

Cicéron dit très-élégamment que la beauté et la grâce du corps sont inséparables de la santé : « Venustas et pulchritudo corporis secerni non potest a valetudine » (*Ibid.* XXVII) ; ce qui est peut-être exagéré, mais nous aimons ces opinions bienséantes fondées sur le rapport harmonique des choses, sans tenir compte des objections de détail que ne manqueront pas de soulever les esprits qui se piquent d'exactitude. Il y a là un peu de poésie, on sent l'heureuse influence de Platon sur son disciple. Voyez plutôt la phrase suivante : « Ut enim pulchritudo corporis apta compositione membrorum movet oculos, et delectat hoc ipso, quod inter se omnes partes cum quodam lepore consentiunt, » comme un beau corps attire nos regards par la justesse des proportions et les charme par l'accord gracieux de toutes ses parties, ainsi, etc. (*Ibid.* XXIII). C'est le développement de l'idée précédente, la conséquence du même système, et nous n'avons pas à le critiquer. Il n'est personne qui n'approuve pleinement les déductions que tire Cicéron de ces principes si justes. En voici une qui nous paraît excellente : « Itaque victus cultusque corporis ad valetudinem referantur, non ad voluptatem,» ainsi dans la nourriture et les soins que nous prenons de notre corps, il faut chercher non la volupté, mais la santé et la vigueur (*Ibid.* xxx). Et cependant cette raison, qui guide notre auteur dans tous les conseils qu'il donne à son cher Marcus, l'abandonne dans une circonstance où elle devrait triompher avec plus d'éclat. Il dit que telle est l'étonnante influence de la diversité des caractères, qu'il y a des occasions où un homme devra se donner la mort, tandis que le suicide serait un grand crime pour une autre personne : « Atque hæc differentia naturarum tantum habet vim, ut nonnunquam mortem sibi ipse consciscere alius debeat, alius in eadem causa non debeat (*Ibid.* xxxi). Notons l'expression énergique : « consciscere sibi mortem,» attenter à ses jours.

Un de ces chapitres si chers aux amateurs de causes finales contient des considérations sur l'ordonnance du corps humain, sur les choses qu'il faut dérober à la vue, sur les lois de la décence, sur celles, bien plus sévères encore, de la bienséance, sur les bizarreries de quelques lois qui sont consenties, acceptées par tout le monde, par exemple : « Quodque facere turpe non est, modo occulte, id dicere obscenum est. » Cicéron était un grand casuiste en pareille circonstance, et si nous n'avons pas cité dans le temps une certaine lettre adressée à Petus (*ad div.* ix, 22), c'est qu'elle entre dans des détails tellement précis, que la pruderie la moins sauvage pourrait difficilement les supporter. Nous engageons les curieux de ces sortes de choses à recourir au texte, ils verront à quel point la société romaine était en garde contre certaines locutions amphibologiques ou contre des consonnances difficiles à éviter. Il y avait déjà des précieuses, presque ridicules, qui s'offensaient de la moindre hardiesse de langage, qui aimaient les périphrases, et Cicéron, qui se vante d'imiter la modestie de Platon, « Platonis verecundiam, » déclare qu'il s'en est fait une douce habitude. Les stoïciens, qui soutenaient le singulier paradoxe que l'obscénité n'est ni dans les choses ni dans les mots, mais bien dans l'idée qu'on y attache, se permettaient des actions incongrues : « Sed illi etiam crepitus aiunt æque liberos ac ructus esse oportere (*ad div.* IX, 22). Et Cicéron, tout en se moquant de ces philosophes, termine sa lettre par ces mots : « Honorem igitur kalendis Martis, » respect aux calendes de Mars ! allusion à la fête des matrones.

Notons encore une fois que Cicéron tient la médecine pour une profession savante, pour un art libéral. Il dit en effet : « Quibus autem artibus aut prudentia major inest, aut non mediocris utilitas quæritur, ut medicina, ut architectura, ut doctrina rerum honestarum, hæ sunt iis, quorum ordini conveniunt, honestæ : » l'exercice des professions savantes, dont la société retire de grands avantages, comme la médecine, l'architecture, l'enseignement des arts libéraux, est honorable pour ceux au rang de qui elles conviennent (*de Off.* XLII). Et un peu plus loin, dans le second livre (lib. II, III), nous retrouvons la même idée sous une autre forme. Parmi les choses éminemment utiles on compte la médecine, la navigation, l'agriculture, la récolte et la conservation des grains et des fruits, « valetudinis curatio, navigatio, agricultura, frugum fructuumque reliquorum perceptio et conservatio. » Sans ces arts divins, que deviendraient l'homme et la société ? « Quis enim ægris subveniret, quæ esset oblectatio valentium, qui victus aut cultus, nisi tam multæ nobis artes ministrarent ? » Qui nous soulagerait quand nous sommes malades ? quels plaisirs aurions-nous bien portants ? Comment se nourrir, s'habiller en l'absence de ces arts ? (*de Off.* lib. II, IV). On voit que Cicéron est amené par la force des choses à reconnaître l'utilité de la médecine ; il vieillissait, sa santé, moins bonne, lui démontrait les avantages d'une science capable de conjurer les maux qu'apporte avec elle la vieillesse prochaine, et de là ces marques d'estime qu'il nous prodigue, et que nous eussions moins remarquées s'il avait toujours tenu le même langage.

Nous ne perdons guère, on a pu le voir à diverses reprises, l'occasion de relever certaines particularités de mœurs anciennes. On connaît ce misérable tyran, Alexandre de Phares, qui craignait tant pour sa vie, et qui prenait de si ridicules précautions, même contre sa propre femme, ainsi que le racontent les historiens. Quant au sortir de la salle du festin il entrait dans la chambre à coucher de son épouse, il se faisait précéder par un soldat armé, par un Thrace tenant un glaive nu à la main. Tout cela ne nous regarde pas : ces détails de ménage n'ont absolument rien de médical, mais cet esclave, ce barbare était remarquable en ce que sa peau était tatouée, « compunctum notis threiciis » (*De Off.* lib. II, VII). M. Stievenart, qui a traduit le traité *De Officiis,* dans l'édition Panckoucke, a rendu ces trois mots par la phrase suivante : le front couvert de stigmates, selon la coutume de sa nation. Rien n'indique que le front soit pour quelque chose dans cette affaire. Le front était recouvert par le casque, et les stigmates auraient été soustraits à la vue. Et puis, pourquoi le mot stigmates ? N'est-ce pas donner à croire que ce soldat ressemblait à celui dont parle Juvénal, à ce Sergius manchot, portant sur le front une tumeur résultant de la pression du casque.

> Attritus galea, mediisque in naribus ingens
> Gibbus.....
>
> (Satire VI, vers 107 et 108.)

On sait en effet que la peau meurtrie par cette coiffure lourde et inflexible devenait dure, saillante, qu'il y avait là comme un bourrelet semblable à celui qu'on voit à l'encolure des vieux chevaux de trait. Évidemment l'historien grec que cite Cicéron n'a pas voulu faire allusion à cette difformité acquise; il se sert du mot *notis*, cela est vrai, mais il est joint à une expression qui lui donne une signification particulière, spéciale, et l'on ne peut méconnaître là le tatouage, qui joue un si grand rôle dans l'ornementation des peuples primitifs. Il faut donc dire tout simplement que cet esclave était tatoué à la manière des Thraces, et c'est ce que nous avons voulu démontrer.

Cicéron parle souvent du philosophe Panetius, qui a fait un traité *Des Devoirs*, mais il déclare ne l'avoir pas traduit, et il fait remarquer que ce personnage a oublié deux préceptes, ceux qui sont relatifs à la santé et à la fortune. Quant au premier point, ajoute Cicéron, il n'en a rien dit parce qu'il est connu de tout le monde. En effet : Valetudo sustentatur notitia sui corporis, » on conserve sa santé par la connaissance que l'on a de son tempérament, « et observatione, quæ res aut prodesse soleant, aut obesse, » par l'observation de ce qui peut être nuisible ou utile au corps; « et continentia in victu omis, atque cultu, corporis tuendi causa, » en réglant bien la manière de se nourrir, de se vêtir, en observant la continence, « prætermittendis voluptatibus. » Et pour le reste, dit-il, consultez ceux que cela regarde plus particulièrement, c'est-à-dire, les médecins : « postremo arte eorum, quorum ad scientiam hæc pertinent » (lib. II, xxiv). C'est là un cours d'hygiène domestique que ne désavoueront pas les maîtres en cette partie essentielle de la médecine.

Le troisième livre du traité *De Officiis* contient une comparaison entre l'honnête et l'utile, et, pour le dire en passant, Cicéron, devenu paradoxal par position, considérant seulement le but à atteindre, accepte sans scrupule la ressource extrême du poignard contre un tyran, et de même qu'il a enseigné le suicide comme un moyen de terminer des maux incurables, il vante le courage des citoyens qui ne craignent pas de devenir homicides pour le salut de la république. C'est pousser le zèle un peu loin, et il pose certains principes avec une facilité singulière. Ainsi, dit-il, entre les tyrans et nous il n'y a pas de rapport, pas de société possible, pas d'obligations réciproques; c'est une race pestilentielle et impie qu'il faut exterminer : « genus pestiferum atque impium ex hominum communitate exterminandum » (lib. III, VI), et il se sert d'une comparaison dont la justesse est très-contestable : « Etenim, ut membra quædam amputantur, si et ipso sanguine, et tamquam spiritu carere cœperunt, et nocens reliquis partibus corporis... » De même que l'on coupe les membres dans lesquels le sang et les esprits vitaux ont cessé de circuler, parce qu'ils corrompent les autres parties du corps, de même il faut retrancher du corps social ces monstres, ces bêtes féroces, « feritas et immanitas belluæ, in figura hominis, » etc. Cicéron en parle bien à son aise. Quand la tyrannie était exercée par le Sénat, il poursuivait à outrance Catilina et les autres politiques qui détestaient l'aristocratie des personnages consulaires; Sylla, Marius, et plus tard Antoine, usaient des mêmes procédés envers leurs adversaires qui tentaient de ressaisir le pouvoir. Tout parti s'arroge le droit de se protéger; il n'est pas délicat sur le choix des moyens les plus propres à atteindre le but, et les anathèmes ne manquent pas de la part de ceux qui se posent en victimes.

Ma, per Dio! l'utilità! s'écrie un personnage comique dans une circonstance grave, et si l'on rit à cette exclamation naïve d'une conscience peu scrupuleuse, on se dit *in petto* qu'un pareil motif sert souvent de base à nos actions. L'égoïsme individuel se cache en hypocrite; mais que dirons-nous de celui des nations, agissant sans scrupule et cherchant à justifier une barbarie par un intérêt majeur? Cicéron blâme fortement les Athéniens d'avoir mutilé non pas leurs ennemis, mais des voisins dont ils redoutaient l'adresse et le courage. « Durius etiam Athenienses, qui sciverunt, ut Æginetis, qui classe valebant, pollices praeciderentur : » les Athéniens se montrèrent bien cruels en décidant que les habitants d'Égine, excellents marins, auraient les pouces coupés (*Ibid.* XI). Ils y virent de l'utilité parce que le voisinage de ces insulaires menaçait le Pirée. On a prétendu que le mot *poltron* donné aux gens timides venait de « pollex truncus, » pouce coupé, par la raison que la main privée du doigt opposant n'est plus d'aucun usage à la guerre, et que ceux qui sont ainsi mutilés ne peuvent pas se défendre. Le courage ne tient pas à la présence du pouce : aussi, comme Ménage, n'acceptons-nous pas cette étymologie.

Parmi les questions captieuses que les philosophes agitaient pour apprécier la moralité de certains actes, pour légitimer une action et lever tous les doutes des consciences délicates, il en est une qui nous intéresse et que voici : « Si quis medicamentum cuipiam dederit ad aquam intercutem, pepigeritque ne illo medicamento unquam postea uteretur : » un médecin a donné un remède à un hydropique, à la condition que celui-ci n'en ferait plus usage à l'avenir. Remarquons les expressions « aquam intercutem, » qui ne peuvent pour nous être l'équivalent d'hydropisie. C'est tout simplement un œdème, un épanchement souscutané, et non pas une ascite, une accumulation de sérosité dans la cavité péritonéale. Mais revenons à notre malade : « Si eo medicamento sanus factus fuerit, et annis aliquot post inciderit in eumdem morbum, nec ab eo, quicum pepigerat, impetret, ut iterum eo liceat uti, quid faciendum sit? » Le malade est guéri par ce remède, mais quelques années après, il éprouve une rechute et il ne peut obtenir d'être relevé de sa promesse : que doit-il faire? (lib. III, XXIV). Voilà à quoi s'amusaient les maîtres en philosophie du temps de Cicéron ; on s'exerçait à la solution de ces problèmes, chacun argumentait sur le droit, sur l'utilité, sur le devoir, et après de subtiles distinctions, on arrivait à conclure. Voici la conclusion de notre auteur : « Quum sit is inhumanus, qui non concedat uti, nec ei quidquam fiat injuriæ, vitæ et saluti consulendum. » Comme ce refus est inhumain et qu'on ne fait aucun tort à celui qui refuse, l'intérêt de la vie et de la santé doit prévaloir. Nous souscrivons à ce jugement.

DE LA VIEILLESSE.

Un autre traité, un nouveau chef-d'œuvre va nous occuper maintenant et nous montrera la merveilleuse fécondité du génie de Cicéron. Voici le titre d'un ouvrage qu'on ne saurait trop admirer : *Cato major, seu de Senectute dialogus ad Titum Pomponium Atticum.* Ce Caton l'ancien était le célèbre censeur (Marcus Porcius), né l'an 223 avant J.-C., et qui mourut âgé de quatre-vingt-deux ans. Ce savant vieillard avait beaucoup écrit ; on avait de lui, du temps de Cicéron, des harangues, un traité de l'art militaire, une histoire en sept livres intitulée : *les Origines,* puis des lettres, et enfin son traité *de Re rustica*, qui a été conservé et fait partie du recueil connu sous le nom de *Rei rusticæ scriptores.* Nous ne parlons pas d'un recueil de distiques moraux qu'on a cru pouvoir lui attribuer et qui est évidemment apocryphe.

Cicéron avait soixante-trois ans lorsqu'il composa son *Dialogue sur la vieillesse;* il était robuste, bien portant et pouvait espérer de mettre en pratique les sages maximes répandues dans son ouvrage, mais l'année suivante les sicaires payés par Antoine terminèrent brusquement une vie si glorieuse et si utile. Perte à jamais regrettable pour les lettres et la philosophie! Quels chefs-d'œuvre ne devait-on pas attendre d'un tel esprit, alors que, mûri par l'âge et dégagé du souci des affaires, il eût pu se livrer entièrement à l'étude et ajouter de nouvelles œuvres à celles qui lui ont valu une immortelle renommée?

Le traité de la Vieillesse est un des écrits les plus parfaits du grand orateur. Le style en est d'une grande élégance et tout à la fois simple et ferme. Caton, adressant la parole à Lelius et à Scipion, conserve dans son discours une sorte de familiarité distinguée qui lui donne un grand charme. Le vieillard discute les reproches que l'on fait aux progrès de l'âge; il démontre que la plupart de ceux-ci n'ont aucune valeur réelle, qu'il y a des plaisirs réservés à ceux qui vieillissent, que les années nous guérissent des passions, nous donnent la sagesse, l'expérience, l'indulgence, enfin que l'homme qui sait vivre n'a pas tant à se plaindre des jours nombreux que les dieux lui accordent. Ce plaidoyer, qui prend quelquefois une tournure un peu paradoxale, est animé d'anecdotes, de mots piquants; il nous donne la biographie d'un bon nombre de personnages qui ont joué un grand rôle dans les affaires de la république.

Au reste, Cicéron s'est tellement identifié avec Caton, que l'auteur disparaît aussi complétement que possible. Caton semble revivre dans cet entretien si sage, si intéressant; seulement il ne parle pas le langage de son temps, au moins quant à la forme. Son style vieilli, tel qu'on le trouve dans le traité *de Re rustica*, a fait place à toutes les élégances cicéroniennes. Jamais le grand orateur n'a déployé plus de talent dans l'art d'écrire, jamais sa phrase n'a été plus abondante et plus correcte, ses transitions plus heureuses. Mais au milieu de ces soins délicats, ce n'est plus un auteur qui écrit, ce sont des personnages connus qui causent ensemble et que l'on écoute avec intérêt. Sous des dehors aimables, la raison pénètre aisément dans les âmes, et l'on se sent conduit à préférer les leçons de la sagesse, si doucement données, à ces impitoyables logiciens hérissés de formules scolastiques, bien plus fidèles à l'argument qu'au bon goût et au bon sens.

Scipion, le premier des interlocuteurs de Caton, est le fils de Paul Emile, adopté par le fils du premier Africain. Caius Lelius était l'ami de ce Scipion et l'accompagna en Espagne, comme son père Lelius avait suivi Paul Emile dans ses expéditions glorieuses. Tous deux étaient jeunes, et Caton avait été l'ami de leurs pères.

On pourrait croire que, dans son apologie de la vieillesse, Cicéron a dû parler souvent de choses médicales; la douleur, les maladies, les infirmités, sont le trop fréquent apanage du grand âge; mais sous ces divers rapports, notre attente sera trompée, et de tous les traités déjà parcourus il n'en est aucun qui contienne moins de particularités de ce genre. Voici cependant un précepte général qui indique bien les idées de l'auteur sur ce sujet important. Caton dit à ses jeunes auditeurs (*de Senect.* XI) : « Pugnandum, tanquam contra morbum, sic contra senectutem : » il faut combattre la vieillesse comme une maladie. « Habenda ratio valetudinis; » soignons notre santé, « utendum exercitationibus modicis, » livrons-nous à un exercice modéré; « tantum cibi et potionis adhibendum, ut reficiantur vires, non opprimantur, » réglons le boire et le manger dans le but de réparer les forces et non de les détruire (*Ibid.* XI). Tout cela est fort sage, assurément, mais il n'y a rien là d'assez précis pour servir de base à une formule spéciale.

Cicéron, tout porté qu'il soit au paradoxe, n'a pas vanté les avantages d'une constitution faible. Il fait remarquer que le fils de Scipion l'Africain avait une santé extrêmement délicate, ou plutôt qu'il n'en avait point : « Quam fuit imbecillus P. Africani filius is, qui te adoptavit ! Quam tenui, aut nulla potius valetudine ! » (*Id.* XI). Ce personnage avait toute la grandeur d'âme de son père et un plus riche fonds de connaissances, « ad paternam enim magnitudinem animi doctrina uberior accesserat. » Qu'on ne s'étonne donc plus des infirmités des vieillards, puisque la jeunesse même n'en est pas toujours exempte ! « Quid mirum igitur in senibus, si infirmi sunt aliquando, quum ne id quidem adolescentes effugere possint ! » Et pour corroborer son jugement, il cite un illustre vieillard, Appius Claudius, qui, quoique aveugle, gouvernait sa maison, sa nombreuse famille, ses esclaves ; il avait toujours l'esprit tendu comme un arc et ne se laissait pas engourdir et accabler par les années : « Intentum enim animum, tanquam arcum, habebat, nec languescens succumbebat senectuti » (*Id.* XI).

Parmi les avantages de la vieillesse, Caton cite l'impossibilité de tenir table longtemps, de manger et de boire beaucoup : « Caret epulis, exstructis que mensis, et frequentibus poculis, » ce qui la met à l'abri de l'ivresse, des indigestions, de l'insomnie : « caret ergo etiam vinolentia, et cruditate, et insomniis » (*Id.* XIII). C'est par des arguments semblables que ce grand dialecticien combat les quatre reproches principaux que l'on est convenu d'adresser à la vieillesse et qui se résument en ces termes : 1° elle nous interdit le soin des affaires ; 2° elle affaiblit le corps ; 3° elle nous prive de presque toutes les jouissances ; 4° enfin elle touche à la mort. La réfutation est complète, abondante, facile, et M. Flourens, dans son petit livre sur l'art de prolonger la vie, n'a pas eu le mérite de l'invention. Mais il convient de poursuivre notre travail, qui tire à sa fin et semble devenir plus intéressant à mesure que notre tâche est plus près de son terme.

SUR L'AMITIÉ.

De même que le traité *de Senectute* a pour titre *Cato major*, le fameux dialogue sur l'amitié porte le nom de *Lælius*. Ces deux ouvrages excellents sont toujours réunis; ils se complètent mutuellement et démontrent la supériorité de la pensée sereine sur les stériles agitations de la fortune et des honneurs; magnifique hommage rendu aux nobles qualités de l'âme, aux douces émotions du cœur. Les plus austères moralistes n'ont rien trouvé à redire aux sentiments que Cicéron a exposés dans ces traités qui honorent l'espèce humaine; nous inclinerions volontiers à penser que, sans tenir compte des traités philosophiques écrits par les Grecs, et qu'il a dû connaître, il a pu, guidé seulement par un bon sens exquis, sans autre secours que celui qu'il a puisé dans sa raison, arriver à la perfection de la vie sociale et démontrer, par les plus illustres exemples, que si l'amitié est le premier des biens, elle ne mérite ce nom et ne peut exister que quand elle est fondée sur la vertu. On a dit, et avec raison : les méchants n'ont pas d'amis, ils n'ont que des complices. Lelius, l'ami de Scipion, était à la fois la démonstration de cette vérité et le modèle de ce lien qui confond en quelque sorte deux âmes d'élite. Il est touchant de voir Cicéron disserter si savamment sur un sujet qui lui était familier et dire à son ami Atticus : « Sed, ut tum ad senem senex de senectute, sic hoc libro ad amicum amicissimus de amicitia scripsi, » alors j'étais un vieillard qui s'entretenait de la vieillesse avec un vieillard comme lui (*Cato major*); maintenant je suis un ami qui écrit sur l'amitié à son ami le plus cher (*de Amicit.* I). Si Lelius et Scipion ont pu être considérés comme le type de vrais amis, Atticus et Cicéron peuvent leur être comparés, et la postérité a confirmé ce jugement.

Mais voyons si, dans le traité *de Amicitia*, nous pourrons recueillir quelques faits, quelques réflexions tenant de près ou de loin à notre sujet. On peut croire, d'après la nature de l'ouvrage, que les choses médicales doivent y occuper fort peu de place ; mais nous n'aurons pas perdu notre temps si, chemin faisant, nous rencontrons certaines particularités sur les personnages qui jouent leur rôle dans cette composition si pleine de charme et de talent.

Lelius était d'une santé délicate ; il dit lui-même que le chagrin ne l'a jamais empêché de remplir un devoir quand il se portait bien, « quum valerem, » et Scævola, qui le connaissait parfaitement, assurait que, si Lelius n'avait pas assisté à une conférence dans les jardins de l'augure Brutus, c'était pour raison de santé et non par l'excès de son affliction, « valetudinem causam, non mœstitiam fuisse. » Cette douleur si vive était causée par la mort récente de Scipion. A quelle maladie a succombé ce grand homme ? « Quo de genere mortis difficile dictu est, » on ne sait trop que dire d'un tel genre de mort ; il a succombé tout à coup, « subito ereptus est, » et vous n'ignorez pas ce qu'on en soupçonne, « quid homines suspicentur videtis » (*de Amicit.* III). Il paraît, dit Appien (*Guerres civiles*), qu'il fut assassiné pendant la nuit, à l'instigation de deux femmes, Cornélie, la mère des Gracques, et Sempronia, sa propre femme, qui n'aimait pas son mari et qui n'en était pas aimée. On trouve dans le Songe de Scipion une sorte d'allusion prophétique à ce terrible événement : « Si impias propinquorum manus effugeris. » Mais Lelius avait une âme forte ; il savait supporter les maux inhérents à la destinée humaine ; il fait mieux que de le dire, il le montre, il le prouve et il ajoute : « sed non egeo medicina, » je n'ai pas besoin de consolation. Je ne crois pas que, dans la mort de Scipion, il y ait eu rien de malheureux pour lui : « mihi accidit, si quid accidit, » si elle a été un mal, c'est pour moi seul. Et tout ceci se termine par cette phrase excellente : « Suis autem incommodis graviter angi, non amicum, sed seipsum amantis est : » s'affliger à l'excès de ses propres maux est une preuve d'égoïsme plutôt que d'amitié (*de Amicit.* III). Tout ce passage est d'une grande élévation de sentiment et du plus heureux choix d'expressions.

L'amitié comprend à la fois tous les bonheurs, ou du moins, elle peut en tenir lieu, tandis que la plupart des choses que l'on désire le plus n'ont guère chacune qu'un seul avantage : « Cæteræ res, quæ expetuntur, opportunæ sunt singulæ rebus fere singulis. Divitiæ, ut utare; opes, ut colare; honores, ut laudare; voluptates, ut gaudeas; valetudo, ut dolore careas, et muneribus fungare corporis : amicitia res plurimas continet » (*Id.* VI). Faisons remarquer ici la concision du texte, la souplesse d'un langage énergique et pur que le français ne peut imiter et qui exige des périphrases continuelles : aux richesses on doit l'aisance, au pouvoir les hommages, aux dignités la louange, au plaisir la joie, à la santé l'exemption de la douleur et le libre usage des facultés du corps. Ce dernier terme de comparaison ne nous est pas favorable.

On a dit que l'amitié naissait du besoin mutuel qu'ont les hommes de s'appuyer l'un sur l'antre, de se protéger, de se défendre, d'augmenter la puissance par l'association, mais c'est attribuer à l'égoïsme réfléchi ce qui naît le plus souvent d'une impression généreuse et spontanée de deux âmes qui se sentent faites l'une pour l'autre : « Quid enim Africani indigens mei? » (*Id.* VIII). Quel besoin Scipion avait-il de moi? s'écrie Lelius, et, bien que notre amitié nous ait valu de grands et nombreux avantages, ce n'est pas l'espoir de les recueillir qui avait commencé notre union : « Ut enim benefici liberalesque sumus, non ut exigamus gratiam (neque enim beneficium fœneramur), sed natura propensi ad liberalitatem sumus : » quand nous nous montrons bienfaisants et généreux, nous ne songeons pas à exiger un salaire, nous ne spéculons pas sur nos bienfaits, nous suivons simplement l'impulsion de la nature (*Id.* IX). Tout cela est parfait et il serait bien à désirer que de pareils sentiments fussent plus communs.

Le mot *caritas* revient assez souvent dans le discours de Lelius, mais il ne signifie autre chose que tendresse, affection, dévouement, amour du père pour ses enfants. « Primum ex ea caritate, quæ est inter natos et parentes. » Voilà l'espèce la plus commune et que nous n'avons pas même le droit de disputer aux animaux à l'égard de leurs petits. Dans une acception bien plus relevée, Lelius dit : « Quis est, qui C. Fabricii, Manii Curii non cum caritate aliqua et benevolentia memoriam usurpet, quos nunquam viderit? » (*Id.* VIII.) Qui de nous n'éprouve quelques sentiments de bienveillance et d'affection, au souvenir de C. Fabricius et de M. Curius, quoique nous n'ayons pu les connaître? (*Id. ibid.*) « Usurpare memoriam » veut dire tout simplement rappeler le souvenir de quelqu'un, tout comme « usurpare otium » signifie se reposer, « usurpare jus, » jouir d'un droit; on voit combien notre mot français *usurper* a changé de valeur en s'éloignant de son origine. Mais revenons au mot *caritas*. Dans un autre passage, Lelius dit : « Caritate enim benevolentiaque sublata, omnis est e vita sublata jucunditas, » ne serait-ce pas désenchanter l'existence que d'en retrancher la tendresse et les plaisirs du cœur ? (*Id.* XXVII.) La charité, comme nous l'entendons dans notre société chrétienne, n'a aucun rapport avec le sentiment exprimé par Lelius, c'est-à-dire par Cicéron lui-même. Il fallait, pour arriver jusque-là, un grand progrès religieux, une ère nouvelle ouverte dans la destinée humaine, et nous n'avons pas cru inutile de signaler en passant la différence radicale qui existe entre des expressions analogues, mais qui caractérisent deux civilisations opposées. Une simple remarque de ce genre jette beaucoup de lumière sur un fait historique que les plus grands philosophes modernes ont étudié, mais qu'ils ont considéré à un point de vue tout autre. Nous trouvera-t-on trop peu modeste si nous avouons que le mot *caritas* nous a paru médical, en ce que le sentiment qu'il représente appartient de droit à notre profession et ne se rencontre dans aucune autre plus habituellement et à un degré plus éminent ?

Les vrais amis sont rares, et Cicéron, à ce sujet, cite un vieux proverbe que nous aimons à reproduire ici : « Multos modios salis simul edendos esse, ut amicitiæ munus expletum sit, » l'œuvre de l'amitié n'est complète que lorsqu'on a mangé ensemble plusieurs boisseaux de sel (*de Amicit.* XIX). Ces sortes de trivialités domestiques ont toujours un grand sens ; elles expriment simplement un fait qui est d'observation générale, et l'on peut affirmer qu'elles sont contemporaines des premières civilisations. On a transporté le mot dans d'autres conditions de la vie. En Bretagne, en Anjou, j'ai souvent entendu les maris dire la même chose de leurs femmes, et celles-ci réclamer énergiquement contre un propos qui semblait incriminer leur franchise. Pareil débat n'est pas de nature à durer peu, et la partie lésée argumentera longtemps pour prouver que ce reproche n'est pas mérité.

PARADOXES.

Ces sortes de sentences n'ont rien de commun avec celles que Cicéron a rassemblées sous le titre de *Paradoxes*. Il a adressé à M. Brutus un certain nombre de petites dissertations sur des sujets dont l'évidence ne frappe pas tous les yeux. Par exemple : « Quod honestum sit, id solum bonum est, » il n'est d'autre bien que l'honnête ; « in quo virtus sit, ei nihil deesse ad beate vivendum, » la vertu suffit pour vivre heureux. Rien de tout cela n'est médical et nous passons outre, mais le troisième paradoxe conçu en ces termes : « Æqualia esse peccata, et recte facta, » les fautes sont égales, de même que les bonnes actions, ne peut être admis par les moralistes non plus que par les médecins, et chacun avouera que Racine a exprimé un sentiment d'une justesse incontestable quand il a dit :

Ainsi que la vertu, le crime a ses degrés !

Nous n'avons pas le courage de réclamer contre une assertion singulière de Cicéron. Le quatrième paradoxe est d'une concision remarquable, et son importance n'est pas moins grande : « Omnem stultum insanire, » tout homme sans sagesse est en délire. Cela s'adresse à Clodius, l'ennemi acharné de Cicéron, celui qui entassait crimes sur crimes pour arriver au pouvoir, et qui fut tué par Milon. On ne comprend guère comment on peut attribuer au délire, à la folie, les violences d'un factieux, les meurtres, les incendies, car alors ces actions coupables cesseraient de l'être s'il était prouvé que le furieux était vraiment malade. La maladie, ou du moins quelques affections cérébrales enlèvent toute responsabilité à ceux qui ne sont plus libres. Mais passons à un autre sujet.

CHAPITRE V.

ŒUVRES DIVERSES.

Les meilleurs éditeurs des œuvres de Cicéron comprennent, parmi les choses qui lui appartiennent, une sorte de dissertation portant ce titre : *Q. Cicero de petitione consulatus ad M. Tullium fratrem,* c'est-à-dire : De la demande du consulat par Q. Cicéron adressée à M. Tullius son frère. C'est une sorte de manuel, *commentariolum,* dans lequel Quintus expose brièvement tout ce qu'il faut faire quand on brigue le consulat. Cicéron était un homme *nouveau;* sorti de l'ordre équestre, il lui fallait lutter contre des patriciens, des consulaires, par conséquent il devait recourir à tous les moyens plus ou moins légaux de s'assurer les suffrages des votants. Il réussit à merveille, mais cette affaire ne nous touche en rien, et d'ailleurs cette espèce de discours, très-méthodique, très-bien fait et d'un style excellent, n'est pas de notre auteur : par conséquent nous sommes parfaitement autorisés à n'en pas tenir compte. Et, d'ailleurs, il ne contient absolument rien de médical. Nous en dirons tout autant d'un traité fameux dont Cicéron parle en plusieurs endroits de ses œuvres, mais qui ne nous est pas parvenu.

CONSOLATION.

« Consolatio, » la Consolation. Le père réduit à pleurer sa fille morte à la fleur de l'âge avait besoin d'adoucissements à sa peine cruelle; il les chercha dans les méditations de la philosophie, dans la résignation aux décrets des dieux, dans l'espérance d'une autre vie, et l'on peut croire qu'un homme d'un esprit de cette trempe eût traité cette matière avec une supériorité de vues et de sentiments en rapport avec l'élévation de son génie. Mais cet ouvrage est perdu. Quelques fragments, conservés par Lactance, ont été recueillis en 1559 et en 1565 par les soins de Sigonius de Modène et de Patricius. Plus tard, en 1583, il parut à Venise un petit volume in-18 qui fit grand bruit dans le monde savant et fut bientôt réimprimé dans toute l'Europe. Voici son titre : *M. T. Ciceronis Consolatio, liber, quo se ipsum de filiæ morte consolatus est, nunc primum repertus et in lucem editus, cum privilegio senatus Veneti ad XXX annos, apud Hieronymum Polum.* Mais à cette époque, où le latin était en quelque sorte la langue usuelle des personnes instruites, où le style des grands écrivains de Rome était chose familière à tous, les savants n'étaient pas faciles à tromper. Mercurialis, le premier, éleva des doutes sur l'authenticité de cet ouvrage, et bientôt les érudits prouvèrent, par de solides arguments, qu'il ne pouvait pas être de Cicéron. Il s'éleva un grand débat à ce sujet; une multitude de dissertations furent publiées pour ou contre, mais il était réservé à Wilhelm, de Lubeck, de démontrer si victorieusement la supercherie de Sigonius, que celui-ci, dit-on, en mourut de dépit et de chagrin.

Il est assez singulier que ceux qui sont frappés dans leurs plus chères affections se montrent si habiles à se consoler. Cicéron a savamment disserté sur la douleur et sur les remèdes qui peuvent la guérir. Plutarque a écrit deux traités sur ce sujet; Sénèque n'a pas été moins abondant en bonnes raisons quand il a voulu consoler Helvia, Marcia et Polybe; enfin, notre Boëce a fait aussi un traité *de Consolatione philosophiæ*. Tout le monde s'empresse à chasser le chagrin, un ennemi, ou plutôt un importun, et Dieu sait si l'on manque de bons arguments pour accuser le sort de la plus criante injustice envers ceux qu'il maltraite. Chacun établit ses droits au bonheur avec une indulgence pleine de partialité; à nous croire, nous méritons toutes les faveurs de la fortune et personne ne convient volontiers que parmi les malheurs qui nous accablent il en est beaucoup qui sont la juste punition de nos fautes, de nos erreurs et même de quelque chose de pis. Nos plus grandes misères sont promptement oubliées; l'âme humaine est essentiellement inconstante; en vers ou en prose, on célèbre sa douleur, on éternise ses regrets et ses larmes, et bientôt de nouvelles impressions effacent celles que l'on avait crues si profondes, si durables. Tout ce luxe de sensibilité est loin de valoir à mes yeux le simple mot de Rachel pleurant ses enfants; « Noluit consolari. » Mais où trouver dans tout le paganisme et dans nos sociétés modernes rien qui égale la simplicité sublime des livres saints?

Nous ne nous occuperons donc pas de l'œuvre apocryphe attribuée à Cicéron, et cependant nous ne pouvons pas laisser perdre l'occasion de nous élever contre un système de traduction que rien ne justifie. Voici les premiers mots du traité de Sigonius : « Quanquam recentibus morbis medicinam adhibere vetant sapientes, etc. » M. Mangeart, professeur de philosophie, qui a traduit cet ouvrage dans l'édition de Panckoucke, a rendu cette petite phrase de la manière suivante : Quoique dans les premiers transports des maladies les philosophes s'opposent à tout traitement, etc. Ce n'est rien autre chose qu'une paraphrase et peut-être même un contre-sens. D'abord, il n'y a pas de transports de maladie dans le texte ; « recentibus morbis » veut dire tout simplement une maladie nouvelle, récente, une affection aiguë, et « sapientes, » dans cette circonstance, signifie les médecins sages, éclairés, et non pas les philosophes. Nous ne saurions assez blâmer ces sortes d'interprétations qui, sous prétexte d'élégance et de nombre, altèrent le sens et donnent une fausse idée de la pensée de l'auteur.

DE REPUBLICA.

M. T. Ciceronis fragmenta ex libris de Republica : fragments des livres de M. T. Cicéron sur... sur quoi ? Tout le monde a dit : *sur la République,* mais il paraît, d'après des raisons péremptoires, qu'il faut dire tout simplement : *sur le Gouvernement.* Peu nous importe à nous le titre qu'on donne à ces nombreux fragments d'un ouvrage considérable que Cicéron composa dans sa cinquante-troisième année, alors qu'il s'était réfugié à la campagne, et que, dans les loisirs que lui faisait la politique turbulente des ennemis du Sénat, il attendait à sa villa de Cumes la fin d'un orage qui lui permît de rentrer à Rome.

Les fragments en petit nombre qui avaient été recueillis par Lampride, Macrobe, Fronton, Aulu-Gelle et Nonius, bien loin de la satisfaire, irritaient la curiosité des érudits, et Bernardi, en essayant de combler tant de lacunes, n'avait réussi qu'à créer un pasticho sans valeur. Il était réservé à Angelo Maï, le docte bibliothécaire de la Vaticane, d'enrichir le monde savant d'un grand nombre de fragments nouveaux de cet ouvrage. Le manuscrit antique qui fut publié en 1822, à Rome, excita vivement la curiosité des érudits; l'Allemagne fit paraître d'amples commentaires du traité *du Gouvernement*. Le libraire Renouard en donna le texte à Paris en 1823, et M. Villemain le traduisit dans la même année. Il enrichit son travail d'un discours préliminaire, de notes excellentes, de dissertations ingénieuses. M. Vict. Le Clerc, dans sa grande édition de Cicéron, a montré que, même après tant de travaux, il pouvait jeter de nouvelles lumières sur l'œuvre du grand orateur; enfin, la collection des *Classiques latins de Panckoucke* a profité des recherches précédentes, et M. Liez, qui avait contribué à la publication d'une partie du Cicéron dit de *Fournier*, se chargea de traduire de nouveau ce traité précieux.

Les érudits, les humanistes, les amateurs d'antiquités romaines se complairont sans doute à étudier ces volumineux fragments qui renferment tant de choses intéressantes, mais l'ouvrage en lui-même, qui semble une contre-partie de la République de Platon, non-seulement ne formera pas d'hommes politiques, mais ne contribuera en rien au bonheur des citoyens. Ajoutons, pour rentrer dans la sphère médicale, que tant de pages où brillent toutes les qualités de l'auteur nous offriront à peine quelques traces des idées qui nous sont familières. Voici cependant un petit passage qui rappelle des comparaisons déjà plusieurs fois signalées dans les traités précédents.

Scipion, qui n'aime pas la monarchie, dit à Lelius que dans la paix, dans le repos, on peut sans inconvénient laisser aller les choses, comme un pilote néglige le gouvernail dans un temps de calme, comme un homme, légèrement indisposé, n'appelle pas de médecin à son secours; mais si le vent s'élève, si le mal s'aggrave, alors on a recours à la main du pilote, aux conseils de la médecine. « Sed ut ille qui navigat, quum subito mare cœpit horrescere, et ille æger, ingravescente morbo, unius opem implorat, sic, » etc. (*de Rep.* I, XL). Scipion, si sage dans ses conseils, établit que les extrêmes se touchent partout, dans la température, dans la végétation, dans le corps humain et surtout dans le gouvernement. « Sic omnia nimia, quum vel in tempestate, vel in agris, vel in corporibus lætiora fuerunt, in contraria fere convertuntur, maximeque in rebuspublicis evenit » (*Id.* XLIV). Nous ne garantissons pas l'exactitude de cette comparaison. « Nimia » veut dire les excès, les violences, et l'on ne voit pas bien la pensée de l'auteur quand il rapproche sous ce même titre des objets disparates, mais cela n'a pas grande importance et nous ne nous y arrêterons pas davantage.

Scipion, qui jette un coup d'œil sur la fondation de Rome et sur les circonstances singulières qui conduisirent Romulus à choisir une colline pour siége de son empire naissant, fait remarquer qu'il fut poussé à ce choix parce que le terrain était arrosé par des sources nombreuses, « locumque delegit et fontibus abondantem, » mais, ajoute-t-il, c'était un lieu salubre dans une contrée malsaine, « et in regione pestilenti salubrem.» Tacite, dans ses Annales, fait une semblable description de la campagne romaine, ou du moins de l'emplacement primitif de Rome, et un poëte, Rutilius, a dit dans la même occasion :

Totaque nativo mœnia fonte sonant.

C'est à ces circonstances locales que saint Augustin fait allusion, quand il a écrit dans la *Cité de Dieu* (livre III, chap. XII) que la déesse de la fièvre avait droit de cité à Rome. Enfin Scipion, pour compléter cette topographie, affirme que les collines battues par les vents protégent les vallées de leur ombre : « colles enim sunt qui, quum perflantur ipsi, tum afferunt umbram vallibus. » Tout cela est fort bien, mais il n'en est pas moins vrai que la ville éternelle, située « in regione pestilenti, » ne retire que de médiocres avantages des sources qui l'arrosent et des vents qui la parcourent. L'*Aria cattiva* règne toujours entre les sept collines, et les immenses aqueducs qui entretiennent ses nombreuses fontaines suffisent à peine pour abreuver ses habitants et les rendre propres.

On ne nous saura pas mauvais gré de consigner ici le souvenir d'Ancus Marcius, cinquième roi de Rome, qui fit bâtir le fameux aqueduc appelé de son nom, et qui, pendant plusieurs siècles, apporta dans la ville une eau pure, abondante et bien préférable à celle du Tibre. Sa source, située dans les Abruzzes, et connue sous le nom de Pitonia, traverse le pays des Marses, forme le lac Fucin et s'engage dans une caverne d'où elle sort près de Tibur. De là à Rome, dans une distance de cent mille pas, dit Pline l'ancien, elle est portée sur des voûtes qui furent réparées par Quintus Marcius Rex, pendant sa préture, et enfin par Agrippa. Pline en parlant de cette eau dit : « clarissima aquarum omnium in toto orbe. » On ne comprend pas trop la phrase de Cicéron « locum delegit fontibus abundantem. » S'il en avait été ainsi, Ancus Marcius n'aurait pas songé à faire exécuter un travail aussi prodigieux pour apporter à Rome un peu d'eau dont elle avait un si grand besoin. Cela prouve en tout cas que l'eau abondante et pure est la première de toutes les conditions qui favorisent le développement des villes. Mais il est juste de reconnaître que l'assertion de Pline, dont nous nous occupons ici, a toujours été considérée comme une simple distraction, une erreur échappée à ce savant encyclopédiste.

C'est dans le sixième livre de ce traité du gouvernement que se trouve un fragment connu sous le nom de *Songe de Scipion*, si heureusement conservé par Macrobe (liv. I, chap. 4). Nous le citons ici pour éviter qu'on nous reproche une lacune dans la longue série des œuvres parcourues. Dans ce songe fameux, le premier Africain parle à Scipion un langage des plus élevés ; il dit, ou plutôt il chante l'immortalité de l'âme, l'excellence de la vertu, l'amour de la patrie, tout ce qui annonce la noble destinée de l'homme. Mais, au milieu des splendides promesses de l'avenir, nous notons l'erreur astronomique qui régnait alors généralement, c'est-à-dire, l'immobilité de la terre au centre du monde, et tout le système planétaire tournant autour d'elle, « terra, immobilis manens, ima sede semper hæret, complexa medium mundi locum. » Cette doctrine nous surprend de la part de Cicéron, qui paraît l'avoir combattue ailleurs.

La seconde erreur, que nous pardonnons moins à Scipion, consiste à dire qu'en Égypte, auprès des cataractes, les habitants sont tous complétement sourds à cause du bruit que fait le fleuve en descendant au travers des roches qui interceptent son cours. « Sicut ubi Nilus ac illa, quæ catadupa nominantur, præcipitat ex altissimis montibus, ea gens, quæ illum locum accolit, propter magnitudinem sonitus, sensu audiendi caret » (*Somn. Scip.* XI). C'est un fait facile à vérifier et que les savants français, chargés de l'expédition de la Haute-Égypte, ont complétement démenti. Mais cette assertion du héros africain est basée sur une idée théorique que nous ne pouvons accepter. C'est celle-ci : le bruit des sphères célestes roulant dans l'espace assourdit Scipion, « hoc sonitu oppletæ aures hominum obsurduerunt ; nec est ullus habetior sensus in vobis, » en effet, l'ouïe est le plus imparfait de nos sens (t. XXXIV). On pourrait, à l'aide de ce raisonnement, affirmer que les Éthiopiens sont tous aveugles par suite de l'éblouissante clarté qui les inonde. Et l'illustre vieillard dit que les oreilles des hommes ne peuvent pas plus entendre cette harmonie des mondes que les yeux ne peuvent supporter les rayons du soleil : « Sicut intueri solem adversum nequitis, ejusque radiis acies vestra sensusque vincitur (*de Rep.* vi, xi). Le songe de Scipion est admirable de lyrisme et de sagesse, et ces petites remarques critiques n'ôtent rien à la valeur de ce chef-d'œuvre de pensée et de style.

DE L'AMNISTIE.

Encore un pas vers le but que nous poursuivons, encore un travail de Cicéron à examiner ou plutôt à parcourir de l'œil et du doigt, car nous n'y trouverons rien qui nous touche particulièrement. Sous le titre de : *Oratio de mutuo abolendis oblivione perpetua præteritis injuriis*, c'est-à-dire, Discours sur la nécessité et les avantages de l'amnistie, Cicéron, après le meurtre de César, et en présence des dangers qui menaçaient la patrie, appuya vivement la proposition faite par Antoine d'en venir à un acte de concorde pour ôter tout prétexte à la guerre civile. Il prononça en cette occasion un long discours qui ne nous est pas parvenu, mais que Dion Cassius a traduit en grec, du moins en partie, et qui forme les chapitres 23-33 du 44e livre de son histoire. Péricaud, de Lyon, a fait paraître en 1819 une première traduction du texte grec, car du Ryer n'en avait fait qu'une mauvaise paraphrase, et depuis, les meilleurs éditeurs des œuvres de Cicéron lui ont donné place à coté du livre de la Consolation. M. Victor Le Clerc dit que c'est une longue et froide déclamation qui ne peut donner une idée, même approximative, du véritable discours prononcé en cette circonstance et qui n'a peut-être jamais été publié.

DE LEGIBUS.

Il n'en a pas été de même du *Traité des lois*. Bien que l'on ne soit pas d'accord sur l'époque de sa publication, cependant il est très-probable, et c'est l'opinion de Turnèbe et de Schutz, qu'il parut en 701, un peu après la mort de Clodius, vers l'époque où les guerres civiles commencèrent à bouleverser Rome. Cicéron, s'inspirant toujours de la lecture de Platon, mais abandonnant un peu les sublimes rêveries du philosophe grec, recherche les sources du droit, les trouve dans l'âme humaine, dans la conscience, dans le sentiment inné de ce qui est honnête et juste, et, appuyé sur ces bases de la morale la plus pure, imbu des idées théocratiques que l'on a cru empruntées aux Étrusques, il développe dans des pages éloquentes la magnifique théorie du droit romain, que tous les peuples civilisés ont adoptée et suivie jusqu'à ce jour.

Si de pareilles études ne s'éloignaient pas absolument de la voie que nous avons choisie, il nous plairait d'examiner la marche de l'esprit du législateur et de voir jusqu'à quel point les prescriptions de la science sont en harmonie avec la nature physique de l'homme. Mais notre ambition ne va pas si loin : ces sortes de recherches ont été faites par de savants légistes et nous devons nous contenter de notre rôle plus modeste. Nous trouverons peut-être quelques traces des idées médicales dans leurs rapports avec les lois, et pour montrer que Cicéron ne renonce pas à des habitudes déjà si souvent signalées par nous dans la longue suite de ses œuvres diverses, nous citerons un petit passage (*de Leg.* II, v) dans lequel l'illustre écrivain dit, en parlant des mauvaises lois : « Nam neque medicorum præcepta dici vere possunt, si quæ inscii imperitique pro salutaribus mortifera conscripserint : » on ne peut véritablement appeler ordonnances de médecin les recettes mortelles que d'ignorants empiriques donnent pour salutaires : ainsi une loi dangereuse, quelque nom qu'elle prenne, ne peut passer pour loi, quand bien même un peuple l'aurait acceptée, « neque in populo lex, cuicuimodi fuerit illa, etiam si perniciosum aliquid populus acceperit. »

Nous trouvons dans ces paroles de Cicéron la preuve d'un grand bon sens; il apprécie à leur juste valeur le médecin instruit, consciencieux, et le charlatan dont l'audace et l'ignorance exercent un si funeste empire sur les masses. En agissant ainsi, notre auteur montre la supériorité de son jugement sur celui de la plupart de ses contemporains, et cependant nous avons relevé dans sa correspondance plusieurs passages qui prouvent, qu'en dépit de sa haute raison, il partageait quelquefois les erreurs du vulgaire. Mais quel homme est assuré de ne pas céder aux mauvais conseils de la douleur, de l'ennui de la maladie, du désir de recouvrer la santé par des moyens souvent absurdes, mais que chacun vante? Qui peut résister aux suggestions de son entourage, à l'obsession des guérisseurs patentés ou non? Laissons ce chapitre de la faiblesse humaine, et voyons si le grand orateur n'aura pas touché quelque point plus directement médical.

Il faut honorer les dieux, et surtout ceux que de grandes actions ont placés dans le ciel, comme Hercule, Bacchus, Esculape, Castor et Pollux, etc. Le texte latin a un caractère antique qui rappelle la loi des Douze Tables. « Divos, et eos, qui celestes semper habiti, et ollos, quos endo cœlo, merita locaverunt, Herculem, Liberum, Æsculapium. » Souvent la lettre *o* remplace la lettre *i*, c'est un archaïsme très-commun dans les anciennes formules légales. *Endo* est pour *in;* quelquefois même on trouve *indu,* mais nous aurons occasion de revenir là-dessus. Il nous suffit de signaler le rang attribué à notre Esculape dans cette glorieuse apothéose. C'est la digne récompense accordée aux bienfaiteurs de l'humanité, et s'il était nécessaire d'établir la supériorité de la science médicale sur telle autre branche des connaissances humaines, nous dirions que la médecine a toujours été considérée comme étant d'origine divine; qu'Apollon et Esculape, ses inventeurs, ont eu un culte, des autels, tandis que les premiers législateurs des peuples, ceux qui se sont immortalisés par l'invention des codes les plus parfaits, n'ont jamais eu de place dans le ciel et n'ont compté ni pontifes ni sacrificateurs. Minos, Eaque et Rhadamante, législateurs célèbres, ont continué leur office aux Enfers, et c'est tout ce que la Fable ingénieuse a pu faire pour eux.

Il y avait cependant d'admirables paroles dans les ordonnances des sages, des paroles capables d'ennoblir les hommes, si leurs passions ne les avaient pas toujours entraînés. Ainsi Thalès a dit : Nous devrions être persuadés qu'il y a des dieux partout; nous en serions plus chastes : « fore enim castiores, veluti qui in fanis essent maxime religiosis, » nous regardant nous-mêmes comme le plus saint des sanctuaires. Et un peu plus loin (*de Leg.*, lib. II, XI), Cicéron dit : Les honnêtes gens sont persuadés que leur âme est le sanctuaire même de la Divinité : « omnes boni Deos ipsos in animis suos collocatos putent (*Id.* XI). Quant aux cérémonies de la famille, des ancêtres, il faut les accomplir comme choses de tradition presque divine; en effet, l'antiquité est voisine des dieux, « quoniam antiquitas proxime accedit ad Deos »(*Id. ibid.* XI). C'est une grande et noble pensée. Mais ces conseils si sages n'étaient pas suivis; il y avait des lois répressives pour des crimes dont le nom seul est une honte, et nous savons que les coupables, toujours nombreux, parvenaient facilement à se soustraire à la punition qui leur était due. « Incestum pontifices supremo supplicio sanciunto. » Les pontifes décréteront contre l'inceste le dernier supplice. Et combien d'exemples de ces infamies se sont rencontrés à tous les degrés de la hiérarchie sociale et ont effrayé le monde sans que la justice ait vengé la nature outragée !

Cicéron blâme les Athéniens d'avoir élevé des temples à l'affront, à l'impudence, « fecerunt contumeliæ fanum et impudentiæ. » Ce sont les vertus et non pas les vices qu'il faut consacrer. « Araque vetus stat in Palatio Febris : sur le mont Palatin, un autel antique est dédié à la Fièvre. Il faut proscrire ces monuments, « quæ omnia ejusmodi repudianda sunt. » On voit que Cicéron blâmait la coutume de déifier ces choses, il ne voulait pas que la crainte fût le motif de ce culte dérisoire, et si Lucrèce a dit : « primus in orbe Deos fecit timor, » le grand orateur protestait contre cette théogonie absurde.

Il y a un chapitre d'un grand intérêt, celui qui est relatif aux sépultures et qui se rattache intimement à l'hygiène publique. La loi des Douze Tables dit expressément : « Hominem mortuum in urbe ne sepelito neve urito : » n'ensevelissez ni ne brûlez dans la ville un homme mort. Cicéron ajoute : « credo, vel propter ignis periculum, » dans la crainte du feu, je pense. Cette réflexion de notre auteur ne peut s'appliquer à ceux que l'on ensevelissait; d'ailleurs la loi n'avait pas égard à la seule circonstance de l'incendie, car elle proscrivait également l'inhumation dans les villes, « in urbe sepeliri lex vetat, » ce qui semble prouver que le législateur avait songé à l'insalubrité de cette coutume. Plus tard le collége des Pontifes interdit toute sépulture dans les lieux publics : « Sic decretum a pontificum collegio non esse jus in loco publico fieri sepulcrum. » Il a fallu venir jusqu'à nous pour faire disparaître des coutumes si pernicieuses, pour empêcher les enterrements dans les églises, pour transporter les cimetières au dehors des villes, en un mot, pour revenir aux sages prescriptions de lois datant de plus de vingt siècles. C'est toujours le « multa renascentur quæ jam cecidere », et plusieurs fois la civilisation a fait des pas rétrogrades.

La loi des Douze Tables portait loin les précautions sanitaires à propos des sépultures; elle mettait un terme aux prodigalités vaniteuses des mourants et de leurs héritiers; elle s'occupait aussi des lotions parfumées, des onctions, « hæc præterea sunt in legibus de unctura », et non pas des embaumements, comme a cru pouvoir le traduire M. Charpentier (*de Legib.*, lib. II, xxiv); les Romains n'avaient pas encore emprunté cette coutume aux Égyptiens. Les esclaves ne pouvaient être employés à ces onctions et l'on n'avait pas le droit de donner un banquet funèbre, « quibus servilis unctura tollitur, omnisque circumpotatio. »

Nous n'aurons garde d'omettre ici une particularité des plus singulières. Parmi les ordonnances relatives au soin des cadavres, il en est plusieurs que les Romains ont empruntées aux lois de Solon. Ainsi il était défendu de polir le bois du bûcher, « rogum ascia ne polito, » mot à mot, ne polissez pas le bûcher avec la doloire. *Ascia* signifie un instrument tranchant destiné à enlever l'écorce du bois, à en régler la surface. Funccius, dans ses restaurations et développements du texte de la loi des Douze Tables, a écrit : « Ligna ad pyram sive rogum, non dolata, sed rudia et impolita sunto ». L'expression *dolata* répond parfaitement à l'instrument connu sous le nom de *doloire*, *dolabra* des latins, qu'on trouve dans Tite-Live, dans Juvénal, dans Quinte-Curce, etc. Mais cela n'a aucun intérêt pour nous, tandis que la prescription suivante est fort digne de nous arrêter un moment. Voici le texte de cette loi : « Neve aurum abdito (*Ibid.*), qu'on n'enfouisse pas l'or; défense prudente, car ce métal n'était pas assez abondant pour le rendre à jamais inutile. Mais le législateur avait pensé à tout, il admettait une exception que voici : « Quoi auro dentes vincti escunt, ast im cum illo sepelire urereve, se fraude esto. » Ce qui veut dire : si les dents du mort étaient attachées avec de l'or, on pourra l'ensevelir ou le brûler sans le lui ôter. Notons en passant ces formes si profondément archaïques, ce vieux langage que les Romains du siècle d'Auguste comprenaient à peine et qui ne ressemblait pas plus à la langue de Cicéron, de Virgile et d'Horace, que le français du temps de saint Louis ne ressemble à celui des *Provinciales* ou du *Discours sur l'Histoire Universèlle.* « *Quoi* est pour cui ; *escunt* pour erunt, et l'on trouve encore dans Lucrèce ce mot au singulier, *escit*, avec la même signification. *Im* est là pour *cum* et *se* pour *sine.* (Voyez les dissertations de Bonamy, t. XVIIIe des *Mémoires de l'Académie des Inscriptions*).

Mais ces difficultés toutes littéraires ont moins de valeur à nos yeux que le fait de prothèse dentaire indiqué dans le texte de cette loi si ancienne. Si, comme nous l'avons vu, page 222, la reconnaissance des peuples a divinisé l'art d'extraire les dents, on ne peut douter qu'il y ait eu, dans des temps fort reculés, des dentistes capables de conserver ces organes, de les remplacer même, car ces fils d'or destinés à les attacher ne devaient pas servir seulement à les consolider, à prévenir leur chute ; on peut supposer que les dents détruites pouvaient être remplacées, et nous admettons volontiers que les artistes, même antérieurs aux Tarquins, avaient trouvé le moyen d'accomplir cette opération délicate. Je livre le fait à la curiosité de nos professeurs d'odontotechnie, persuadé qu'ils feront tous leurs efforts pour découvrir dans l'antiquité l'origine de ces pratiques, et pour savoir au juste si les dents absentes ont été restaurées à la sollicitation des coquettes ou des gourmands. On portait des perruques, on savait se teindre les cheveux, on fabriquait des yeux artificiels, et même de faux râteliers, toutes choses non moins favorables au désir de plaire qu'à la nécessité de se nourrir.

Et puisque nous avons tiré parti de ces lois primitives de Rome, on nous permettra bien de citer ici quelques dispositions contre lesquelles nous avons le droit de protester. Ainsi, dans l'article III de la Table quatrième, on lit cette terrible sentence portée par le législateur contre les enfants mal conformés. Voici le texte de la loi draconienne adoptée par les Romains. « Pater filium monstrosum, et contra formam generis humani, recens sibi natum, cito necato : » le père à qui vient de naître un enfant monstrueux, difforme, doit s'en défaire immédiatement. Le mot *monstrosum* indiquant quelque chose de très-anormal, de non viable, on excuserait en quelque sorte un acte barbare, et l'arrêt de mort perdrait une partie de ce qu'il a d'odieux. Mais l'autre portion de la phrase, « contra formam generis humani », laisse à l'appréciation de la difformité une latitude effrayante. Un bras mutilé, un pied de travers, un bec de lièvre ou toute autre imperfection analogue, pouvait condamner à mort un nouveau-né très-viable. On tenait si peu à la vie d'un enfant, tant de motifs pouvaient pousser un père à se débarrasser de cette charge, que l'on frémit en songeant aux conséquences de ces barbaries légales. Un père avait droit de vie et de mort sur un fils légitime, « pater in filium, ex justo matrimonio natum, jus vitæ ac necis »; il pouvait le vendre jusqu'à trois fois, « eumque tertia vice venum dandi potestatem habeto. » Venum dare signifie vendre, et comme correctif à cette coutume, un autre article de la même loi dispose que le fils ainsi trois fois vendu devient libre à l'égard de son tendre père : « si pater filium ter venum dederit, filius a patre liber esto ». C'est dans cette même Table IV que se trouve établie la légitimité de la naissance d'un enfant dix mois après le décès du père. « Si femina proximis post obitum mariti decem mensibus filium peperit, is justi matrimonii et hæres familiæ legitimus esto. »

A côté de ces décisions souveraines, il en est d'autres qui sont moins rigoureuses, et cependant nous y trouvons encore la peine du talion. Voici le texte du paragraphe IX de la septième Table : « Sei membrom. rupsit. nei. cum. eo. pacit, taliad. estod. » Cela veut dire : Si quelqu'un a rompu un membre à un citoyen, et que celui-ci ne veuille pas accepter d'indemnité, que le blessant soit soumis au talion. Funccius, le savant dont nous avons déjà parlé, donne ainsi le commentaire de cette loi barbare : « Si quis alteri manum, brachium, pedem, aut aliud corporis membrum concusserit » (ce n'est plus le mot *rupsit,* ce n'est plus une fracture, mais une forte contusion), « neque cum illo, cujus membrum rupsit, pacisci velit ». Voilà l'expression primitive revenue, et cependant il est impossible de les considérer comme synonymes ; « talionis lege membrum, quod læsit, idem ipsi quoque lædatur ». Il existe encore une exception en faveur des dents : nous nous servons du latin de Funccius, le texte original étant complétement inintelligible. « Si quis dentem ex gingiva excusserit libero homini, trecentis; servo centum et quadraginta assibus multator. » Celui qui aura enlevé de la gencive une dent à un homme libre subira une amende de trois cents as ; si c'est à un esclave, il en payera cent quarante.

DISCOURS ATTRIBUÉS A CICÉRON.

Nous ne nous occuperons pas de la prétendue harangue de Cicéron adressée au peuple et aux chevaliers romains, lorsqu'il était sur le point de partir pour l'exil ; chacun n'y voit avec juste raison que l'œuvre d'un rhéteur assez peu habile, et qui, cousant l'un au bout de l'autre des lambeaux empruntés à quelques-uns de ses discours, a ainsi constitué une sorte de centon où l'on a bien voulu reconnaître la main de l'illustre écrivain. Un célèbre critique, M. Wolf, par un excès d'indulgence qu'on ne comprend pas bien, a comparé cette rapsodie aux harangues « Post reditum : Pro Domo sua », mais des jugements beaucoup plus sévères ont été portés sur ce point d'érudition par des maîtres en qui l'on doit avoir une confiance absolue, et nous ne nous y arrêterons pas, d'autant plus que ce travail ne contient pas un mot qui se rapporte au genre d'étude dont nous nous occupons ici.

Les invectives mutuelles de Salluste et de Cicéron doivent être reléguées dans la même catégorie des ouvrages apocryphes de certains grammairiens qui supposaient des discours nés de quelques situations particulières indiquées dans la correspondance de notre auteur. Ainsi l'on sait que Milon ayant surpris Salluste avec Fausta, sa femme, le fit battre de verges par ses esclaves, se contentant de rendre ridicule un des nombreux amants de la trop célèbre fille de Sylla. Et comme Cicéron devait défendre Milon après le meurtre de Clodius, Salluste, furieux de voir son ennemi échapper au danger qui le menaçait, se répandit en invectives sanglantes contre l'orateur dont le talent et l'influence personnelle pouvaient faire absoudre Milon. Cette situation donnée, un rhéteur a composé un discours virulent attribué à Salluste, puis il a écrit une réplique de Cicéron, et ce jeu de l'esprit d'un professeur d'éloquence a trouvé crédit près de quelques écrivains vivant au siècle d'Auguste ou dans les siècles suivants. Comment Quintilien lui-même a-t-il pu s'y méprendre? Comment saint Jérôme s'est-il montré si crédule, quand il est si facile de constater des impossibilités historiques, des contradictions, des erreurs de date et autres fautes grossières relevées par le président de Brosses et par tant d'autres savants ? Laissons donc ces diatribes qui offensent à la fois le bon goût, l'histoire, la pudeur et la vérité.

Nous parlerons avec plus de respect de fragments philosophiques, œuvre de la jeunesse de Cicéron. On lit dans le *Traité des Devoirs* (livre II, chap. XXIV) que, dans le but de se rendre familiers les écrits de Platon, il les traduisit du grec; il dit formellement qu'il accomplit ce travail lorsqu'il avait à peine vingt-deux ans : « Quem nos, ista fere ætate quum essemus, qua es tu nunc, e græco in latinum convertimus. » On sait que le jeune Marcus avait cet âge quand son illustre père lui adressa le traité *De Officiis*.

Cicéron, grand admirateur du génie de Platon, a paraphrasé, plutôt que traduit, le *Timée* de ce célèbre philosophe. L'*Économique* de Xénophon, comme le *Timée*, avait attiré son attention ; il trouvait dans ces ouvrages des notions du plus haut intérêt sur la création de l'univers, sur l'organisation du monde, sur les bases immuables de la société humaine, et c'était plus qu'il ne fallait pour enflammer le zèle du jeune élève des écoles académiques de la Grèce ingénieuse et savante. Un autre dialogue de Platon, *Protagoras*, dirigé contre les sophistes, lui parut digne d'être connu des Romains ; mais il n'est venu jusqu'à nous qu'un petit nombre de fragments de ces deux derniers ouvrages, tandis que le *Timée*, en grande partie, a été sauvé de l'oubli par des mains habiles.

Mais ces écrits de Cicéron, d'autant plus précieux que ce sont les seules traductions du grec en latin qui nous restent de la bonne époque, tout intéressants qu'ils soient au point de vue de l'histoire des écoles philosophiques d'Athènes, ne nous offrent rien de purement médical. Il y a des idées théoriques sur la constitution physique du globe, sur les éléments, sur les phénomènes matériels résultant de la succession des jours et des nuits, des saisons et des années, toutes choses considérées brièvement dans leurs rapports avec l'homme ; on y trouve des appréciations hasardées sur la prééminence des appareils organiques, et par exemple celle-ci : « Rerum autem optimarum cognitiones nobis oculi attulerunt », c'est aux yeux que nous devons nos plus précieuses connaissances (Timæus, XIV), ce qui serait vrai s'il ne s'agissait que du côté matériel des objets. Nous avons vu ailleurs que Cicéron, modifiant la sentence de Platon, avait reconnu combien l'ouïe était préférable dans le commerce intellectuel : mais passons et n'abusons pas de ces rapprochements qui sont plus curieux qu'utiles.

Nous en aurions parlé plus longuement si le *Timée* de Cicéron eût été un travail original, contenant des opinions qui lui fussent personnelles ; mais comme c'est une traduction et que l'ouvrage est intitulé : *M. T. Ciceronis ex Platone Timæus, seu de Universo*, nous n'avons point à nous occuper des sublimes rêveries du philosophe d'Égine. Nous en agirons de même à l'égard du poëme d'*Aratus* sur les phénomènes célestes, poëme en deux chants, traduit du grec en vers latins par Cicéron. Cependant Aratus, un des prédécesseurs d'Hipparque, le plus fameux astronome de l'antiquité, était médecin, et, à ce titre, il est digne de nos respects. Il naquit à Soles, ville de Cilicie, et florissait sous le règne de Ptolémée Philadelphe, roi d'Égypte, 272 ans avant l'ère chrétienne. Il devint le médecin d'Antigone Gonatas, fils de Démétrius Poliorcètes, roi de Macédoine.

Donc, Aratus composa un poëme qui a joui d'une grande célébrité, et après le commentaire d'Hipparque, qui est son véritable titre de gloire, il eut l'honneur singulier d'être imité par Virgile dans ses *Géorgiques*, et, dit-on, par saint

Paul dans les *Actes des Apôtres* (chap. XVII, verset 28). Cicéron, qui avait un goût très-vif pour la poésie, entreprit de donner droit de cité romaine aux vers grecs d'Aratus, et sa traduction nous est parvenue, non pas entière, mais assez étendue pour que l'on puisse apprécier le mérite du traducteur et de son modèle. La première partie, car ce poëme avait deux chants, traite de la sphère ; celle dont la traduction nous est parvenue plus mutilée n'est qu'un recueil de pronostics et d'erreurs populaires. Les savants disent que la perte de cette seconde partie est la moins regrettable, mais nous sommes d'un avis bien différent. Aux époques éloignées, ce qui résulte d'une longue et patiente observation, ce qui se trouve formulé dans le langage vulgaire par des phrases proverbiales, nous paraît d'un grand prix; ce sont des faits que la science n'a pas encore enregistrés, mais qui sont une vraie conquête de tout le monde, parce qu'ils sont la somme d'une multitude de remarques dont la valeur se trouve confirmée par la succession des temps. Nous devons savoir gré à Cicéron d'avoir prêté le secours de sa poésie à ces antiques almanachs, qui contiennent toujours quelques vérités utiles et sont une preuve de la sagacité des observateurs primitifs.

Poussé par son amour pour la littérature grecque, on sait, car il nous l'a dit lui-même dans ses traités sur la *Divination*, sur *les Biens et les Maux*, que Cicéron a traduit en vers latins plusieurs passages d'Homère. Il a composé des poëmes dont il nous reste à peine quelques fragments, par exemple, les *Alcyons*, la *Prairie*, et enfin *Marius*. Ce dernier ouvrage, qu'il écrivit dans sa jeunesse, renferme le magnifique tableau, tant de fois imité depuis, d'un aigle blessé par un serpent que le noble oiseau saisit dans ses serres robustes, entraîne dans les hauteurs de l'espace, déchire à coups de bec et rejette sanglant et mutilé dans les ondes ; et, satisfait de sa vengeance, il s'envole vers les régions lumineuses où se lève le soleil. Un autre poëme sur son *Consulat*, un autre sur ses *Malheurs*, et, dit-on, une élégie intitulée *Tamelastis*, terminent la liste des œuvres poétiques du grand orateur, et montrent que sa muse féconde n'était pas le simple caprice d'un homme de goût qui essaye quelques vers comme exercice littéraire. Nous n'avons rien trouvé dans les fragments cités qui puisse grossir nos remarques sur la partie médicale des ouvrages de Cicéron.

On a prétendu que Tiron, l'affranchi du maître, avait fait un recueil de ses bons mots, et Quintilien en parle; d'autres ont affirmé que Cicéron lui-même avait accompli ce travail à son propre bénéfice; ne l'avons-nous pas vu doué d'une assez forte dose d'amour-propre pour croire à cette imputation? Quoi qu'il en soit, il nous reste de lui au moins deux épigrammes, toutes deux, il est vrai, contre les femmes, et que nous citerons ici, ne fût-ce que pour jeter un peu de variété dans une collection de textes sérieux. Donc, Cicéron a dit, et qui pis est, il a écrit ceci :

Crede ratem ventis, animum ne crede puellis :
Namque est feminea tutior unda fide.

Livrez votre navire aux vents, mais non votre cœur aux jeunes filles, car l'onde est plus sûre que la parole d'une femme. Ceci n'est autre chose qu'une boutade d'amant jaloux ou trompé; mais le distique suivant est beaucoup plus dur, il ressemble à un trait satirique lancé par une main ennemie :

Femina nulla bona est; vel, si bona contigit ulla,
Nescio quo fato res mala facta bona est.

Nulle femme n'est bonne, ou, s'il s'en trouve une, je ne sais comment il se fait qu'une mauvaise chose soit devenue bonne. On reconnaît à cette vivacité d'expression l'homme qui, dans ses discours, prodiguait les épigrammes à ses adversaires, l'orateur railleur impitoyable, accablant sous une grêle de traits aigus ceux qu'il voulait tourner en ridicule. Et il y réussissait si bien que là se trouve la cause principale des ardentes inimitiés qui l'ont si longtemps poursuivi.

Nous avons parlé dans les prolégomènes de notre travail, de quelques manuscrits antiques que le docte Ang. Maï a interrogés avec soin, et qui lui ont fourni de précieux fragments des oraisons du grand orateur. Outre celui de l'Ambroisienne de Milan, si malencontreusement recouvert des poésies chrétiennes de Sedulius, il en est un autre sur lequel on avait transcrit certains actes du concile de Chalcédoine, tenu en 451, et qui nous a valu des phrases inédites du discours « in Clodium et Curionem, de Ære alieno Milonis, de Rege Alexandrino », entremêlées de scholies que l'on attribue au fameux grammairien Asconius Pedianus. M. Peyron a découvert, dans la bibliothèque de Turin, un autre palimpseste contenant des fragments de Cicéron qui complètent ceux recueillis par M. A. Maï.

Ces morceaux forment dans l'édition de Panckoucke plus de la moitié du 36e et dernier volume. En les parcourant on éprouve à la fois du respect et de l'admiration pour les savants qui ont consacré tant d'efforts à mettre en lumière les moindres mots dus à la plume brillante de Cicéron. Quelle plus grande preuve pourrait-on donner du mérite de cet homme, que le soin religieux pris par tant d'auteurs éminents de citer dans leurs écrits des passages de ses œuvres? Ce n'est pas seulement Quintilien, Fronton, Priscien, Nonius, Marcellus, tous grammairiens, rhéteurs ou critiques faisant métier de littérature et demandant à cet écrivain des enseignements, des exemples, des modèles; mais des hommes comme saint Jérôme, saint Augustin,

Lactance et tant d'autres, ont puisé à l'envi dans l'œuvre de Cicéron comme à une source abondante, et nous ont conservé un grand nombre de fragments, des pages entières qui eussent péri avec les manuscrits primitifs.

Pétrarque qui, en 1350, possédait, manuscrit, le fameux *Traité de la Gloire,* l'a perdu, un peu par sa faute. Il ne s'en est jamais consolé. Les amis des lettres et de Cicéron partagent encore ses regrets. Pourrait-on croire, avec Paul Jove, qu'un médecin, Pierre Alcyonius, aurait détruit ce livre pour s'en approprier des fragments qui figurent dans son *Medices legatus, seu de Exilio?* 1522. Ce serait un grand crime digne de l'éternelle réprobation de tous les honnêtes gens. Mais nous pensons que ces accusations sont injustes, que les défenseurs d'Alcyonius ont prouvé suffisamment son innocence. Revenons aux fragments qui nous restent.

Nous avons parcouru avec un vif intérêt cette immense collection de textes qui ont si fort exercé la sagacité de M. Victor Le Clerc, qui ont donné une si haute opinion de son talent de critique, mais nous n'y avons rien trouvé qui puisse nous être utile. Il y a cependant un passage, conservé par Dion, et que Boëce a cité dans son traité de la *Musique.* Il s'agit de l'influence qu'exerce le rhythme musical sur l'homme, et comme cet effet, constaté dans beaucoup d'autres circonstances, rentre évidemment dans le sujet de nos études, nous avons cru devoir lui donner ici une petite place. Cicéron, dans un traité intitulé : *M. T. Ciceronis liber de suis consiliis*, c'est-à-dire, *de sa conduite politique*, a rapporté le fait suivant : Des jeunes gens échauffés par le vin, « vinolenti adolescentes », et par les sons des flûtes, « tibiarum etiam cantu », voulaient briser la porte d'une femme honnête, « quum mulieris pudicæ fores frangerent »; mais on dit que Pythagore invita la joueuse de flûte à jouer un air spondaïque, « admonuit tibicinam, ut spondeam caneret, Pythagoras dicitur. Quod quum illa fecisset, tarditate modorum, et gravitate cantus, illorum furentem petulantiam resedisse. » La musicienne lui obéit, et bientôt la lenteur des mesures, la gravité du son, calmèrent leur fougue insensée.

Il nous semble, sauf meilleur avis, qu'on n'a pas expliqué très-clairement les diverses scènes de ce petit drame. On sait que les joueuses de flûte chez les Grecs appartenaient à la classe des courtisanes, et que plus tard, à une époque de relâchement des mœurs, ce talent si agréable fut cultivé par les femmes honnêtes. Or, on trouve dans la phrase citée, d'abord « tibiarum cantus », le son des flûtes, et, plus tard, le mot « tibicina », indiquant qu'il n'y avait qu'une seule musicienne. Les jeunes gens voulaient briser la porte de la femme honnête, » mulieris pudicæ »; Pythagore intervint, et l'on sait le résultat de sa recommandation. Tout cela n'est pas très-clair, mais nous acceptons le fait principal, c'est-à-dire l'influence exercée sur ces jeunes fous par le changement du rhythme musical. Les annales de la science sont riches d'observations analogues; rien n'est mieux démontré que le pouvoir de la musique sur le moral de l'homme sain et malade.

Cicéron a écrit l'éloge de Caton d'Utique, de ce républicain farouche qui, pour ne pas survivre à la liberté de Rome, déchira ses propres entrailles, sublime protestation contre la tyrannie de César. Tout le monde n'a pas de ces convictions héroïques, son panégyriste moins que beaucoup de citoyens, mais nous ne pouvons lui en faire un reproche. Il y a tant de choses dont nous pouvons le louer qu'on lui pardonnera volontiers de ne pas avoir eu recours au suicide, *ultima ratio* de certains philosophes qu'on peut admirer sans se croire obligé de les imiter. Il y a plus de mérite à supporter le mal, à en chercher le remède, qu'à se réfugier dans la mort. La vie est toujours bonne à quelque chose!

ÉPILOGUE

Ceux de nos lecteurs qui auront bien voulu nous suivre jusqu'aux confins de notre œuvre et qui auront partagé nos sentiments sur Cicéron, comme auteur et comme homme, ceux-là nous dispenseraient volontiers d'un dernier coup d'œil sur la route immense que nous avons parcourue, sur cette multitude d'ouvrages où l'on trouve les éléments nécessaires à une solide appréciation du génie qui les a produits. Bien que, à diverses reprises, nous ayons exprimé avec quelque vivacité l'impression qui résultait pour nous de la lecture de certains discours où le caractère de l'orateur n'était pas au niveau de son talent, nous sommes prêt à reconnaître que nous avons dépassé la limite de notre droit. Médecin, nous n'avions à juger que ce qu'il y a de médical dans l'œuvre de Cicéron. Nous avons été un peu trop l'homme de notre époque ; le souvenir des choses dont nous avons été témoin nous a influencé au point de reprocher au grand orateur des fautes, à l'homme politique des défaillances, à l'avocat des variations, en un mot, nous avons traité Cicéron comme l'un de nos contemporains.

Nous pardonnera-t-on ces illusions d'une âme peu romaine ? La critique comprendra-t-elle combien il est difficile de dépouiller l'homme moderne pour vivre de la vie des partisans ou des adversaires de César, pour effacer dans son esprit les idées qu'ont produites dix-neuf siècles de révolutions sociales? Nous ne l'espérons guère, mais nous prions celui qui juge de se mettre à notre place, de voir avec nos yeux, de ne pas traiter trop sévèrement le médecin qui incline tout naturellement à considérer comme une maladie les défauts de caractère, et qui regarde la morale comme une bonne pratique hygiénique. Heureux celui qui trouve dans le parfait équilibre de ses organes et de leurs fonctions la raison de ses actes physiques et moraux, qui ne connaît les passions que par ouï dire, qui reste le maître absolu de sa liberté de conscience et ne se laisse entraîner à aucun des courants de la foule! C'est le lot non moins rare que précieux de ceux qui se portent bien, et à voir toutes les folies qui éclatent partout et toujours, on est en droit de regarder le monde comme un vaste hôpital où les malades eux-mêmes reçoivent les soins de médecins qui n'ont pas le privilége d'une santé parfaite.

Nous avons voulu voir si les idées médicales de Cicéron avaient la valeur qui leur était attribuée. Il nous semblait qu'il connaissait la maladie non moins par étude sur autrui que par sa propre expérience, et que ce qu'il avait observé aurait dû le rendre un peu plus indulgent pour les passions de ses ennemis politiques ou autres. N'est-ce pas notre devoir à tous tant que nous sommes de tenir compte des imperfections humaines, et la sévérité envers nos adversaires n'est-elle pas exactement proportionnelle à la bonne opinion que nous avons de nous-même? Il est sans doute peu d'hommes chez qui le sentiment d'amour-propre ait régné plus tyranniquement que chez Cicéron, peu d'hommes qui aient eu un plus énergique et plus constant appétit de la gloire, belle et noble passion dominante qui explique tous les actes de sa vie publique ou privée. Nous devons donc lui épargner des reproches que sa conscience et ses amis lui adressaient toujours, mais en vain, car il cédait à un entraînement irrésitible, et à pareille infirmité nous avons la main pleine de topiques anodins. Donc, plaignons le grand homme chez qui le génie avait, comme de coutume, un nombreux cortége de faiblesses, de misères dignes d'une pitié généreuse.

Mais si nous voulons ne le considérer que comme médecin, nous ferons bon marché de sa science, elle ne dépasse guère le niveau commun de ses contemporains, elle est le résultat de ses rapports continuels avec des hommes qui, transfuges de la Grèce, importaient aux bords du Tibre les trésors hippocratiques. Nous l'avons vu devenir plus savant à mesure que ses communications avec les gens de l'art sont devenues plus nombreuses et plus durables, il s'est familiarisé avec la langue, il a tiré parti des connaissances acquises; ses lettres, ses discours contiennent des notions scientifiques dont il a fait son profit, et les médecins qui l'entourent peuvent revendiquer une belle part dans le coloris de son style. Ses traités philosophiques donnent lieu aux mêmes remarques; on y rencontre à chaque page des expressions qui nous sont empruntées, trace brillante de l'influence exercée par la science médicale sur un esprit ardent qui s'assimilait avec une merveilleuse facilité tous les éléments du succès.

On possède de nombreux témoignages à l'appui de cette thèse, et nos lecteurs ne peuvent douter de la possibilité de les multiplier encore si nous n'avions craint de grossir inutilement ce travail. Cicéron devait une grande partie de sa renommée d'orateur à des qualités que nous avons signalées. Pline et Quintilien les ont célébrées dignement, mais cette gloire du barreau romain, si pure, si éclatante qu'elle paraisse, ne fut pas à l'abri des envieux, et déjà, du temps de Tacite et même avant lui, on n'épargnait pas les critiques à celui qui avait recueilli des applaudissements plus encore qu'il ne s'était décerné de louanges. Voyez, à la fin de l'excellent Tacite de M. Ch. Louandre, le *Dialogue sur les Orateurs,* dans lequel on dit : « Satis constat ne Ciceroni quidem obtrectatores defuisse, quibus inflatus et tumens nec satis pressus, sed supra modum exsultans et superfluens et parum atticus videretur. » Cicéron lui-même, cela est certain, n'a pas manqué de critiques qui le trouvaient exagéré, ampoulé, prolixe, redondant, verbeux et de mauvais goût. Brutus enfin, l'ami de Cicéron, lui reprochait d'être mou, de manquer de reins, « tamquam fractum atque elumbem, » ce sont ses propres expressions. Quelque opinion que l'on ait sur cet ouvrage de Tacite, il est impossible de n'y pas reconnaître des pensées ayant cours dans le monde savant de cette époque, et il n'y avait pas cent vingt ans que Cicéron était mort.

Si nous ne voyons dans les reproches si durs adressés à un aussi grand homme qu'un de ces retours de la fortune qui nous démontre la vanité de la gloire, nous pourrons bien ne pas montrer plus d'indulgence pour ses doctrines médicales et reconnaître qu'on les a louées avec plus d'enthousiasme que de justesse.

Est-ce une raison pour les admirer moins? Tel n'est pas notre sentiment. Nous croyons que le genre d'études auquel nous nous sommes livré a son utilité, en ce qu'il montre la noble influence de la médecine et des médecins sur les hommes dont la puissante individualité semblerait devoir s'isoler davantage. Cicéron, à quelque époque de sa vie qu'on le considère, s'identifie à son insu avec les médecins qui l'entourent, il leur emprunte non-seulement des expressions qui deviennent l'ornement de son discours, mais des pensées qui lui donnent de la force, il acquiert de la science, son éducation médicale réagit sur ses actes comme sur ses paroles, et jamais peut-être aucun homme ne nous appartenant pas en propre n'a plus gagné à ce commerce scientifique qui était si bien selon ses goûts.

C'est là tout ce que nous avons voulu montrer dans cet examen de l'œuvre de Cicéron. Et si, chemin faisant, nous avons trouvé l'occasion de rendre plus familiers à une certaine classe de lecteurs des écrits recommandables à tant de titres, s'il se trouve un de nos confrères qui nous sache gré d'avoir déroulé à ses yeux le tableau de la vie de ce grand homme, nous croirons n'avoir pas perdu notre peine. Toutes les merveilles du temps présent n'affaiblissent pas la joie pure que l'on éprouve à vivre dans un passé glorieux, en compagnie d'un des plus grands génies de l'antiquité.

FIN.

ÉTUDE BIBLIOGRAPHIQUE

SUR M. T. CICÉRON

ÉTUDE BIBLIOGRAPHIQUE

SUR

M. T. CICÉRON

> Ὁ πάνσοφος Τούλλιος, ὁ τῆς παλαιᾶς
> Ῥωμαιῶν σοφίας ἡγεμών.....

Ceci n'est point un essai de critique ni d'esthétique littéraire, pas même une modeste étude de philologie, à propos du plus illustre des polygraphes romains. Nous n'avons jamais eu la présomptueuse pensée d'oser, en quelques pages, chercher à apprécier quelle incontestable et salutaire influence ses nobles écrits ont exercée de tout temps sur la philosophie, sur la législation, sur l'économie morale, politique ou religieuse des peuples auxquels les bienfaits de la civilisation les ont transmis. Nous n'oserions même entreprendre de relever ni d'analyser les excellentes notions de pureté, d'élégance et d'atticisme, que les maîtres dans l'art de parler et d'écrire ont puisées à pleines mains, depuis dix-neuf siècles, dans cette source intarissable. Au point de vue philologique, comme à celui de la morale et de la philosophie, cette admirable thèse a été plus d'une fois soutenue, avec autant d'érudition que d'éclat, par les grands esprits du Moyen Age et de la Renaissance, aussi bien que par les savants et les penseurs de notre époque.

Notre but est restreint dans un cadre infiniment plus modeste, et pourtant il offre peut-être un certain intérêt de curiosité, intérêt qui nous a soutenu jusqu'à la fin des nombreuses et minutieuses recherches qu'il nous a fallu faire, et qui contribuera, nous l'espérons du moins, à nous faire pardonner ce que présentent toujours de sécheresse et de monotonie les nomenclatures et les catalogues.

Essayer de faire l'histoire des manuscrits de Cicéron, raconter aussi succinctement que possible les péripéties par lesquelles ils ont dû passer depuis les époques barbares jusqu'à la découverte de l'imprimerie, c'est-à-dire jusqu'à la renaissance des lettres; faire suivre cet aperçu nécessairement fort imparfait et un peu confus d'un extrait bibliographique relatif aux premières et aux meilleures éditions des nombreux ouvrages du *Prince des orateurs romains* (c'est la formule consacrée depuis des siècles), voilà ce qu'il nous a paru intéressant de tenter; et si le résultat, bien imparfait, auquel il nous a été possible de parvenir, est loin de satisfaire la juste susceptibilité du public des lettrés et des érudits, peut-être au moins voudra-t-il bien, malgré son peu d'indulgence, nous tenir compte des extrêmes difficultés auxquelles nous avons dû nous heurter à chaque pas dans un genre de travail où tout est hypothèse, ténèbres, contradiction, et pour lequel manquent presque absolument les documents sérieux et les faits acquis au domaine de l'histoire.

Les manuscrits des grands classiques grecs et romains furent conservés en grand honneur pendant les cinq premiers siècles de l'ère chrétienne. Deux causes principales amenèrent leur destruction, qui fut malheureusement aussi rapide que complète.

L'invasion des hordes barbares, peu soucieuses des chefs-d'œuvre des lettres et des monuments des beaux-arts d'Athènes et de Rome, invasion qui détermina instantanément et fatalement la corruption de la langue, en même temps qu'elle fit disparaître jusqu'aux plus faibles vestiges du goût et de l'élégance qui avaient jeté un si splendide rayonnement sur les grands siècles de Périclès et d'Auguste.

En second lieu, la décadence rapide de la société civile romaine en même temps que la prédominence d'une religion nouvelle qui, sortant triomphante des luttes terribles qu'elle avait soutenues contre ses persécuteurs, les empereurs de la Rome païenne, fut peut-être tout d'abord presque aussi funeste aux monuments littéraires, derniers débris d'une civilisation à tout jamais vaincue, qu'avaient dû l'être les déprédations sauvages des Huns, des Goths et des Vandales.

Ne nous est-il pas également permis de croire que les polémiques violentes, suscitées, dès les premiers siècles de l'Église, par un fatal besoin de controverse, entre les docteurs orthodoxes et les hérésiarques qui ne tardèrent pas à surgir, amenèrent la destruction d'un grand nombre de manuscrits profanes?

L'Église était alors fertile en grands courages

qui versèrent des flots d'encre et, quand le parchemin manqua, employèrent tout ce qui leur tomba sous la main : des scribes ignorants croyaient pouvoir, dans leur zèle pieux, sacrifier Tacite, Horace et Cicéron, ces flambeaux éblouissants d'une civilisation redoutée, aux écrits des Lactance, des Tertullien, des Origène et de tant d'autres grands esprits, qui pourtant avaient puisé, sinon leur inspiration, du moins leur élégance et leur pureté aux sources limpides des lettres antiques.

Hâtons-nous d'ajouter que si, pendant une période qui ne fut, hélas! que trop longue, l'incurie et l'ignorance des moines et même de quelques évêques occasionnèrent la dilapidation et provoquèrent la ruine des plus précieux trésors des grandes civilisations passées; pendant les siècles suivants, au contraire, certains prélats et quelques couvents de France, d'Angleterre ou d'Italie, appartenant à des ordres lettrés, apportèrent à la recherche des monuments littéraires, enfouis dans leurs archives, une ardeur passionnée, une fièvre d'investigation, qui produisirent les résultats les plus féconds : secondés par le zèle éclairé de quelques-uns de nos rois, Charlemagne, saint Louis et Charles V entre autres, ces travailleurs infatigables, ces modestes pionniers de la civilisation moderne, dont l'histoire aurait dû conserver les noms, parvinrent, après des efforts qui durèrent des siècles, à retrouver, à coordonner et à transcrire une grande partie de ces monuments inestimables, dont les esprits élevés déploraient, dès ces époques reculées, la perte à jamais regrettable.

Ce qui contribua également à préserver jusqu'à l'époque de la Renaissance (du ve au xive siècle) quelques fragments antiques, et facilita singulièrement les investigations des hommes véritablement dévoués à la science, ce fut la conservation de la langue latine, chez tous les peuples qui n'étaient pas absolument retombés dans la barbarie, comme langue officielle pour les actes légaux, pour les pièces politiques et les correspondances cléricales, enfin et surtout comme langue usuelle des savants et des lettrés. Il est fort rare cependant, du vi^e au xiie siècle, époque néfaste où d'épaisses ténèbres couvrent presque sans éclaircies l'Europe entière (il faut en excepter un demi-siècle pour l'épopée Carlovingienne, et, longtemps après, quelle éclatante lumière jettent ces grands esprits essentiellement Cicéroniens, les Abélard, les saint Bernard, les Jean de Salisbury!), il est fort rare, disons-nous, de rencontrer des citations qui ne soient extraites de la Vulgate et des Livres sacrés : et peut-être nous sera-t-il permis, incidemment, d'en tirer cette conséquence rigoureuse que l'austérité intolérante de l'enseignement monacal était bien loin d'encourager l'étude des classiques profanes, et risquait d'étouffer sous le poids et les arguties d'une scolastique indigeste jusqu'au souvenir des splendeurs littéraires des civilisations païennes.

Pour faciliter nos études cicéroniennes, il nous faut jeter un rapide coup d'œil sur les *librairies* des couvents et des princes pendant ces tristes époques; de quelques-unes nous restent de précieux, mais trop brefs inventaires; des autres les auteurs contemporains nous décrivent, presque toujours en peu de mots, les splendeurs et les misères.

Un fait ressort tout d'abord de cette courte excursion dans le domaine de l'histoire. C'est combien étaient rares et clairsemés, *rari nantes*, les manuscrits profanes au milieu du gouffre sans bornes des livres sacrés de liturgie, de scolastique, de dogmatique, de théologie morale, catéchétique, parénétique et mystique; tout ce gros bagage escorté des Saints Pères, des Vies des Saints, des Actes des Conciles, et des Concordances, et des Commentaires, et des Harmonies, et des Paraphrases et *de quibusdam aliis*, absorbait tout le parchemin disponible. Au milieu de cette formidable nomenclature, est-il étonnant qu'on ne voie presque jamais figurer dans les inventaires contemporains le nom d'un des grands auteurs de l'antiquité?

C'est qu'aussi les dévots copistes de la plupart des couvents, à ces époques où le parchemin devenait de plus en plus rare [1], ne se faisaient aucun scrupule d'effacer, de gratter sans pitié les trésors profanes qui couvraient la plupart des vieux parchemins de leurs librairies, pour y substituer dévotement leurs Offices, leurs Rituels et leurs Graduels, et surtout leurs volumineux Commentaires des livres Saints. Une des plus précieuses découvertes de la science moderne a eu pour effet de réparer en partie le résultat funeste de ces inepties barbares, en faisant reparaître les premiers caractères de quelques-uns de ces palimpsestes et renaître pour la joie des peuples éclairés ces précieuses reliques d'un âge qui n'est plus.

Mais devons-nous accuser de ce sauvage vandalisme ces pieux et ignorants scribes, ces humbles et habiles manœuvres dont les

1. Aux xe et xie siècles surtout, il avait acquis une valeur exorbitante. Dans les premiers siècles de l'ère chrétienne, alors qu'il se substituait généralement au papier de papyrus et au papier *Cornélien*, on avait l'habitude de n'écrire que d'un seul côté, particulièrement les chartes et les actes officiels : ce n'est qu'à dater de la fin du ixe siècle que l'on trouve des chartes écrites au recto et au verso. On comprend qu'à une époque où le commerce et l'industrie étaient presque nuls, cette prodigalité de la matière première amena en peu de temps une pénurie complète : ce fut alors que les moines commencèrent à racler le parchemin écrit, avec un fragment de verre cassé ou avec un grattoir; quelquefois même ils le trempaient dans l'eau bouillante ou le faisaient passer par la chaux vive; cette déplorable coutume devint si générale et produisit de si funestes résultats, que les empereurs d'Allemagne, en élevant à la dignité de comte leurs chevaliers, avec pouvoir de créer des notaires impériaux, furent obligés d'insérer cette restriction dans les provisions qu'ils leur concédaient : « à condition que lesdits notaires n'emploieront point de parchemin vieux et raclé, mais qu'il soit vierge et tout neuf. » (Maffei, *Istor. Diplom.*, p. 69.)

18

travaux merveilleux de patience et de délicatesse font encore l'admiration de notre époque? Hélas! ils ne connaissaient pas même de nom les auteurs qu'ils détruisaient[1]. Ces pauvres moines écrivaient avec une grande netteté, enluminaient parfois avec une rare élégance, pour les rois et pour les évêques, pour leurs abbés et leurs bienfaiteurs; ils consacraient trente années de leur existence recueillie à l'exécution d'un splendide missel; leur humilité, leur abnégation, quelquefois leur amour des lettres, leur passion pour leur art, sont incontestables : aussi rapportaient-ils de grosses sommes d'argent à leurs abbayes : témoin ces moines de Bayeux qui, en 1414, firent payer 600 escus d'or au bon roy Charles VIe les *Heures* superbement enluminées, que ce pauvre prince offrit à la duchesse de Bourgogne, et ce manuscrit des *Homélies* d'Aimon d'Halberstadt, qui fut acheté au xe siècle, par Hermengarde, comtesse d'Anjou, à je ne sais plus quel monastère, au prix de deux cents brebis, trois muids de grains et nombre de peaux de martre (*Annal. Benedict.*, lib. LXI, n° 6).

Mais nous avons hâte d'écarter ces tristes récriminations, et

1. Pétrarque s'indigne et s'emporte contre l'ignorance et la sottise des copistes de son temps : « Comment pourra-t-on jamais, s'écrie-t-il, réparer le tort que nous font les scribes qui, par leur ignorance et leur paresse, gâtent tout?... Quiconque sait tenir une plume et enluminer le parchemin se pose en habile copiste, quoiqu'il n'ait aucun savoir, ni même aucune notion de l'orthographe. Mais qu'importerait l'orthographe, si du moins ils s'astreignaient à copier fidèlement ce qu'on leur donne à transcrire? on aurait au moins la substance des livres, tout en riant de l'ignorance des copistes. Croyez-vous que si Cicéron, Tite-Live et d'autres vieux auteurs, surtout Pline, revenus parmi nous, se faisaient lire leurs ouvrages, on ne les entendrait pas se récrier à chaque page, prétendant que ce qu'on leur lit est le fait de quelque barbare et non pas le leur? Le mal est qu'il n'y a ni règle ni loi pour les copistes : les ouvriers de tous les états sont soumis à des apprentissages, à des examens, il n'y en a point pour des copistes : et cependant il nous faut les payer bien cher, pour les voir gâter tous les bons livres. » Et dans une lettre à Boccace, il se plaint de ne pouvoir trouver un homme en état de copier fidèlement son livre *de Vita solitaria* : « Vous ne pourriez croire, lui dit-il, que ce livre, qui a été écrit par moi en si peu de temps, ne puisse être copié dans l'espace de plusieurs années. » (*Petrarcæ Epist. Famil.* — Venetiis. J. et Greg. de Gregoriis. 1492; in-4.) Et sur un manuscrit de Cicéron que décrit Montfaucon dans son *Journal*, ne lit-on pas cette énergique apostrophe : *Non reperitur plus, tanta fuit negligentia atque inscitia eorum qui jam nos multis sæculis anteiverunt : qui suæ inertiæ utinam et ignorantiæ premia digna ferant?*

d'aborder, pour n'en plus sortir, le sujet que nous nous sommes proposé de traiter.

Un catalogue écrit au IXe siècle, et qui termine un antique codex des Scolies de saint Maxime sur saint Grégoire, ne porte qu'à trente-deux volumes la bibliothèque du couvent auquel appartenait ce manuscrit : on y trouve Josèphe et Pétrone! mais aussi un ouvrage intitulé simplement *Litteræ ad diversos, secunda pars*, qui pourrait bien n'être autre que les *Epistolæ ad familiares;* tout le reste n'est que théologie et Pères de l'Église.

Un peu plus tard, la librairie de l'abbaye de Saint-Étienne, en Allemagne, renferme quarante-trois volumes; celle d'Éverard, comte de Frioul, monte à cinquante, et il la divise à sa mort entre ses trois enfants, comme l'une des portions les plus précieuses de son riche héritage.

Au XIe siècle, Guidon, abbé de Pompose, près Ravenne, réunit soixante-deux ouvrages, parmi lesquels on remarque Tite-Live, réduit seulement à dix livres, et que l'on s'efforçait inutilement dès lors de compléter. La bibliothèque de Moyen-Moutier, dont un manuscrit du temps nous apprend que cinq moines firent le tour de force de copier une Bible en cinq mois, n'avait pu, malgré l'incontestable dextérité de ses scribes, réunir plus de soixante-sept volumes.

A la même époque, Olbert, abbé de Gemblou, était parvenu à former une librairie citée comme une grande magnificence: il avait recueilli cent soixante volumes, et il faut remarquer que les auteurs profanes en formaient presque le quart : on y trouvait Virgile et Lucain, mais pas un seul livre de Cicéron.

Au XIIe siècle, la célèbre abbaye de Mont-Cassin, fondée par saint Benoît en 528, n'avait encore que quatre-vingt-dix ouvrages, et certes la règle élevée de cet illustre séminaire des lettres et des sciences avait eu pour but principal d'inspirer aux moines l'horreur de l'oisiveté et le culte salutaire des plus nobles doctrines intellectuelles[1].

1. L'oisiveté est l'ennemie de l'âme, et par conséquent les frères doivent à cer-

Mais un fait singulier presque inexplicable, et qui cependant présente tous les caractères d'une authenticité absolue, c'est qu'au fond des landes Armoricaines, au désert, une petite abbaye perdue, Pontivy, avait, à la fin du XIe siècle, réuni deux cents volumes, nombre inconnu jusqu'alors et que l'on ne retrouve que dans les catalogues de librairies datés du XIIIe et du XIVe siècle.

Les abbayes de Marmoutiers, de l'Ile-Barbe à Lyon [1], de Fleuri, Ferrières, Tours, Saint-Père de Chartres, Corbie, etc., nous prouvent, par de curieux documents, combien peu de manuscrits profanes les abbés les plus lettrés avaient pu ou osé réunir. Les librairies de ces abbayes, qui marquaient entre les plus riches et les plus savantes de l'époque, présentent à peine un vingtième de leur contenu que l'on puisse rattacher à la littérature classique de l'antiquité païenne; et ces classiques offraient le texte le plus incorrect et le plus imparfait : l'ignorance de ces pauvres copistes, dont nous avons parlé, et surtout le système des abréviations, si multipliées à partir du VIIIe, et surtout du XIe siècle, abréviations que rendaient nécessaires la rareté et le prix toujours croissants du parchemin, avaient fini par en altérer le texte, à un point que déplorèrent bien amèrement les savants qui s'adonnèrent plus tard à la reconstitution de ces précieux monuments.

En 1251, la librairie de la cathédrale de Ratisbonne ne comp-

tains moments s'occuper au travail des mains; dans d'autres, à de saintes lectures... que l'on choisisse un ou deux anciens pour parcourir le monastère à l'heure où les frères sont occupés à la lecture, et qu'ils voient s'ils ne trouveront pas quelque frère négligent qui se livre au repos ou à la conversation, ne soit pas appliqué à lire, et qui non-seulement soit inutile à soi-même, mais encore détourne les autres. (*Règle de saint Benoît.*)

1. Cette illustre maison fut établie par quelques proscrits sous le règne de Septime-Sévère; Charlemagne fut le fondateur de sa librairie, qu'il mit sous la garde spéciale de l'archevêque Leydrade et qui devint en peu de temps l'une des plus importantes de France : cinq ans après son couronnement à Rome, (805), il lui fit hommage d'un manuscrit des œuvres de saint Denys l'Aréopagite, que lui avait envoyé l'empereur Nicéphore, et d'une bible grecque et syriaque, corrigée de sa propre main : ce dernier fait du moins est affirmé par Sabellicus et par Palmerius.

tait pas moins de cinq cents volumes[1], tandis qu'en 1136 celle de l'église d'Angoulême n'en contenait que cent, et celle de Cologne, en 1170, n'avait réuni que cent quatre-vingt-six volumes.

En Angleterre et en Irlande, le culte des lettres antiques se conserve plus pur et plus ardent que dans tout autre pays : on était là placé moins directement sous l'action absorbante du clergé de Rome. C'est d'Irlande que partent ces pieux et savants missionnaires, ces évêques voyageurs, les saint Colomban, les saint Kilian, les Burkard, les Alain, les Sulbert, qui, en France, en Belgique, en Souabe, en Franconie, en Suisse, sur les bords du Rhin, et jusque dans le fond de l'Autriche, laissent partout de précieuses traces de leur passage, de leur influence et de leurs utiles travaux. C'est à ces hommes éminents que l'on doit en France, au temps de Charlemagne, en Angleterre, sous le règne du grand Alfred, la réforme de l'écriture, qui, à l'époque des Mérovingiens comme à celle des premiers rois de l'Heptarchie Saxonne, était tombée dans une épouvantable barbarie; c'est aussi à leur zèle infatigable que l'on doit en Angleterre la renaissance des études littéraires. Aussi voit-on, en cet heureux pays, et surtout à dater du XIIe siècle, les moines, tout en se livrant pieusement aux études canoniques, faire marcher de front le culte des lettres antiques. Ce fait, malheureusement si peu fréquent pendant ces époques d'ignorance et de fanatisme, est prouvé par les documents les plus incontestables. Les écoles publiques, particulièrement celle d'Oxford, qui, sous le roi Richard, comptait trois mille étudiants, et, au dire des Bénédictins, attirait un si grand nombre d'écoliers de Paris; celle du monastère d'York, non moins renommée, étaient, sous tous les rapports, bien supérieures à tous les colléges du continent. Les religieux du monastère d'York possédaient une admirable librairie, formée

1. A cette même époque, le chapitre de cette église fut obligé de racheter cette librairie au prix d'une parure d'autel, pesant 67 marcs d'or, valeur énorme pour le temps.

par les soins éclairés de l'abbé Egbert, et décrite par Alcuin en vers pompeux :

> Illic invenies veterum vestigia patrum,
> Quidquid habet pro se Latio Romanus in orbe,
> Græcia vel quidquid transmisit clara Latinis.

Et les plus grands noms de l'antiquité s'y coudoyaient, Pline et saint Augustin, Virgile et saint Jérôme, et Stace, et Lucain,

> Acer Aristoteles, rhetor quoque Tullius ingens.

Et ceci, incidemment, prouve que le grand philosophe de la Grèce, dont les œuvres perdues au moyen âge, au dire de quelques écrivains, ne nous auraient été rendues qu'à la fin du XIVe siècle par les Arabes, était, au temps de Charlemagne, dans les mains des érudits et dans les librairies conventuelles, tandis qu'un grand nombre de documents postérieurs viennent confirmer ce fait, que ses admirables écrits n'ont jamais cessé d'être en grand honneur jusqu'à l'année 1479, date de la première traduction latine de ses ouvrages de logique et de physique, et 1495-98, date de l'édition originale grecque donnée par les Aldes de ses œuvres complètes.

Le grand Alcuin regretta bien souvent les trésors de cette bibliothèque d'York, quand, accueilli à la cour de Charlemagne, pourvu de trois abbayes, l'ami, le confident, et, selon la belle expression de M. Guizot, le premier ministre intellectuel du prince, il faisait corriger et rétablir les textes altérés de l'ancienne littérature, reconstituait les écoles, et donnait à tous l'exemple et l'impulsion de l'amour des lettres et des arts : on sait qu'il copia de sa propre main Térence, et en épura le texte avec un soin minutieux.

L'excellent livre de Merryweather, *Bibliomania in the middle ages*[1], donne sur l'état des lettres et de la civilisation en Angle-

1. London, 1849 ; in-18.

terre, à cette époque, de curieux détails que nous mettons largement à contribution.

Les moines, depuis le VIIIe siècle, s'y livrent avec ardeur à la transcription des livres saints; mais, grâce à la profusion de parchemin qu'ils ont à leur disposition, ils ne détruisent qu'un nombre de classiques profanes infiniment restreint, si du moins l'on compare ce qui se passe en ce pays aux dilapidations du continent.

Cantorbury, Cambridge, Oxford, les abbayes de Peterborough, de Glastonbury, de Douvres, voilà où s'accumulent, par le zèle ardent d'abbés érudits et opulents, les trésors bibliographiques de tous les âges. Sagement dirigées, ces librairies conservent, avec infiniment plus de respect que partout ailleurs, les monuments les plus précieux des littératures antiques.

Durham, dont le catalogue se voit encore à la Bodléienne, renferme au XIIe siècle plus de trois cents volumes, parmi lesquels au moins vingt auteurs classiques, que viennent encore augmenter les trésors de la littérature grecque, rapportés de l'Orient au temps des croisades.

En 1248, la bibliothèque de Glastonbury, l'une des plus importantes du royaume, contient plus de quatre cents volumes, parmi lesquels on rencontre les grands classiques latins, Tite-Live et Virgile, et Salluste et Lucain.

Le monastère de Reading dans le Berkshire possédait, sous le règne de Henri III (1216-1272), une bibliothèque choisie de plus de cent cinquante volumes, dont le catalogue est imprimé dans le supplément à l'histoire de cette abbaye; on y voit les œuvres de Platon, dont les manuscrits sont d'une extrême rareté, Virgile, Horace et Juvénal.

L'abbaye de Ramsay était infiniment plus riche : une partie de son très-précieux catalogue, écrit à peu près sous le règne de Richard II, existe encore : on y trouve les titres de près de onze cents volumes, mais parmi eux trente-neuf *processionale*, soixante bréviaires et plus de cent psautiers; un peu plus loin, heureusement, figurent Aristote, Horace, Arrien, Justin, Josèphe, Lucain,

Martial, Ovide, Platon, Sénèque, Salluste, Térence et Virgile.

Avançons encore d'un siècle, et nous trouvons le catalogue que l'illustre Henry de Estria, élu prieur du monastère de la Trinité, à Cambridge, l'an 1285, nous a laissé des incomparables richesses de la librairie de son monastère au XIIIe siècle : ce vaste et précieux répertoire, conservé encore aujourd'hui dans la bibliothèque *Cottoniana*, ne remplit pas moins de trente-huit pages grand in-folio, sur trois colonnes, et contient les titres de près de trois mille volumes. L'étonnement est extrême devant un pareil résultat de la patience et de l'infatigable ardeur des religieux de cette illustre abbaye; mais déjà le papier de linge était découvert, et les riches dépouilles de la France, sillonnée et ravagée depuis plusieurs règnes par des bandes, sans cesse renaissantes, de pillards et de malandrins, venaient s'entasser dans les monastères et dans les palais d'Angleterre. Aussi le catalogue de la librairie de la Trinité est-il un véritable et splendide monument, plus complet que tout ce que nous pouvons citer pendant le moyen âge : pères de l'Église, théologiens de toutes sortes et de toutes classes, médecins, astronomes, alchimistes, classiques grecs et latins, tout se retrouve dans ce curieux inventaire, qui prouve à quel degré d'élévation étaient portées les études théologiques et littéraires dans ce pays, à une époque où le mouvement de rénovation intellectuelle était à peine indiqué en France et en Allemagne.

Et déjà cependant, à la fin du XIIe siècle, la renaissance se faisait pressentir en Italie; les poëtes et les grands auteurs du siècle d'Auguste, qui jusque-là étaient restés enfouis dans la poussière des bibliothèques monastiques, commençaient à reparaître à la lumière du jour et reprenaient leur véritable place, c'est-à-dire la première [1]. L'Angleterre, nous l'avons dit, s'était fait remarquer au premier rang des nations dans ce grand mouvement de l'intelligence; depuis Guillaume de Malmesbury jusqu'à l'illustre Richard de Bury, l'auteur du *Philobiblion;* il n'est pas un histo-

1. *Hallam*, tome IV.

rien, un chroniqueur, un poëte, qui ne citent Horace et Cicéron, Tite-Live et Virgile, et ne s'inspirent de leurs immortels écrits.

Mais ce grand nom de Cicéron, qui retombe sous notre plume, nous rappelle combien nous nous sommes écarté de notre sujet, et dans un pareil travail il est presque impossible qu'il en soit autrement; la multitude de sources auxquelles on est forcé de puiser, la foule de documents que l'on consulte, presque tous renfermant des faits aussi curieux que peu connus, rendent difficile de suivre rigoureusement une ligne bien arrêtée, et malgré tout on s'abandonne à des digressions perpétuelles.

Revenons en France, où nous avons à examiner les documents qui nous sont parvenus sur les librairies de nos rois et de nos princes. Ce sont principalement des inventaires faits du vivant ou après le décès des fils du roi Jean [1], Charles V, le duc de Berry et Philippe le Hardi, premier duc de Bourgogne de la seconde race; Louis XI, Catherine de Médicis, etc. De nouveau, nous aurons à remarquer combien rares sont les manuscrits des vieux classiques grecs et latins, mais combien fréquentes se présentent les traductions dues aux travaux de quelques savants que nos rois paient magnifiquement : ce sont, entre tous, Pierre Bercheure ou Berchoire, mort à Paris, prieur de Saint-Éloi en 1362; Laurent de Premier-Faict; Nicolas Oresme, le traducteur d'Aristote; Jehan Courte-Cuisse, etc.

La formation des langues française et italienne, résultat presque immédiat du retour aux saines études et à la culture des littératures profanes, provoque aussitôt une révolution intellectuelle; une école véritablement littéraire surgit dans les deux pays, en même temps que l'État social se reconstitue en France et que la découverte du papier de linge, vers la fin du XIIe siècle [2],

1. Barrois, *Librairie Protypographique.*

2. Il est peut-être un peu antérieur : Pierre le Vénérable, abbé de Cluny, qui florissait vers 1120, affirme que le papier de chiffon était déjà employé de son temps : « Nos livres, dit-il, sont établis avec des peaux de bélier, de bouc ou de « veau, ou des plantes orientales, ou des débris de vieux linges, (*ex rasuris « veterum pannorum compacti*). »

vient activer énergiquement les progrès de ce grand mouvement, précurseur de la Renaissance. Ici, ce sont les innombrables romans qui procèdent de l'épopée Carlovingienne, les naïves poésies de la langue d'oc, la recherche ardente et les traductions en prose et surtout en *rymes* des classiques anciens; par delà les Alpes, naissent Dante et Pétrarque, Pétrarque, l'infatigable chercheur, auquel nous allons être forcé de revenir avec quelques détails.

Mais bien avant ces époques fortunées, nos rois avaient réuni de riches librairies; Charlemagne, par les soins éclairés et incessants d'Alcuin, d'Éginhard, de Raban Maur, qui fut depuis archevêque de Mayence, de saint Adalard, abbé de Corbie, et de quelques autres savants, ses vrais pairs, avait formé une bibliothèque nombreuse et bien choisie, qui fut négligée sous le pâle règne de Louis le Débonnaire, mais entourée d'un nouvel éclat pendant celui de Charles le Chauve. Ce dernier, un pauvre roi s'il en fût, avait eu le bonheur de rencontrer un ministre lettré, l'archevêque Hincmar, et un conseiller intime, qui fut à la fois homme d'État et l'ardent promoteur des études littéraires : ce fut Eudes, le savant évêque de Beauvais. Grâce à la haute influence de cet homme illustre, l'école de Paris prit un tel éclat que les étrangers eux-mêmes en furent frappés. Herric, moine de Saint-Germain-l'Auxerrois, et Wandalbert, moine de Prum, au diocèse de Trèves, racontent que la prospérité des études littéraires y devint telle, qu'Athènes aurait envié le sort de la France, et que la France n'aurait eu rien à envier à l'antiquité. Érigène y professait la philosophie, et son nom et ses écrits prouvent que la littérature et la philosophie ancienne tenaient une grande place dans l'enseignement de cette école. Charles le Chauve laissa en mourant la plus grande partie de ses livres, copiés presque tous au temps des splendeurs de son aïeul, aux abbayes de Saint-Denis et de Compiègne.

C'était à peu près à cette époque que le grand Alfred, roi d'Angleterre, attirait à sa cour le moine Jehan, de l'abbaye de Corbie, et lui confiait la direction des études littéraires, en même temps que le soin de former les moines d'Abingdon à la lecture et à l'art du chant.

Saint Louis, dont l'amour pour les lettres nous est raconté par Godefroy de Beaulieu, son confesseur, et Vincent de Beauvais, le précepteur de ses fils [1], poursuivit avec ardeur la transcription des livres, à laquelle il employait un grand nombre de copistes : il divisa, par son testament [2], la nombreuse bibliothèque qu'il avait formée et déposée à la Sainte-Chapelle de Paris, entre le couvent des Dominicains de Compiègne, l'abbaye de Royaumont, les Cordeliers et les Dominicains de Paris. C'est à l'ardeur que le saint roi mettait à poursuivre la transcription des textes sacrés et mêmes profanes que nous devons probablement Vitruve, dont le nom se trouve cité pour la première fois dans le *Speculum* de Vincent de Beauvais ; ce dernier parle également pour la première fois des *Épîtres* de Pline, ainsi que de plusieurs auteurs de la basse latinité, qui avaient disparu dans la poussière des librairies conventuelles.

Au XIVe siècle, nous ne retrouvons plus dans la bibliothèque de nos rois que trois classiques, Ovide, Lucain et Boëce, et, malgré l'assertion de Hallam, nous ne voyons nulle part figurer le nom de Cicéron.

Dans l'inventaire de la bibliothèque de Charles V, fait en 1373, bibliothèque qui plus tard fut enlevée, et non pas achetée, par le duc de Bedford (ainsi que l'ont écrit deux écrivains anglais [3]), nous trouvons plusieurs exemplaires de Tite-Live, mis en fran-

1. L'illustre auteur du *Speculum quadruplex*, imprimé pour la première fois par Mentelin de Strasbourg, en 1473-76, 7 vol. gr. in-fol. — Voyez sur cette volumineuse, mais précieuse encyclopédie du XIIIe siècle, l'excellent travail de M. Daunou, dans le 18e vol. de l'*Histoire littéraire de la France*.

2. *Histor. Franc. Script.*, Tom. V, p. 438.

3. Les livres que le roi Charles VI laissa après sa mort en 1423 dans la librairie de la tour du Louvre montaient à 853 volumes, la plupart écrits sur vélin et richement enluminés; ils furent estimés valoir 2323 livres 4 sous du temps; cependant le duc de Bedfort, régent de France par droit de conquête, les fit enlever et transporter en Angleterre, sans rien débourser : il est vrai que, pour l'acquit de sa conscience, il crut devoir consacrer une somme de 1200 livres à l'érection d'un tombeau, où l'on ensevelit le malheureux roi et la reine, sa coupable épouse.

çais par Pierre Bercheure; — les *Epistrez Seneque a son amy Lucile*, traduites par Laurent de Premier-Faict; — plusieurs exemplaires des *Fables Ysopet*; — *Vegesse de Cheuallye* (*Vegetius de re militari*); plusieurs livres d'Aristote, traduits par Nicolas Oresme, entre autres *ung liure nome Polithiques et yconomiques*. — *Valerius Maximus, couuert de soye vermeille a queue, tres bien escript et ystorié* : c'est la traduction faite par Simon de Hesdin et Nicolas de Gonesse. — *Les Faiz et la Vie de Cesar et Suetone et des Romains, tres bien ystorie et escript*. — *Ouide le grant, ryme et moralise, escript en lettres de note* : ce sont les *Métamorphoses moralisées* de Thomas Waleys, traduites en français. — *Geomenta Euclidiz, cum Commento Mgri Campani*. — *Ouidius de Puntulo* (*de Ponto*), *en ung liuret tres viel*. — *Lucan, tres viel, sans couerture*. — *Ouidius de vetula rustica deflenti*. — *Plato in Thimeo*. — *Josephus en deux tres grans volumes*; — *Alexander Magnus et Lucanus, couerts de parchemin* : le premier est sans doute Quinte-Curce.

Dans l'inventaire des livres de Charles V et de Charles VI, non compris dans celui de 1373, nous trouvons : — *Astronomia Ypocratis, Astronomia Aristotelis, Tractatus de urinis* et autres traités de médecine; — *Lucanus en latin de lettre Boulenoise*; — *Ovidius de Epistolis*, en latin; *Titus Liuius*, de la traduction de P. Bercheure.

Dans la bibliothèque de Jehan, duc de Berry, au château de Mehun-sur-Yèvre, dont le Catalogue est relaté dans le compte d'exécution testamentaire de sa succession, dressé par Jehan le Bourne, nous trouvons Aristote, Priscien, Térence, Boëce, Lucain, Végèce, Valère-Maxime, Tite-Live, Suétone, César, tant en latin qu'en traductions françaises, mais, et le fait mérite d'être remarqué, ainsi que pour les précédents inventaires, pas un seul volume de Cicéron.

Du reste, et nous aurons à revenir sur cette singularité, les manuscrits des nombreux ouvrages du grand orateur, qui plus tard deviennent si communs, qui au xve siècle sont transcrits, traduits, commentés par l'Europe entière, sont, du xe au xiiie, d'une insigne rareté, et disparaissent presque absolument. Nous constatons le fait, mais nous pensons qu'il est difficile d'en donner une explication satisfaisante.

Dans la librairie de la Sainte-Chapelle de Bourges, dont le Catalogue fut dressé en 1405, nous trouvons Galien, Josèphe, Valère-Maxime, Boèce, mais le nom de Cicéron n'y figure point.

Pas davantage dans la librairie des sires de Jaligny ; pas davantage dans l'inventaire de l'abbaye de Saint-Père de Chartres, où l'on trouve Ovide, Juvénal et Virgile.

Les lettres de Jornandès[1] prouvent que chez les Goths et les Visigoths, aux ve et vie siècles, on lisait assidûment les classiques latins, et que Cicéron jouissait parmi ce peuple, à peine au début de la civilisation, de tous les honneurs dus au prince des orateurs.

Cassiodore le possédait : Isidore de Séville le cite à toutes pages dans son livre des *Étymologies* et dans ses lettres à l'évêque Braulion.

Saint Loup (je crois qu'il a été canonisé), évêque de Ferrières en Gâtinais, écrit au pape Benoît III, au milieu du ixe siècle, une lettre que l'on a heureusement conservée : il le prie humblement de vouloir bien faire remettre à deux de ses religieux qu'il expédie à Rome à cet effet le traité de Cicéron, *De Oratore*, et deux autres ouvrages qu'il ne possède qu'incomplets, promettant de les restituer avec une scrupuleuse fidélité.

Dans une autre lettre adressée à Regimbert, il le supplie de lui rapporter d'Italie : « *Catilinarium et Jugurthinum Salustii, librosque Verrinarum* », et il ajoute : « *et si alios vel corruptos nos habere, vel penitus non habere cognoscitis, nobis afferre dignemini, ut vestro beneficio vitiosi corrigantur.* »

D'une autre lettre de cet ardent ami des lettres, il semble résulter que l'on possédait au temps de Charlemagne la traduc-

1. Les manuscrits de Jornandès furent retrouvés dans une obscure librairie d'Allemagne, par Ænéas Sylvius Piccolomini, qui monta sur la chaire de saint Pierre sous le nom de Pie II.

tion à peu près complète d'Aratus par Cicéron, car il dit : « *Tullium in Arato trade, ut ex eo quæ deesse egil noster aperuit suppleantur.* »

Au xe siècle, on lisait à l'abbaye de Fleuri le fameux traité *De Republica*, qui fut perdu peu de temps après : Pétrarque le chercha par toute l'Europe, et son désespoir de n'avoir pu retrouver ce précieux monument est énergiquement peint dans sa correspondance : le cardinal Maï devait être plus heureux.

Voici le fragment d'une lettre que le grand et savant Gerbert, qui fut pape sous le nom de Sylvestre II, écrivait à ce sujet : « *Comitentur iter tuum Tulliana opuscula de Republica et in Verrem et quæ pro defensione multorum plurima romanæ eloquentiæ parens conscripsit.* (*Epist.* 87.)

Parmi les manuscrits qui figuraient dans la très-précieuse librairie de l'abbaye Saint-Germain-des-Prés de Paris, on voyait un livre fort curieux attribué à Cicéron, dont on faisait remonter l'antiquité jusqu'au ive siècle : on crut reconnaître que cet important monument n'était autre que le fameux traité *De Consolatione;* mais il était presque illisible, rempli de chiffres inconnus, bien qu'il eût appartenu longtemps à saint Cyprien, qui l'avait, prétendait-on, couvert de notes de sa propre main... *si non è vero*... Quoi qu'il en soit, ce précieux manuscrit disparut avec une grande partie des trésors littéraires de cette abbaye dans le fatal incendie de 1794, à moins qu'il n'ait été compris dans le vol de 1791, où les vingt-cinq plus précieux manuscrits, provenant presque tous de Corbie, furent enlevés et vendus à l'étranger : ils figurent aujourd'hui à la bibliothèque de l'Ermitage à Saint-Pétersbourg : il serait intéressant de vérifier si ce livre précieux s'y trouve et ce qu'il est réellement.

Nous venons de parler de Corbie ; un savant distingué, M. Léopold Delisle, vient de publier sur la librairie de cette illustre abbaye un mémoire extrêmement intéressant dans le tome XXIVe des Mémoires de l'Académie des Inscriptions et Belles-Lettres, auquel nous empruntons les détails qui suivent : le plus ancien document relatif à cette bibliothèque importante est un fragment de catalogue du XIe siècle, conservé à la Vaticane (Ms. 520 du fonds de la reine Christine) ; il fut publié par le cardinal Maï, en 1841, mais avec assez peu d'exactitude; un autre catalogue du XIIIe siècle (même fonds, même n°) décrit 330 volumes environ de cette librairie. Cette précieuse collection, considérablement augmentée pendant les siècles suivants par le zèle de quelques abbés et les dons d'un grand nombre de savants et de fidèles, fut malheureusement exposée à de terribles dilapidations pendant les guerres civiles des XVIe et XVIIe siècles. Parmi les manuscrits qui avaient échappé à ces nombreuses péripéties, les plus précieux (environ 400) furent réunis à la bibliothèque de Saint-Germain-des-Prés en 1636 [1], où ils furent conservés en grand honneur jusqu'en décembre 1795 et janvier 1796, date de leur réunion définitive (nous l'espérons du moins) à la Bibliothèque impériale, où ils sont compris sous la rubrique de : fonds de Saint-Germain-des-Prés.

Presque tous les classiques latins figurent dans ce précieux catalogue du XIIIe siècle, que M. L. Delisle vient de publier *in extenso :* César, Quinte-Curce, Térence, Virgile, Martial, Perse, Juvénal, Lucain, Salluste, Tite-Live, etc., etc.; de Cicéron nous trouvons, chose remarquable, trois manuscrits du traité *De Consolatione!* que sont-ils devenus? les *Philippiques; Prima rhetorica Tullii; Tullii de Senectute; Tullii liber secunda rhetorica; Utraque Rhetorica, ad Herennium; Tusculanarum.* Dans le Catalogue dressé par Henry de Estria des richesses bibliographiques du monastère de la Trinité à Cambridge, que nous avons déjà mentionné, nous voyons figurer plusieurs traités de Cicéron : les *Paradoxa,* le *De Senectute,* le *De Amicitia* et le *De Officiis.*

Sous le nom de Tully, il figure également dans l'inventaire de la librairie du monastère de Durham au XIIe siècle, dont fut abbé, un peu plus tard, le célèbre Richard de Bury. En 1153,

1. Ces manuscrits de Corbie, portés à Saint-Germain-des-Prés, sont compris dans le catalogue de cette bibliothèque, dressé en 1677, catalogue dont Montfaucon nous a donné l'abrégé.

Hugh de Pusar, évêque de cette ville, le propre neveu du roi Étienne, possédait également plusieurs manuscrits de Cicéron.

Mais jamais, à aucune époque, dans aucune contrée, on ne rencontra plus fanatique admirateur du grand classique romain que l'illustre Pétrarque [1]. Dans ses lettres intimes, avec cette complaisance, cette prolixité que le bibliophile met d'habitude à narrer ses fouilles, ses déconvenues ou ses triomphes, il prend soin de nous raconter qu'il faisait rechercher et qu'il recherchait lui-même les manuscrits anciens de Cicéron par toute l'Europe. Jamais il ne passait près d'un monastère sans se détourner de sa route pour en visiter scrupuleusement la bibliothèque, quels que dussent être les inconvénients qui pouvaient résulter pour lui de ces retards. A Liége, il retint ses compagnons de voyage dans une mauvaise auberge, pendant plusieurs jours, pour l'aider à transcrire deux des discours les plus importants de Cicéron (l'un était : *Oratio pro lege Manilia*), qu'il avait eu le bonheur de retrouver, et qu'il eut la gloire de faire revivre, et c'est alors qu'il ajoute : « *De libris quidem Reipublicæ jam desperans, librum de Consolatione quæsivi anxie, nec inveni.* »

Nous avons déjà parlé de ce beau livre *de Republica*, dont le cardinal Maï fut assez fortuné pour retrouver d'importants fragments, et nous y reviendrons; mais le traité en deux livres *de Gloria*, le poëme sur le *Consulat*, celui qu'il fit en l'honneur de son compatriote Marius [2], la plus grande partie de sa traduction en vers des *Phénomènes* d'Aratus; enfin, perte à tout jamais regrettable, ce traité *de Consolatione*, écrit d'inspiration par un père au désespoir sur le corps inanimé de sa fille, morte à la fleur de l'âge, tout cela, et bien d'autres chefs-d'œuvre, sont, hélas ! perdus probablement pour toujours !...

1. « Mihi quidem, dit-il, vix unquam peregrinatio longior suscepta est, ubi non incognitos Ciceronis, ne dicam libros, sed inaudita librorum nomina compererim. »

2. Quelques vers de ce dernier poëme ont survécu : tout le monde connaît ce fragment célèbre qui commence par ce vers :

Sic Jovis altisoni subito pinnata satelles...,

fragment que Voltaire a si heureusement traduit.

Dans cette même lettre où il raconte avec une joie non déguisée sa découverte de l'*Oratio pro lege Manilia*, Pétrarque entre dans de curieux détails sur les fatales destinées des deux livres *de Gloria*. Un savant et un chercheur de ses amis dévoués, Raymundus Superantius, les avait découverts et les lui avait gracieusement transmis; Pétrarque, transporté de joie, s'empresse de les montrer à son ancien maître, un malheureux dont le nom nous échappe, et a l'imprudence impardonnable de les lui prêter pour un jour, pour une heure peut-être; celui-ci, qui vivait dans une misère profonde et dans la débauche, un vieillard! (cet âge est sans pitié), les met en gage chez un Lombard, un Juif peut-être (on pourrait aisément s'y tromper), obtient quelques misérables écus et se hâte de disparaître dans quelque bouge immonde. Le poëte, qui veut rentrer en possession de son trésor, revient; son homme a disparu; il court au Lombard, le Lombard a vendu le manuscrit à un digne confrère, celui-ci à un autre, bref le manuscrit était une seconde fois perdu. Pétrarque, on le comprend, fit les plus furieuses recherches; il ne retrouva jamais... que le vieux pédagogue.

Pour sortir un peu de la torpeur où l'avait plongé sa mésaventure, le poëte se remit en voyage de découverte [1]. Cette fois il vit, de ses yeux vit (du moins il l'affirme) les manuscrits du grand Varron; c'était dans un couvent de la haute Italie [2] : il insista pour les avoir; on les lui fit espérer, puis on changea d'avis: le manuscrit rentra dans les oubliettes du monastère; Pétrarque eut beau insister, tourmenter, rien n'y fit : l'occasion perdue avait fui pour toujours.

On voit que, s'il fut heureux en quelques circonstances, le

1. C'est dans le récit de ce voyage que l'on trouve des plaintes amères contre l'ignorance et l'abrutissement de ces villes, dans lesquelles il ne pouvait parvenir à trouver de l'encre pour copier les fragments de la littérature romaine qu'il venait de découvrir.

2. Pétrarque ne dit pas où il trouva ou crut trouver les manuscrits de Varron : nous avons quelques raisons de croire qu'il veut parler de l'abbaye de Bobbio, dont les trésors ont été réunis à la bibliothèque des Médicis, l'une des plus riches du monde.

pauvre grand poëte avait aussi ses jours de déconvenue; au reste, nous aurons l'occasion de revenir à lui tout à l'heure.

Ainsi qu'on peut le voir, d'après les quelques extraits d'inventaires de librairies que nous venons de donner, on peut résumer en peu de mots l'histoire, malheureusement trop incomplète, des manuscrits de Cicéron.

Pendant les premiers siècles qui suivirent sa mort, tant que le paganisme, battu en brèche par une religion nouvelle, reste debout et triomphant, les écrits du grand homme sont conservés en honneur, renommés à l'égal des plus purs monuments littéraires des grands siècles de la Grèce. Le triomphe définitif du christianisme les fait peu à peu négliger; ils tombent en désuétude avec tous les inestimables trésors des littératures profanes; cependant quelques savants et la plupart des pères de l'Église s'inspirent encore des immortels écrits de l'orateur romain, et jusqu'au IXe siècle on en retrouve facilement, dans le plus grand nombre des écrivains contemporains, des traces nombreuses.

Du IXe au XIIe siècle, ils disparaissent presque totalement; c'est effectivement de cette époque néfaste que l'on peut dater, presque avec certitude, la destruction des plus précieux fragments littéraires de l'antiquité, dont le monde savant déplorera la perte tant que le sentiment du beau existera.

A partir de la fin du XIIe siècle, quelques érudits laïques et religieux s'émeuvent de cette disparition : on recherche les manuscrits profanes, on en retrouve quelques-uns, et le nom de notre Cicéron reparaît de distance en distance dans quelques-uns des inventaires de librairies.

Mais à dater du XIVe siècle, grâce aux efforts incessants, aux recherches ardentes de quelques nobles érudits, à la tête desquels les noms de Pétrarque d'abord, puis du Pogge et d'Ange Politien, de Niccolo Niccoli, et encore ceux de l'archevêque de Pavie, de l'évêque d'Aleria, viennent naturellement se placer, les admirables écrits de l'orateur romain sont transcrits de tous côtés, et, si nous osons nous servir d'une expression malsonnante en grave matière, *reviennent à la mode*. Le XVe siècle ne fait qu'ajouter à cette ardeur de transcription. Cicéron est dans les mains de tout le monde; on commence à le traduire, à le comparer, à le commenter, la découverte de l'imprimerie survient, et son immortel traité *de Officiis* est le premier fragment d'un grand classique dont la possession soit assurée à la postérité par la sublime invention de Gutenberg.

Quelques chiffres ne pourront que prouver ce que nous avons avancé de l'excessive rareté des manuscrits de Cicéron avant le XIVe siècle. Dans les ventes successives de l'incomparable bibliothèque du duc de La Vallière figurent plus de trente manuscrits de Cicéron; tous, sans exception, ont été désignés par MM. Debure et Van Praët comme appartenant au XVe siècle. Les nombreux manuscrits du docteur Askew, vendus à Londres en 1775, ne présentent qu'un seul volume, le *de Inventione Rhetorica,* qui soit indiqué comme étant du XIIe ou du XIIIe siècle; tout le reste est du XVe siècle. En 1859, un éminent collectionneur, réfugié en Angleterre (tout le monde sait de qui nous parlons), vend la plus grande partie (1190 numéros) des manuscrits de son immense bibliothèque; il présente en ligne vingt manuscrits de Cicéron : tous sont du XIVe ou du XVe siècle; et nous pourrions multiplier ces citations à l'infini; mais nous nous contenterons de donner, comme dernière preuve à l'appui de ce que nous avons avancé, le relevé exact des manuscrits cicéroniens de la bibliothèque des Médicis de Florence, et celui des manuscrits appartenant à l'ancien fonds latin de la Bibliothèque impériale (la proportion est à peu près la même pour les autres fonds). La bibliothèque Laurentiane ou des Médicis, à Florence, contient 144 manuscrits cicéroniens ainsi classés :

IXe siècle	1
XIe —	4
XIIe —	11
XIIIe —	7
XIVe —	22

xve siècle	98
xvie —	1

Et de plus un manuscrit formé de parties du XIIIe et du XVe siècle.

Voici donc des manuscrits du XIe siècle : mais qui nous garantit l'authenticité de cette attribution ? Le catalogue ? Mais nous savons ce que c'est que l'infaillibilité des catalogues. Ce qui est certain, c'est que l'un de ces manuscrits, le plus célèbre peut-être (n° 9 du catal. de Bandini, 1764, cod. bibl. Méd.), le manuscrit des *Epistolæ familiares*, annoté par Pétrarque, est porté comme étant du XIe siècle, et il est certainement de plus de deux siècles antérieur : ceci n'est point une assertion en l'air, c'est un fait aujourd'hui authentiquement vérifié.

Passons maintenant à la Bibliothèque impériale, où nous trouvons à l'ancien fonds latin :

IXe siècle	4
XIIe —	8
XIIIe —	5
XIVe —	11
XVe —	63
XVIe —	1

Comme nous outre-passerions les bornes dans lesquelles doit être circonscrit un modeste opuscule, et que nous paraîtrions viser ambitieusement au volume, si nous donnions plus d'extension à nos citations, nous terminerons ici brusquement cette partie de notre travail, demandant seulement la permission de le compléter par quelques notes bibliographiques indispensables.

Les savantes recherches des bibliographes modernes, et surtout l'excellent travail consacré par M. Brunet à l'orateur romain, nous rendent cette tâche bien facile. Aussi, comme les livres de bibliographie sont aujourd'hui entre les mains de tout le monde, nous demanderons la permission d'être très-bref.

Les œuvres de Cicéron ne parurent pas réunies en corps d'ouvrage avant l'édition donnée à Milan par Alex. Minutianus, en quatre volumes in-folio, avec une épître dédicatoire au maréchal de Trivulze, gouverneur de Milan pour le roi Louis XII. Les deux premiers volumes parurent en 1498; les deux autres l'année suivante. Cette édition *princeps* est fort belle et fort précieuse; le papier est très-fort, le caractère net et d'une grande élégance; c'est, en un mot, un admirable livre d'une grande rareté et du plus grand prix. Les deux premiers volumes avaient été exécutés sous le gouvernement de Ludovic-Marie Sforce, duc de Milan; mais les deux autres ne parurent que pendant l'occupation de la ville et du duché par les Français; comme l'épître dédicatoire au maréchal de Trivulze, ajoutée en 1499, en tête du premier volume, manque dans un certain nombre d'exemplaires, on suppose, avec quelque apparence de raison, que, pour ne pas encourir la disgrâce de Ludovic Sforce, qui momentanément avait chassé les Français de sa capitale, l'éditeur s'empressa de supprimer cette épître pour tous les exemplaires vendus pendant ce court intervalle.

L'édition donnée par les Juntes à Venise (1534-1537), 4 vol. in-fol., est belle comme presque tous les livres sortis des presses de ces illustres imprimeurs, et de plus a été pendant longtemps la meilleure que l'on eût de notre polygraphe; due aux soins de P. Victorius, elle présente un texte très-pur et donne pour la première fois les annotations ingénieuses et savantes de ce critique éminent; mais comme elle a été tirée à un nombre considérable, elle se rencontre fréquemment et ne se vend jamais fort cher. Exceptons-en l'exemplaire de Grolier, relié en 5 vol. in-fol. et vendu chez de Cotte 1,485 fr.; il est aujourd'hui à la Bibliothèque impériale et vaudrait certainement, à notre époque de fureurs bibliomaniaques, quatre ou cinq fois cette somme.

Cette édition est préférable à celle donnée par Badius Ascensius à Paris, en 1510 et 1511, qui reproduit exactement le texte de Minutianus, et même à celles des Aldes, dont la première (*Venetiis*, 1510-46, 9 vol. in-8°) est cependant publiée par Paul Manuce, qui a corrigé le texte de Cicéron d'après d'anciens manuscrits. Ce texte de P. Manuce a été réimprimé par Robert

Estienne en 1543-44, 13 tom. en 8 ou 9 vol. in-8°, et par Charles Estienne, 1555, 4 tom. en 2 vol. in-fol.; cette dernière édition, assez incorrecte, est admirablement exécutée, typographiquement parlant; elle n'a cependant que peu de valeur.

Parmi les éditions complètes qui méritent une mention honorable, nous citerons celle de Basle, *apud Cratandrum*, 1528, 3 vol. in-fol., avec des variantes en marge, et de bonnes corrections données par Michel Bentinus.

Celle des Estienne (contrefaçon de l'édition juntine; très-belle d'impression et de papier), Paris, 1538-39, 4 tomes en 2 vol. in-folio.

Cette édition juntine, avec les excellentes notes et le texte de Victorius[1], fut encore réimprimée plusieurs fois dans le XVIe siècle, entre autres par les soins de Camerarius à Basle, 1540, 4 vol. in-fol.

• Les Gryphes de Lyon ont donné une foule d'éditions de Cicéron : la première, dont le texte a été réformé par M. Brulo, est de 1540, en 9 vol. in-8°; les suivantes sont de 1546, 1550, 1559, 1570, 1579, 1585. En général, ces éditeurs ont réimprimé le texte de Robert Estienne, c'est-à-dire l'édition juntine.

Simon de Collines, de Paris, en a donné aussi plusieurs éditions (texte de Robert Estienne); celle de 1543-47, 10 vol. in-12, est fort jolie : nous en avons vu quelques volumes dépareillés, à la charmante reliure de Marc Lauwereyns, *M. Lavrini et amicorum*, avec la belle devise : *Virtus in arduo.*

Mais la meilleure édition du XVIe siècle, et l'une des plus parfaites que nous connaissions, sera toujours celle de Denys Lambin.

Elle fut imprimée, pour la première fois, à Paris, chez Jac. du Puys, 1565-66, 4 tom. en 2 vol. in-fol.; la plupart des exemplaires portent la rubrique : *Ap. Bern. Turrisanum sub aldina Bibliotheca;* à la fin du IVe vol. on lit : *Lutetiæ excudebat floricus Praeuotius anno* CIϽ IϽ. LXVI. *Mense februario, sumpti-*

1. Grævius a fait observer, avec un parfait sentiment d'équité, que Cicéron doit plus au seul Victorius qu'à tous ses éditeurs postérieurs réunis.

bus Jacobi a Puteo, Bern. Turrisani, Ph. Galt. Rouillij; et l'on trouve parfois au frontispice indistinctement le nom de l'un de ces trois libraires : cette édition seule donne l'excellent texte corrigé par Lambin avec une grande hardiesse, mais en même temps avec une immense érudition et un sentiment très-développé du beau et du vrai en matière littéraire : elle a été fort souvent réimprimée. Parmi ces réimpressions, nous citerons celle de Londres, Jackson et Carpenter, 1585, 9 vol. in-8°, qui est d'une grande rareté et d'une belle exécution, et celle de Lyon, *sumptibus Sibyllæ a Porta*, 1588, 4 vol. in-4°, à laquelle les notes de Denis Godefroid donnent une certaine valeur.

Dans la plupart des éditions suivantes, c'est tantôt le texte de P. Manuce, tantôt celui de Bruto qui sert de base : on l'accompagne des notes de Victorius, souvent réunies à celles de Lambin. Citons cependant l'édition donnée par les Aldes en 1578 et années suivantes à Venise; elle est imprimée en lettres italiques et forme 10 tomes ordinairement reliés en 4 ou 6 vol. in-fol.; quoique accompagnée de fort bons commentaires, elle n'a jamais eu de prix. Citons encore l'édition de Hambourg, Froben, 1618-1619, 4 tom. en 2 vol. in-fol., elle est d'une certaine importance, mais mal imprimée et assez commune. C'est le texte de Victorius, revu sur des manuscrits de Heidelberg, corrigé et annoté par Gulielmus et Gruter. De plus, c'est la première fois que le texte de Cicéron est divisé par chapitres.

Nous ne nommerons que pour mémoire l'édition donnée par les Elzévirs en 1642, 10 vol. in-12; elle n'offre d'intérêt qu'aux curieux; mais celle que les mêmes éditeurs donnèrent en 1661, 2 vol. in-4°, est aussi belle d'exécution que remarquable comme pureté; c'est le texte revu par Gruter, avec les notes de Schrevelius. Malheureusement elle est imprimée en très-petits caractères et fort compacte.

L'admirable édition *variorum* vient ensuite : elle est formée de 21 volumes in-8°, imprimés à Amsterdam et à La Haye depuis 1677, et n'a été terminée qu'assez avant dans le XVIIIe siècle. Le savant Grævius avait eu l'idée gigantesque de donner une édition complète de Cicéron *cum notis variorum;* mais il succomba à la tâche et son immense travail, continué par Burmann et Pearce, ne fut complété que longtemps après sa mort par l'Anglais John Davis. Cette belle suite d'excellents volumes est aussi rare que précieuse. Le texte adopté par Grævius et conservé par Davis est celui de Gruter: les notes de tous les commentateurs sont disposées dans un ordre parfait. Bref, cette édition est un véritable monument au point de vue de la philologie comme à celui de la typographie; on y réunit généralement quelques volumes de Glossaires et de Commentaires publiés à peu près à la même époque et dans le même format par les savants contemporains, Tunstall, Ernesti, Wopkens, etc.

Laissons de côté l'édition donnée en 1724 par Is. Verburg, chez les Westein d'Amsterdam, 2 vol. in-fol. Quoique souvent réimprimée, elle laisse beaucoup à désirer, et les notes de l'éditeur sont peu estimées.

Viennent les trois éditions données par le savant Ernesti : la première, imprimée à Leipzig (1737-39, 6 vol. in-8°), est la plus recherchée, non pas des curieux (la chose serait naturelle), mais bien des érudits. Les additions et les corrections qui se présentent dans les deux dernières, quoique faites sur des manuscrits anciens, sont assez inexactes et sont loin de présenter l'ordre et la pureté désirables. M. Brunet cependant prétend que la troisième édition, publiée en 1776-77, est très-correcte et mérite d'être recherchée, quoique imprimée sur mauvais papier, mais M. Graesse, de Dresde, soutient qu'elle est mauvaise et inexacte et cite Wyttembach, dans la *Bibliotheca critica*[1], comme son autorité : ici nous croyons devoir nous ranger du côté du bibliographe allemand.

L'édition de l'abbé D'Olivet (Paris, Coignard, Desaint, Guérin, 1740-42, 9 vol. gr. in-4°, tirée à six cent cinquante ex., dont vingt-cinq sur gr. pap.) est, nous ne dirons pas trop justement célèbre, mais du moins trop connue pour que nous nous y atta-

1. Amsterdam, 1809.

chions. Le texte est donné d'après les travaux de Victorius, de P. Manuce, de Lambin et de Gruter ; mais le travail philologique est bien loin de la perfection au point de vue de la science et du goût : aussi cette édition, si remarquable typographiquement parlant, si recherchée au XVIIIe siècle, a-t-elle déjà perdu presque tout son prix. Les savants, surtout depuis la nouvelle édition d'Orelli, la dédaignent, et les curieux n'en recherchent que les exemplaires en grand papier, recouverts des splendides reliures de Padeloup et de Derome. Elle fut très-fréquemment réimprimée à la fin du siècle dernier, particulièrement en Italie et en Angleterre.

L'édition Barbou (Paris, 1768, 14 vol. in-12), publiée sous la direction de Lallemand, reproduit le texte de l'abbé D'Olivet avec quelques bonnes variantes et corrections nouvelles : elle est bien imprimée, d'un format charmant, et conserve un certain prix.

Laissons de côté toutes les éditions d'Oxford, de Madrid, de Deux-Ponts, de Londres, de Glasgow, de Leipzig, etc.; citons seulement celle de Boston, 1818 (23 vol. in-8°) : c'est le texte d'Ernesti, et la première édition de Cicéron publiée en Amérique. Mentionnons celle de Lefèvre (Paris, 1823-25, 18 vol. in-18), publiées sous la direction d'Amar et de Victor Leclerc. Citons encore celle de Lemaire qui, comme celles de presque tous les classiques de sa collection, est remplie de bonnes intentions, très-complète et renferme une grande quantité d'annotations, de gloses, de remarques et d'arguments, le tout peut-être un peu confus. Elle a été publiée à Paris de 1827 à 1832 et forme 19 vol. in-8°, divisés en cinq parties, dont la dernière renferme tous les fragments retrouvés. MM. J. W. Rinn, Victor Leclerc et Bouillet, eurent la direction de ce grand travail.

Remarquons, en passant, combien M. Brunet s'est montré sévère pour cette immense entreprise littéraire, *la Bibliothèque classique* (144 vol. in-8°), que M. Lemaire mit vingt années à conduire à bonne fin, et dont, malgré tout, le tort principal est d'être trop développée.

Nous arrivons à l'excellente édition d'Orelli (*Turici*, 1826-37),

8 vol. en douze parties, très-grand in-8°, qui comprend, outre le texte, tous les scoliastes de Cicéron, et que son prix réduit met à la portée de toutes les bourses.

Enfin, et pour terminer cette trop longue énumération, que l'on nous permette d'ajouter que depuis quelques années un certain nombre de savants allemands, avec cette persévérance et cette conscience qui distinguent à un degré si éminent cette race sérieuse, s'occupent des travaux philologiques les plus approfondis sur Cicéron. Ils n'ont pas reculé devant la pénible tâche de comparer tous les manuscrits qu'ont pu leur fournir et leurs nombreuses bibliothèques et même les bibliothèques étrangères, remontant patiemment de siècle en siècle, jusqu'à ce qu'ils soient arrivés au texte le plus pur et, si l'on ose le dire, à la version *Princeps*. Ces scrupuleuses recherches ont déjà, lentement, il est vrai, mais sûrement, produit d'excellents résultats, et les volumes édités à Leipzig par Taüchnitz d'abord, et depuis par Tübner, dépassent certainement, au point de vue de la correction du texte, tout ce qu'on a publié jusqu'ici de plus authentique.

Hâtons-nous maintenant de passer aux œuvres séparées, que nous diviserons en trois classes : Les *Opera rhetorica* et *Oratoria*, dans lesquels nous comprenons les *Orationes*, les *Epistolæ* et les *Opera philosophica*.

OPERA RHETORICA ET ORATORIA.

LIBRI IV RHETORICORUM AD C. HERENNIUM; LIBRI II DE INVENTIONE.

Ouvrage de la jeunesse de Cicéron, dont les manuscrits s'étaient conservés assez nombreux au moyen âge. Il fut transcrit et mis au net par Omnibonus Leonicenus, qui le fit imprimer à Venise par Nicolas Jenson en 1470, gr. in-4°, 138 feuillets à 30 lignes. La souscription en lettres capitales qui termine le volume est conçue en ces termes :

Marci Tullii Ciceronis oratoris clarissimi rhetoricorum veterum liber ultimus feliciter explicit. M. CCCC. LXX.

Les quatre livres *Rhetoricorum* furent tout d'abord attribués à Cicéron par saint Jérôme, et ce jugement a été consacré. Depuis un siècle environ, quelques critiques, attaquant cette attribution, ont prétendu que ce traité était indigne du grand orateur, et en ont fait honneur, les uns à Cornificius le père, les autres au fils de Cicéron, puis à Timolaus, puis à M. Gallio, d'autres enfin à Virginius Rufus; malheureusement aucun de ces savants n'a su appuyer son attribution de *preuves probantes*.

De Oratore Libri III (*ad Quintum fratrem*). Grand in-4° de 108 feuillets à 30 lignes, sans indication de lieu ni de date, mais imprimé au monastère de Subiaco, près Rome (*in monasterio Sublacenci*), par Sweynheym et Pannartz, vers 1466 ou 1467. Ces illustres disciples de Gutenberg et de Scheffer importèrent en Italie la nouvelle découverte à la fin de 1463, et trouvèrent l'hospitalité chez les moines du couvent de Subiaco. Le premier livre sorti de leurs presses fut le *Lactance* de 1465.

Les moines de Subiaco avaient une riche et nombreuse librairie, et tous les livres imprimés chez eux, entre autres le Lactance, le saint Augustin et le Cicéron, le furent évidemment sur des manuscrits du couvent [1]. Sweynheym et Pannartz trouvèrent là des manuscrits de la petite écriture romaine, dont l'usage s'était conservé jusqu'aux VIIIe et IXe siècles, et qui venait d'être reprise par les calligraphes du XVe; ils adoptèrent ce caractère, auquel ils donnèrent plus de rondeur et de netteté, et il en résulta ce beau caractère romain, avec lequel ils imprimèrent le *Lactance* de 1465 et les ouvrages suivants.

La première édition, avec date certaine, du traité *de Oratore*, fut donnée à Rome en 1468 par Ulric Han de Wien, petit in-folio de 91 ff. à 36 lignes. Cet imprimeur tirait à petit nombre, ce qui explique l'excessive rareté de la plupart des livres sortis de ses presses.

1. Voy. Jansen. — *Origine de la gravure*, tome II, p. 13.

Omnibonus Leonicenus, c'est-à-dire de Lunigo, l'un des premiers grammairiens du xve siècle, l'élève de Victorin de Feltri, l'un des meilleurs restaurateurs de la langue latine, enrichit d'excellents commentaires ce traité *de Oratore :* Nous le retrouverons au *de Officiis.*

Brutus, sive Dialogus de Claris Oratoribus. Grand in-4° de 78 ff. à 32 lignes par page. Imprimé pour la première fois à Rome en 1469, par Sweynheym et Pannartz, qui s'étaient établis dans cette ville, *in domo magnifici Petri de Maximo*[1]; il fut tiré à 550 exemplaires, réimprimé l'année suivante à Venise par Valdarfer et plusieurs fois encore avant 1480.

Orator, sive de optimo genere dicendi ad M. Brutum, imprimé à Rome pour la première fois en 1469, en même temps que le Brutus.

Maintenant, comment et par qui ces traités de rhétorique furent-ils découverts? Ici nous nous trouvons arrêté par une difficulté. Deux philologues se disputent l'honneur de la découverte, Nicolas Niccoli et l'évêque de Lodi, Gerardus Landrianus, *Laudis Pompeiæ episcopus.* Le cas est grave, et nous ne pouvons guère en sortir qu'en nous retranchant derrière cette formule de droit qui interdit la recherche de la paternité; ou mieux, donnons les titres de chacun, et le lecteur jugera dans sa sagesse.

Nicolas Niccoli, l'ami d'Ange Politien et du Pogge[2], avait,

1. L'un des ancêtres du prince Massimo, qui avait accueilli les imprimeurs allemands, après leur sortie de l'abbaye de Subiaco.

2. Voici ce que dit Le Pogge, dans l'oraison funèbre qu'il prononça de cet illustre philologue : « *Quod autem egregiam laudem meretur, summam operam curamque adhibuit ad pervestigandos auctores qui culpa temporum perierant. Qua in re vere possumus dicere, omnes libros fere, qui noviter, tum ab aliis reperti sunt, tum a me ipso, qui integrum Quintilianum, Ciceronis nostri orationes, Silium Italicum, Nonium Marcellum, Lucretii partem, permultosque præterea Germanorum Gallorumque epistulis mea diligentia eripui, atque in lucem extuli, Nicolai hujus impulsu, cohortatione et pœne verborum molestia esse litteris Latinis restitutos,* etc. » Ce passage curieux et tout ce que nous pourrions extraire des doctes écrits de Politien et de Victorius prouvent, il est vrai, le savoir et l'ardeur qu'apportait Niccoli à la recherche et à la transcription des textes perdus; mais il est évident que le fait considérable de la découverte des *Traités de Rhétorique* de Cicéron n'aurait pas été omis par ses panégyristes, s'il avait eu les moindres droits à la revendication d'une aussi précieuse trouvaille.

d'après quelques documents contemporains, trouvé à Lodi ce précieux Codex, contenant *tres de Oratore integerrimos, Brutum de Orr. Claris, et oratorem ad Brutum M. T. Ciceronis*[1]. Il fait part aussitôt de sa découverte à son illustre ami Poggio, qui se trouvait à Londres, et celui-ci lui répond : *de Oratore quod ais repertum esse Laudæ* (mais il ne dit pas : *par toi*), *idque Franciscum Barbarum testari, credo quod illi affirmant et hoc magnum est lucrum.* Et (Lett. XVII) : *Tullii libros de Oratore perfectos, itemque Oratorem et Brutum, integros esse repertos summe gaudeo...* Et plus loin (Lett. XIX) : *cupio habere de Oratore, Brutum et Oratorem : ideo te rogo, ut illos ad me quamprimum mittas.*

Nicolas Niccoli a encore pour lui le témoignage de Christophorus Barzizius, homme docte et très-considéré, qui, dans une lettre que l'on a conservée, le remercie de l'envoi du manuscrit *de Oratore*, et lui promet de le lire et de l'épurer avec soin.

Voyons, d'autre part, quels sont les témoignages militant en faveur du savant évêque de Lodi.

Voici ce que raconte Flavius Blondus dans son *Italia illustrata :*

Gasparinus Bergomensis, grammaticus rhetorque celeberrimus, Venetiis meliori solito doctrina nonnullos erudivit... quum Philippus, Mediolanensium dux tertius, Gasparinum Bergomo subditum hominem invitum Mediolanensibus edocendis Padua et Venetia evocavit; ubi id maxime adjumenti studiis eloquentiæ attulit, quod repertus Laudæ a summo viro Gerardo Landriano, tunc ibi episcopo, multis maximisque in ruderibus codex Ciceronis pervetustus, et cujus litteras vetustiores paucissimi scirent legere, ad ejus perveniens manus interitum evasit. Continebat is codex, præter Rhetoricorum novos et veteres, qui habebantur, tres quoque de Oratore integerrimos, Brutum de Oratoribus claris et Oratorem ad Brutum M. T. Ciceronis. Unde liberatus est bonus ipse vir Gaspa-

1. *Catal. Medic. Bibl.*, tom. II, col. 516.

rinus ingenti, quem assumpserat, labore supplendi, quoad poterat, librorum de Oratore defectus, sicut diu antea in Quintiliani institutionibus, multo labore suppleverat. Et quum nullus Mediolani esset qui ejus vetusti Codicis litteram sciret legere, Cosmus quidam egregii ingenii Cremonensis tres de Oratore libros primus transcripsit, multiplicataque inde exempla omnem Italiam desideratissimo codice repleverunt.

Un témoignage aussi explicite, aussi circonstancié, venant d'un homme aussi sérieux que Blondus de Forli, appuyé sur ce fait incontestable que Gerardus Landrianus fut l'éditeur de ces deux traités, nous paraît devoir faire pencher la balance du côté de ce digne évêque.

Topica ad C. Trebatium. — La publication de ce petit Traité est due à Gabriel Fontana de Plaisance. La première édition connue est un petit in-4° de 20 ff. à 24 et 25 lignes par page, publié sans indication de lieu, sans nom d'éditeur, mais avec la date de 1472, et le caractère qui servit à imprimer (probablement à Venise) le Traité *de Partitionibus Oratoriis*, édité par le même Fontana. Du reste, ces deux rares volumes se sont trouvés presque toujours réunis, et presque tous les bibliographes, Panzer et Maittaire, entre autres, n'hésitent pas à les présenter comme publiés simultanément par le même imprimeur, et ne formant qu'un seul livre.

Nous retrouvons ce traité dans l'édition du *de Oratore* et de quelques autres parties, imprimée en 1485 à Venise, *per Barthol. Alexandrinum et Andream Asulanum*, et dans celle publiée par Ant. de Strata, sans date, mais évidemment à la même époque : là elle est augmentée des commentaires de Georgio Valla.

De Partitione Oratoria dialogus. — C'était une traduction d'un ouvrage grec perdu depuis, que Cicéron avait faite pour l'éducation de son fils. On donne parfois à ce traité une autre origine : Cicéron se promenait un jour avec un illustre jurisconsulte de ses familiers; celui-ci lui demanda d'improviser un discours sur les *Lieux communs*, et sur-le-champ, sans autre secours que celui de son étonnante mémoire, et grâce à ses excellentes études des lettres grecques, Cicéron lui récita son Traité *de Partitione* : il faut ajouter que c'est incontestablement le moins parfait de ses ouvrages de rhétorique.

La première édition fut, nous venons de le dire, publiée par Gabriel Fontana Placentinus en 1472, sans nom de lieu ni d'imprimeur; c'est un petit in-4° de 27 ff. non chiffrés, à 26 lignes par page. M. Brunet pense que le caractère de cette rare édition est l'un de ceux qu'employait Zarot de Milan, dans l'imprimerie duquel Fontana paraît avoir été employé. Maittaire prétend que le caractère des *Topica* n'est pas le même que celui des *Partitiones*, au moins l'affirme-t-il pour un exemplaire qu'il a vu : sans doute il aura tenu entre les mains une autre ancienne édition.

De Optimo genere oratorum brevis disputatio. — Asconius Pedianus déclarait ce traité perdu : il fut retrouvé bien des siècles après lui et publié très-probablement pour la première fois avec le *de Oratore* et les deux traités précédents dans l'édition de Venise, 1485, que nous venons de signaler : beaucoup plus tard, en 1552 [1], on le voit imprimé tout seul par le célèbre Vascosan, à Paris, in-4°, avec des commentaires d'Achille Stace [2].

Liber de proprietatibus terminorum Ciceronis juxta ordinem alphabeti compendiose editus. In-4° de 32 ff. à 27 lignes, sans lieu ni date, mais imprimé avec les caractères d'Ulric Zell de Cologne : ce traité, attribué à Cicéron, a été souvent réimprimé dans le xve siècle. Une édition romaine en avait été donnée en 1487, sous ce titre : *de Verborum Copia et de Elegantia libri* II. — Dernièrement une excellente édition en a été donnée à Leyde en 1850, in-8°, par les soins du Dr Mahne, sous ce titre : *Quæ vulgo feruntur Synonyma ad L. Veturium, secundum editionem romanam denuo excudi curavit G.-L. Mahne.*

Orationes. — Cinquante-neuf de ces admirables discours, qui

1. Voy. Graesse, p. 162.

2. Achille Stace (Estaço), Portugais du xvie siècle, mêlé à toutes les fraudes littéraires de son temps : ses notes et ses écrits n'offrent aucune garantie d'authenticité ni d'exactitude.

ont si justement valu à Cicéron le titre de *Prince des Orateurs*, nous sont parvenus. En voici la liste :

Oratio pro P. Quinto;
pro Sex. Roscio Amerino;
pro Q. Roscio, Comœdo;
Orationes (7) de Causa Verrina;
Oratio pro M. Fonteio;
pro A. Cæcina;
pro Lege Manilia;
pro A. Cluentio Avito;
pro C. Cornelio;
in Toga Candida;
Orationes (3) de Lege Agraria;
Oratio pro C. Rabirio;
Orationes (4) in L. Catilinam;
Oratio pro L. Muræna ;
pro L. Flacco;
pro P. Cornelio Sulla;
pro A. Licinio Archia;
ad Quirites (post reditum);
in Senatu (post reditum);
pro Domo sua;
de Aruspicum responsis, adversus Clodium;
pro Cneio Plancio;
pro P. Sextio;
in Vatinium;
pro M. Cœlio;
de Provinciis consularibus;
pro L. Cornelio Balbo;
in L. Calpurnium Pisonem;
pro M. Scauro (fragmenta);
pro T. Annio Milone;
pro C. Rabirio Postumo;
pro M. Marcello;

pro Q. Ligurio, ad C. Cæsarem;
pro rege Deiotaro, tetrarcha Galatarum;
Orationes (14) in M. Antonium (Philippicæ).

Outre les deux *Orationes* retrouvées par Pétrarque à Liége, nous savons que les fragments de l'*Oratio pro M. Scauro* furent découverts et publiés par Jean André, évêque d'Aléria, et l'*Oratio pro Cæcina* fut, après de longues recherches, trouvée par Le Poggo dans le monastère de Langres.

Sur la garde d'un manuscrit ancien que l'on conserve à la bibliothèque de Sainte-Marie *in ara Cœli*, à Rome, on lit cette note : *Hanc orationem antea culpa temporum deperditam Poggius latinis viris restituit, et in Italiam reduxit, quum eam diligentia sua, in Gallia reclusam in silvis Lingonum adinvenisset conscripsissetque ad Tullii memoriam et doctorum hominum utilitatem.*

Les trois discours *de Lege Agraria*, ceux *pro Cæcina, pro Rabirio, in Pisonem, pro Roscio Comœdo*, furent aussi découverts par Le Poggo : *Has orationes, quæ antea culpa temporum apud Italos deperditæ erant, Poggius Florentinus, perquisitis plurimis Galliæ, Germaniæque, summo cum studio ac diligentia, bibliothecis, quum latentes comperisset in squalore et sordibus, in lucem solus extulit, ac in pristinam dignitatem decoremque restituens Latinis musis dicavit* [1]. Le Poggo ne fit pas cette découverte en Allemagne, en même temps que celle de Silius Italicus, ainsi que l'ont prétendu quelques écrivains, mais bien dans la riche librairie du monastère de Saint-Gall, à l'époque du concile de Constance, où il trouva en même temps les célèbres Scolies d'Asconius Pedianus; il était aidé dans ses recherches par Sozomène de Pistoie et un érudit, Bartholommeo da Monte Polliciano, son ami dévoué.

Les *Verrines* et les *Catilinaires* furent également retrouvées par l'infatigable Poggo; au moins toutes les probabilités sont en

1. D. Bern. de Montfaucon, *Diarium italicum*, Paris, 1702, in-4°, p. 374.

faveur de cette hypothèse : elles furent transcrites et mises au net de sa main, et le manuscrit, qui porte son *ex libris : finis libri scripsit Poggius Romæ*, et au commencement : *Liber Poggii secretarii Papæ*, fait partie de la *Riccardiana*, où il a été minutieusement décrit.

Les *XIV Orationes in M. Antonium* (on sait qu'à l'instar de Démosthènes, Cicéron appela ces foudroyants réquisitoires *Philippiques*) furent publiées d'abord à Rome par les soins de J. Ant. Campanus (voy. l'article que Maittaire consacre à ce philologue) vers 1470, chez Ulricus Han ou Gallus, dont il dirigeait l'imprimerie (il cumulait les fonctions de correcteur avec celles d'évêque de Teramo, et faisait pour l'imprimerie d'Ulrich Han ce que faisait pour Sweynheym et Pannartz l'illustre évêque d'Aléria). Cette rare édition est dédiée au cardinal de Sienne (c'est un in-4° de 142 ff. à 32 lig.). Le manuscrit sur lequel le docte Campanus les transcrivit pour les livrer à l'impression provenait de la Bibliothèque vaticane; Muret en parle dans une de ses lettres à Turnèbe; il dit qu'après deux ans de sollicitations incessantes, toujours accueillies par des fins de non-recevoir, ayant enfin obtenu la permission de pénétrer dans la troisième salle du Vatican, il y retrouva un vieux *Codex* des Philippiques, qui avait plus de 700 ans d'antiquité, sans ponctuation, sans abréviations, à lettres romaines grandes et égales : c'était le manuscrit de Campanus.

Un curieux manuscrit de sept des *Orationes* existait dans la bibliothèque du duc de La Vallière : il avait été exécuté en Italie au xv° siècle pour Sozomène de Pistoie dont il portait l'*ex libris :*

Ἡ Βίβλος τοῦ Σοζομένου.

Ce Sozomène de Pistoie était chanoine de la cathédrale de cette ville, auteur d'une chronique universelle dont Muratori nous a conservé une partie, et possédait une fort belle collection de manuscrits classiques grecs et latins, consistant en 116 volumes. On les trouva enchaînés dans six tablettes, lorsqu'après sa mort on en fit l'inventaire en 1460 (Le Père Zacharia a inséré cet inventaire dans la *Bibliotheca Pistoriensis*). Une grande partie de ces manuscrits passèrent dans la collection de Pithou; quelques-uns devinrent la propriété du duc de La Vallière : celui dont il est question portait au commencement du volume, et de la main de Sozomène, la curieuse note suivante :

Melius est emere libros iam scriptos, quam scribi facere; nam pro membranis exposui grossos tredecim, scriptori dedi libras duodecim et cartorario (relieur) *grossos quatuor, summa ergo in totum libras sexdecim solidos tredecim denarios vj. die primo mensis martii* M. CCCC. XXV.

Les *Orationes* furent publiées pour la première fois collectivement à Venise, en 1471, par Christophe Valdarfer, sous la direction et par les soins de Lodovico Carbo. Le manuscrit sur lequel ce Carbo transcrivit ces immortels chefs-d'œuvre appartenait à la librairie du couvent di Santa Maria dell' Orto, de l'ordre de Cîteaux. Carbo avait été introduit dans la librairie par ses amis les Fratelli Zobbini, peintres renommés, chargés, en 1466, de la décoration de la sacristie du monastère. Ce rare volume est un pet. in-fol. de 275 ff., au dernier desquels se trouve le nom du correcteur [1]; bien qu'incomplète des *Orationes pro Fontejo, pro Lege Agraria, pro Roscio Comœdo*, des *Verrinæ* et des *Philippicæ*, cette édition est généralement classée parmi les *princeps*, au même titre que l'édition de Rome, publiée la même année. Celle-ci, plus rare encore peut-être que celle de Venise, est beaucoup plus complète [2]; elle fut imprimée par Sweynheym et Pannartz, sous la direction du célèbre philologue Jean André, évêque d'Aléria et bibliothécaire du Vatican, qui fait précéder son tra-

1. Sur l'exemplaire vendu 700 livres chez le duc de La Vallière, se trouvait une note curieuse, en ce qu'elle fait connaître le prix des livres en Italie, au début de l'imprimerie : *Anno Domini M° CCCC° LXXIII° has presentes orationes precio duorum ducatorum auri comparavi teste signo meo manuali hic apponto anno predicto die XV Januarii.* — *Jaulnern.*

2. Néanmoins elle ne renferme pas les *Verrinæ*, publiées pour la première fois en 1493, à Venise, *per Joannem Forliviensem et Jacobum Brixiensem socios.* — In-fol. de 252 *feuillets* (Hain., 1525.)

vail d'une épître dédicatoire au pape Paul II. C'est, en somme, un très-précieux volume (356 ff., à 46 lignes par page) tiré seulement à 275 exempl.; ce nombre restreint en explique l'extrême rareté.

L'*Oratio adversus Valerium*, publiée à Bologne par Phil. Béroalde en 1499, et comprise au nombre des *Orationes Ciceronis*, est parfaitement apocryphe : ce serait, d'après Orelli, l'ouvrage d'un grammairien français du XVe siècle.

Les précieux Commentaires du premier des philologues latins qui se soit voué au culte de Cicéron, Asconius Pedianus, de Padoue, et ceux non moins intéressants de Georgius Trapezuntius, furent publiés en 1477. C'est un rare in-folio imprimé à Venise : il conserve du prix, comme les savantes annotations qu'il contient conservent encore aujourd'hui de l'importance et de l'intérêt.

Joignons à ce qui précède le détail de quelques fragments des *Orationes*, récemment découverts et publiés :

M. T. Ciceronis trium Orationum pro Scauro, pro Tullio, pro Flacco, partes ineditæ, cum antiquo scholiaste, item inedito, ad Orat. pro Scauro. Mediolani. Typis Pyrotæ, 1814, in-8°.

Ces fragments ont été retrouvés, transcrits, annotés et publiés par l'illustre cardinal Maï. Il examinait un manuscrit du poëte chrétien Sedulius [1], dans la collection Bobbio à la bibliothèque Ambroisienne, quand il crut apercevoir quelques traces d'ancienne écriture : après un long et pénible travail, il parvint à faire reparaître des mots complets, des phrases entières :

O Deus immortalis! s'écrie l'enthousiaste savant, *ô Deus immortalis! quid demum video! en Ciceronem, en lumen romanæ facundiæ, indignissimis tenebris circumseptum! Agnosco deperditas Tullii orationes, sentio ejus eloquentiam divina quadam influere...*

Et après de bien patients travaux, de bien pénibles efforts, il

1. *Sedulii carmen Paschale, continens historias notabiles Veteris ac Novi Testamenti, orationis dominicalis paraphrasim,* etc.

reconstitua, il rétablit presque intégralement trois des plus importants discours de Cicéron, perdus depuis tant de siècles. Le manuscrit du poëte Sedulius était du IXe siècle, mais l'écriture des fragments Cicéroniens, que recouvraient les vers du poëte latin, était infiniment plus ancienne, et le cardinal, d'accord avec plusieurs savants italiens, n'hésite pas à la reporter au IIe ou tout au moins au IIIe siècle.

Trium Orationum in Clodium et Curionem de œre alieno, Milonis, de rege Alexandrino fragmenta inedita. It. commentarius antiquus (ad Orationes VII) qui videtur Asconii Pediani... omnia ex antiquissimis mss. cum criticis notis edidit Angelus Maius. — Mediolani, 1814, in-8°.

Ces fragments furent encore découverts par l'infatigable cardinal sur un précieux palimpseste, qui contenait les actes du concile de Chalcédoine; ils ont été publiés avec les trois précédents à Milan en 1817, gr. in-8°, avec deux planches de fac-simile.

Ils coûtèrent encore plus de peine au cardinal que les précédents; car les copistes, en cousant ensemble les feuilles pour la transcription des actes du concile, les avaient mêlées, et il lui fallut un travail énorme pour les reconnaître et les classer.

Orationum pro Scauro, pro Tullio et in Claudium fragmenta inedita; pro Cluentio, pro Cœlio, pro Cœcina variantes lectiones, orationem pro Milone a lacunis restitutam, ex membranis palimpsestis bibliothecœ Taurinensis Athenœi edidit et cum Ambrosianis parium Orationum fragmentis composuit Amed. Peyron.— Stuttgardiœ, Cotta, 1824, in-8°.

Nous allions oublier les fragments des *Orationes pro Fonteio et pro Raberio*, publiés d'après les manuscrits de la Vaticane par F.-C. Niebühr, à Rome, en 1820, in-8°, avec un fac-simile.

EPISTOLÆ.

EPISTOLARUM AD FAMILIARES LIB. XVI.

Il serait à la fois curieux et amusant de faire un Guide du voyageur contenant le relevé et le détail des reliques apocryphes du temps passé, conservées dans les couvents, dans les églises, dans les musées, dans les bibliothèques publiques. M. Pertz, l'illustre et savant bibliothécaire de Berlin, se plaisait à faire voir les Tables de la loi, l'*exemplaire autographe authentique de Moïse*. Puis, il ajoutait négligemment : « Quant à moi, je les crois du commencement du XIVe siècle... » Il ne disait pas si c'était après ou avant Jésus-Christ.

Simon Staravolscius *ose* imprimer dans sa *Polonia* que les *Tabellæ* αὐτογράφοι des Epistres familières de Cicéron étaient conservées *in bibliotheca Thorunensi*[1]; mais on n'a point *osé* le croire sur parole, et, vérification faite, on a trouvé un manuscrit du IXe siècle, et certes, la minuscule carlovingienne a peu de rapport avec la première grande écriture romaine.

Les Dominicains de Bologne montraient bien, il n'y a pas encore cinquante ans, le Pentateuque écrit par Esdras en personne, et Florence possédait l'Évangile de saint Jean, parfaitement autographe, et tant d'autres. Nous ne savons si l'on a cessé de faire adorer aux fidèles dans une chapelle de la cathédrale de Sienne le crâne de saint Jean le Précurseur, à l'âge de douze ans... c'est le pays des amplifications.

C'est encore à Pétrarque que revient l'honneur de la découverte des *Epistres familières*. Voyons ce qu'en disent ses biographes et les écrivains contemporains.

L'antique *Codex* qui les contenait est encore aujourd'hui conservé à la bibliothèque des Médicis, couvert des notes autographes

1. C'est Thorn, ville de Pologne, aujourd'hui prussienne, la patrie de Copernic.

du poëte. « Le caractère en est presque français, dit Victorius, et tout le monde sait que Pétrarque, ayant voyagé et séjourné longtemps en France, en avait adopté l'écriture. »

Mais où fit-il cette précieuse trouvaille? Un document extrait du catalogue des manuscrits du marquis Riccardi [1] paraît prouver que ce fut à Vérone. Le codex fut arraché *e latebris ecclesiæ Veronensis*. Mais tout porte à croire que c'est là une faute du copiste ou de l'imprimeur, et l'on doit lire *Vercellensis*. Blondus Flavius affirme en effet avec autorité que ce fut dans cette ville de Verceil que ce manuscrit fut découvert par Pétrarque, *e cæco carcere quo detinebantur eduxit Tullii epistolas, quas diu perquisierat*. Et un peu plus loin, à propos de quelques autres manuscrits cicéroniens, il ajoute : *Et si Epistolas Ciceronis Lentulo inscriptas Vercellis reperisse gloriatus est, tres de Oratore et Institutionum Oratoriarum, Quintiliani libros non nisi laceros mutilatosque vidit, ad cujus notitiam Oratoris majoris et Bruti de Oratoribus Claris iterum Ciceronis libri nullatenus pervenerunt*, etc. »

Maintenant Pétrarque peut-il également revendiquer l'honneur de la transcription et de la mise au net du manuscrit, aussi bien que de la découverte? nous ne le pensons pas. Son biographe, Jannoctius Manettus, soutient cette opinion, mais sans l'appuyer d'aucunes preuves: « *Ciceronis epistolas, prius hinc inde varie dispersas, eo ordine quo nunc videmus in sua volumina redegit*. C'est bien certainement au docte Ange Politien que revient la gloire d'avoir épuré et reconstitué le texte extrêmement incorrect et confus du manuscrit trouvé par Pétrarque. Lui-même raconte le fait à plusieurs reprises, et certes le grave Politien était bien trop probe pour avancer une pareille assertion, si le fait n'eût été de la plus grande authenticité et accepté par tous ses contemporains. Victorius, qui, lui aussi, compulsa et étudia ce manuscrit, qui servit à la première édition, confirme énergiquement la réclamation de Politien.

1. *Cat. Codic. Mss. Riccardianæ*. — Liburni. 1756, in-fol.

Conservé en grand honneur après la mort de Pétrarque, ce précieux manuscrit passa dans les mains de savants philologues; Léonard Arétin en devint possesseur et après lui son fils, puis Donato Acciaioli, en héritèrent; enfin il devint la propriété de la bibliothèque de la célèbre université de Padoue, où le vit Nic. Niccoli, puis il fut transporté à celle de Saint-Marc à Venise, et de là à la Laurentiane; ce fut le terme de ses longues pérégrinations; ce fut là que Politien le transcrivit et que Victorius le consulta.

La première édition en fut donnée à Rome, en 1467, par Sweynheym et Pannartz, *in domo Petri de Maximo* : c'est un grand in-4° de 216 ff. à 31 lignes par page entière. Ce livre, d'une grande rareté, est d'autant plus important que c'est le premier livre sorti des presses romaines, les deux pères de la typographie en Italie n'ayant pu d'abord établir leur imprimerie que dans l'abbaye de Subiaco.

Deux ans plus tard, les *Epistolæ familiares* furent réimprimées trois fois; deux de ces éditions furent données à Venise par Jean de Spire, qui porta le premier l'imprimerie à Venise: la première a 125 ff. non chiffrés à 40 et 41 lignes par page; elle est considérée comme le premier livre imprimé à Venise : on lit au verso du premier feuillet :

Primus in Adriaca formis impressit aenis.

Les mots grecs ne sont pas imprimés, mais bien écrits à la main :

La seconde édition est de 136 ff. de 40 et 41 lignes par page; les capitales, comme dans presque tous les livres imprimés dans ces premiers temps de l'imprimerie, sont laissées en blanc et rubriquées à la main. Nous croyons que cette édition fut tirée au nombre considérable de six cents exemplaires, et non pas de trois cents, ainsi que l'ont imprimé la plupart des bibliographes; nous fondons cette assertion sur le dernier vers de la suscription :

Hesperiæ quondam Germanus quosque libellos
Abstulit : en plures ipse daturus adest.

Namque vir ingenio mirandus et arte Ioannes
Enscribi docuit clarius ære libros,
Spira fauet Venetis : quarto nam meuse peregit
Hoc tercentenum bis Ciceronis opus.

Ce *tercentenum bis,* nous ne pouvons le traduire que par deux fois trois cents. Malgré ce nombre si considérable pour le temps, ce volume est devenu de la plus grande rareté : on n'en connaît guère que 10 à 12 exemplaires.

La troisième édition, donnée cette même année 1469, fut imprimée à Rome, au mois de novembre, par Sweynheym et Pannartz (160 ff. in-fol.). Le texte de cette édition offre quelques variantes.

EPISTOLÆ AD M. BRUTUM, AD QUINTUM FRATREM, AD OCTAVIUM ET AD ATTICUM. — *Impress. Romæ opus in domo Petri et Francesci de Maximis, presidentibus Conr. Sweynheym et Arn. Pannartz. A°* 1470 (in-fol. de 199 ff.).

Première et précieuse édition, tirée à 275 exemplaires, publiée par les soins et sous la direction de Jean André, évêque d'Aléria, dont l'épître dédicatoire au pape Paul II se trouve en tête du volume. Il déclare dans cette épître avoir eu la plus grande peine à se procurer de bons manuscrits de cet ouvrage, et il ajoute que sans les soins empressés et le secours efficace du cardinal Sancti Chrysogoni, il n'aurait pu y parvenir.

La même année paraissait à Venise une édition du même livre, publiée par Nicolas Jenson (pet. in-fol. de 180 ff.). On en conserve à la bibliothèque impériale un très-précieux exemplaire, dont les grandes marges sont littéralement couvertes des savantes notes autographes d'Ange Politien.

C'est au célèbre grammairien Gasparinus Pergamensis (Gasparino Barziza), qui professa longtemps avec éclat à Venise et à l'université de Padoue, que l'on doit la découverte et la communication du manuscrit sur lequel Nicolas Jenson imprima cette dernière édition; mais celle de Rome fut faite sur le manuscrit découvert par Le Pogge, à Constance; il y était allé rejoindre son ami Sozomène de Pistoie; et là, pendant le concile, les deux bibliophiles infatigables consacraient tous leurs loisirs à la recherche des trésors perdus de l'antiquité. Ce fut là qu'ils trouvèrent, ainsi que nous l'avons dit, les Commentaires d'Asconius Pedianus sur Cicéron, publiés pour la première fois en 1477 ; là aussi ils firent une découverte infiniment plus précieuse : celle des manuscrits de Quintilien, intacts et bien complets, manuscrits que Pétrarque avait vus, mais n'avait pu acquérir; ce fut là encore, et Blondus Flavius le confirme, que Le Pogge eut seul l'honneur de la trouvaille des *Epistolæ ad Atticum*, qu'il rapporta en Italie.

OPERA PHILOSOPHICA.

Les œuvres philosophiques de Cicéron ont été imprimées collectivement pour la première fois à Rome par Sweynheim et Pannartz en 1471, en deux parties in-fol., qui sont parfois réunies en un seul volume. La première partie a été achevée d'imprimer le 27 avril, et la seconde le 20 septembre. Le recueil forme en tout 368 ff. à 36 et 38 lignes, plus 2 feuillets blancs. La première partie comprend : *Dialogus de natura deorum ; de Divinatione ; Officia; Paradoxa; de Amicitia; de Senectute.* La seconde : *Quæstiones Tusculanæ; de Finibus bonorum et malorum; de Fato; de Petitione Consulatus ; pars Libelli de Philosophia; de Essentia Mundi, in Timeo Platonis; Quæstiones academicæ; de Legibus*[1].

Cette collection de toutes les œuvres philosophiques alors connues de Cicéron ne se trouve presque jamais complète[2]; on

1. Voyez dans Hain., tom. II, p. 135, une description très-détaillée de ce précieux recueil.

2. Le P. Laire dit que cette édition est si rare, que si elle ne se trouvait pas désignée dans la liste que Sweynheym et Pannartz ont donnée à Sixte IV des productions de leur imprimerie, il y aurait à douter de son existence : en effet elle n'a été connue que sur le rapport d'Orlandi et de Maittaire. Le P. Laire ne l'a pas vue et le P. Audiffredi non plus, bien qu'il conjecture, d'après un vol. de la *Casanate* contenant les *Tusculanes* avec le *de Finibus*, sans aucune note d'impression, que ce fragment, évidemment sorti des presses de Sweynheym et Pannartz, doit faire partie de cette précieuse édition : elle fut décrite pour la première fois à la vente Crevenna (1789), où s'en trouvait un exemplaire complet.

n'en connaît réellement que quatre exemplaires parfaits ; celui de la Bibliothèque impériale est peut-être le plus beau et le plus précieux ; c'est l'un des plus admirables livres qui se puissent voir.

Une édition, fort précieuse également, est celle qui fut publiée à Paris par les illustres associés qui, les premiers, importèrent en cette ville l'heureuse découverte de Gutenberg, vers 1470 : Ulrich Gering, Martin Krantz et Michel Friburger. Publiée en 1471, sous la direction de Jean de La Pierre et peut-être aussi de Guillaume Fichet, corrigée par Erhardus Windsberg, cette rare et précieuse édition (in-fol., lett. rondes, 212 ff., de 31 lign. à la page), quoique moins complète que celle de Rome, n'en forme pas moins un volume du plus grand prix : l'exemplaire de la Bibliothèque impériale est parfaitement beau.

Donnons encore la description de quelques parties importantes de ce recueil, qui ont été imprimées séparément, à des dates antérieures à la publication de l'édition collective.

Officiorum libri tres, Paradoxa et versus XII *Sapientium.* — La première édition fut publiée à Mayence, en 1465, par Pierre Scheffer de Gernsheym et Jean Fust :

> Joannes Fust, Moguntinus civis....
> Petri manu pueri mei feliciter effeci.

C'est un petit in-fol., goth., de 88 ff. à 28 lignes par page. Ce rare et important volume est à la fois le premier volume Cicéronien qui ait obtenu l'honneur de l'impression et en même temps le premier des classiques anciens dont la sublime découverte de Gutenberg, de Fust et de Scheffer, ait assuré l'existence. La plupart des exemplaires connus sont sur vélin ; il y en a 29 : on en connaît fort peu sur papier, et pourtant ils sont moins chers que les premiers. Ce livre célèbre a de tout temps éveillé l'attention des bibliographes, et les quelques différences que l'on peut remarquer entre plusieurs exemplaires ont motivé des recherches ingénieuses, trop ingénieuses sans doute, car elles tom-

1. Maittaire ; *Ann. typogr.*

bent dans la minutie : qu'ils aient ou qu'ils n'aient pas les écussons de Scheffer tirés en rouge, que telle suscription manque dans un exemplaire et se trouve dans un autre, que dans celui-ci on lise *Prefatio* et dans celui-là *Prefacio*, que presque tous aient les pontuseaux perpendiculaires, c'est-à-dire soient in-fol., mais que quelques-uns les aient en travers, c'est-à-dire soient in-4°, etc., qu'est-ce que cela prouve ? Uniquement, ainsi que l'a fort bien dit M. Brunet, qu'il y eut un nombre successif de tirages, quatre ou cinq peut-être, de différentes feuilles d'une seule et même édition, tirages motivés par des corrections répétées, et non pas quatre éditions différentes, comme de Bure, dans la *Bibliographie instructive*, cherche à le prouver par de longues et peu intéressantes recherches.

Les *Paradoxa*, qui sont imprimés là aussi pour la première fois, furent réimprimés séparément à Rome, avec *Lælius* et *Cato Major*, chez Sweynheym et Pannartz, en 1469, gr. in-4°.

Ce livre à jamais célèbre, *de Officiis*, quelquefois aussi nommé *Ethica*, était tiré des philosophes grecs Panætius et Hécaton, mais tellement augmenté et transfiguré, que l'on peut hardiment le présenter comme le *Corpus præceptorum juris naturalis et moralis disciplinæ* le plus parfait et le plus sublime qui ait été jamais conçu par le génie de l'homme.

De tous les écrits de Cicéron, c'est certainement celui qui resta à toutes les époques le plus populaire et le plus cultivé. Sur le plus grand nombre des manuscrits que l'on en rencontre, on retrouve ces deux vers :

> Excellunt libros cunctorum philosophorum
> Isti quos fecit tres Tullius Officiorum [1].

D'après une note autographe de Pétrarque, qui se voit sur un précieux manuscrit de la *Laurentiana* [2], note que cite Bandini

1. Maittaire, *Ann. typogr.*

2. Ce manuscrit, que l'on croit du XIIe siècle, est enrichi de Commentaires de la main de Pétrarque, qui sont d'une grande importance : reconnaissables au caractère de l'écriture, ces notes le sont aussi au genre d'orthographe tout parti-

(Cat. Bibl. Laurent., t. III, p. 95), ces deux vers seraient de l'un des plus illustres admirateurs de Cicéron, de saint Augustin.

La plupart des manuscrits de ce beau livre que l'on voit figurer dans les ventes sont du xve siècle, quelques-uns du xive. Sur quelques-unes des innombrables éditions qui en ont été données dans le xvie siècle, il n'est pas rare de rencontrer une note ainsi conçue: « La révision de ce texte a été faite sur 12, sur 14, et même sur 22 manuscrits anciens, et l'excellente édition in-4°, imprimée chez Didot en 1796, et tirée à 171 exemplaires, a été révisée sur plus de 40 manuscrits, du moins si nous pouvons ajouter foi à une lettre autographe du savant bibliothécaire de Bruxelles, La Serna Santander.

De Finibus bonorum et malorum libri V, *ad M. Brutum*. La plus ancienne édition connue est imprimée sans indication de lieu ni de date, mais avec les caractères d'Ulrich Zell, de Cologne; elle doit avoir paru vers 1469; c'est un in-4° de 119 feuillets, 27 lignes à la page. De Bure avait d'abord attribué avec autorité cette édition aux premiers imprimeurs de Mayence : il est revenu sur cette erreur grossière dans son catalogue du duc de La Vallière.

De Legibus. M. Brunet cite de ce traité une très-ancienne édition in-fol., sans indication de lieu ni de date, mais imprimée en caractères romains, qu'il a trouvée dans le catalogue du docteur Askew, dont l'exemplaire, annoncé comme édition princeps, mais sans aucune description, a été vendu 12 livres 12 schellings. M. Graesse croit que cette édition comprenant les

culier adopté par l'illustre poëte : en effet, il ne s'astreint nullement à suivre les règles grammaticales : il écrit *michi* pour *mihi*, *utillitas*, *conparare*, *secondus*, *filosofus*. Son écriture est extrêmement capricieuse : ce sont tantôt des grandes lettres, tantôt des minuscules ; souvent les caractères sont droits et carrés, souvent inclinés et allongés. Le manuscrit dont il est ici question avait fait partie de sa bibliothèque particulière ; il est décrit dans le catalogue que Jac. Ph. Thomassin publia dans son *Petrarcha redivivus*. Il est de plus chargé de notes et de scolies d'une autre main, que tous les savants s'accordent à reconnaître pour celle de Boccace, l'ami particulier de Pétrarque, et tout porte à croire que l'illuste auteur du *Décaméron*, sachant l'ardeur que mettait son rival de gloire à la recherche des trésors de l'antiquité littéraire, lui fit hommage de cet incomparable manuscrit.

Officia, Paradoxa, de Amicitia, etc., fut imprimée à Venise vers 1472; il la décrit comme composée de 144 feuillets; le traité *de Legibus* a 31 feuillets à 36 lignes. M. Brunet, à cause de la conformité de certaines lettres, l'*a* et le *g*, ainsi que de l'abréviation du mot *que*, le croit sorti des mêmes presses que la première édition d'*Horace*, dont on ne connaît pas l'imprimeur, à moins que l'on ne veuille admettre la présomption de Hain, qui l'attribue à Franç. Renner de Hailbrunn, à Venise.

Ce fut en Allemagne que Le Pogge trouva les manuscrits de ces deux derniers traités : il les rapporta en Italie, les transcrivit et probablement présida à leur impression. Il est donc à croire que l'édition du docteur Askew était d'origine Milanaise ou Vénitienne, à moins cependant que ce ne fût un simple fragment d'une des premières éditions des *Opera Philosophica*, ce qui s'est rencontré plus d'une fois et a presque toujours induit les bibliographes en erreur.

Le plus ancien manuscrit connu du *de Legibus* se trouve à la bibliothèque Saint-Marc, où il est inscrit sous le numéro CVIII; ce précieux Codex est du VIIIe, peut-être même du VIIe siècle. Il porte sur le premier feuillet cette note : *Werinharius episc. dedit sanctæ Mariæ* : il fut transcrit au commencement du XIVe siècle, pour les frères mineurs de Florence, par Henricus de Circulis, et cette transcription servit de type à tous les manuscrits qui, aux XIVe et XVe siècles, furent répandus à profusion dans toute l'Italie.

De Natura Deorum (lib. III); *de Divinatione* (lib. II); *de Fato; de Legibus; Academicæ quæstiones, liber ad Hortensium; de Disciplina militari et M. T. Ciceronis vita ex dictis Plutarchi breviter excerpta.* Cette édition fut imprimée à Venise par Vendelin de Spire en 1471 : c'est un in-4° de 186 feuillets à 34 lignes (les feuillets 151 et 182 sont blancs). Ce fut sur des manuscrits retrouvés et transcrits par Nicolas Niccoli qu'elle fut exécutée par l'imprimeur allemand, sous la direction de Raphael Jouenzonius, et non pas, comme on aurait pu le supposer, d'après l'édition collective des *Opera Philosophica*, imprimée à Rome la même année.

Remarquons que le traité de *Disciplina militari*, compris par Niccoli dans les œuvres de Cicéron, est très-probablement de Modestus; il fut publié séparément à Paris en 1541 et attribué à Cicéron, *vulgo Ciceroni adscriptus.*

Tusculanarum quæstionum libri V, ad M. Brutum. Ce traité a été imprimé pour la première fois à Rome, chez Ulric Han de Wienna[1], en 1469, in-4° (69 feuillets à 35 lignes). Les bibliographes sont divisés au sujet de ce livre : les uns (Laire et le Père Audiffredi) prétendent qu'il forme la dernière partie d'un plus ample recueil, contenant les *Paradoxa, Lælius, Cato* et le *Somnium Ciceronis*, imprimé par Ulric Han; mais tous les autres, Panzer, Maittaire, Lichtenberger, etc., soutiennent qu'il a été imprimé seul.

En 1475, Fr. Philelphus expliquait et commentait les *Tusculanes* dans des cours publics à Rome, qui avaient un grand retentissement, et ce fut lui qui rappela le premier que Cicéron composa cet ouvrage alors que César, devenu maître de Rome, laissait à l'orateur tous les loisirs nécessaires pour s'appliquer exclusivement aux belles-lettres; et celui-ci, réunissant dans sa maison tous ses doctes amis, leur récitait ou plutôt leur dictait ces admirables entretiens, qu'il improvisait en quelque sorte *ut quemdam ludum litterarium.*

De Amicitia, de Senectute; Somnium Scipionis. In-fol. goth. de 33 feuillets à 32 lignes; première édition fort rare des deux premiers traités publiés séparément. Dibdin (Bibl. Spencer, vol. I, p. 375) la croit avec raison sortie des presses d'Ulric Zell à Cologne. M. Brunet fait remarquer que la première page n'a que 30 lignes.

Le *de Senectute* fut imprimé deux fois séparément chez Ulric Zell; les deux éditions ont 24 feuillets, et sont en caractère go-

1. *Ulricus Hahn, latine Gallus, natione Germanus ex Ingelstadt, civis Wiennensis.* Panzer, tom. II, p. 458.

thique, sans aucune marque ni indication; l'une a 26 lignes, l'autre 27 à la page; ces éditions sont sans doute les premières du traité, du moins imprimé à part : maintenant, des deux quelle est la première, qui le sait et qu'importe?

Le *de Amicitia* et le *de Senectute,* on le sait, avaient été composés pour Atticus et à son instante requête :

O Attice, tu rogasti me, ut tractarem de Amicitia.

Sur un manuscrit du premier de ces traités, écrit au XIVe siècle, et conservé à la Bibliothèque de Vienne, se trouvent en tête les sept vers suivants, qui sont peu connus, et que quelques savants attribuent à Cicéron lui-même :

Quænam summa boni? quæ mens sibi conscia recti.
Pernicies hominis quæ maxima? solus homo alter.
Quis dives? qui nil cupiet. Quis pauper? avarus.
Quæ dos matronæ pulcherrima? vita pudica.
Quæ casta? de qua mentiri fama veretur.
Quid sapientis opus? quum possit, nolle nocere.
Quid stulti proprium? non posse et velle nocere.

Nous trouvons dans le bibliographe allemand Hain, au milieu des volumineux, mais intéressants détails qu'il consacre à décrire les innombrables éditions des *Opera philosophica*, le livre suivant : *de Officiis*, DE REPUBLICA, *de Legibus et de Fato — absque nota* (Rome, Ulric Han). Nous sommes obligé de reconnaître en toute humilité que nous ne connaissons ce livre en aucune façon. M. Graesse, qui cite à peu près toutes les éditions du *de Officiis,* jusqu'aux plus insignifiantes (et c'est là l'un de ses plus graves défauts), n'en parle en aucune façon; nous l'avons cherchée vainement dans Panzer, dans Maittaire, et dans le P. Audiffredi.

Quoi qu'il en soit, et si cette édition mystérieuse a réellement passé sous les yeux de Hain, ce ne sont que les quelques fragments de *la République*, répandus dans les différents ouvrages de Cicéron; fragments qu'en 1807 Bernardi réunit et publia à Paris, traduits en français, dans son livre *sur l'Origine et les progrès des sciences, des arts et du luxe chez les Romains*, 3 vol. in-8°.

DE REPUBLICA *quæ supersunt, edente Angelo Maio*. Romæ, Bourlié, 1822, in-8°, avec un portrait, une planche et le fac-similé du manuscrit.

C'est la première édition de ces précieux et admirables fragments, la plus belle découverte du cardinal Maï. Depuis les temps les plus reculés[1], on regardait comme perdu cet admirable traité, à l'exception du *Somnium Scipionis*, qui en est le dernier livre, et de quelques fragments reproduits çà et là dans les autres ouvrages de Cicéron. Le cardinal Maï pense que le manuscrit qu'il a trouvé ne doit former à peu près que le quart du texte entier. Les plus grandes lacunes se trouvent dans le quatrième et le cinquième livre; on chercha à combler ces vides à l'aide des fragments dont nous venons de parler, et le *Somnium Scipionis* forma le dernier livre presque tout entier.

Le palimpseste sur lequel le Cardinal fit sa belle découverte était un commentaire de saint Augustin sur les Psaumes, du IXe siècle environ. Il appartenait jadis au monastère de Saint-Palombano de Bobbio, et fut réuni à la Vaticane au XVIIe siècle, avant le pontificat de Paul V; les précieux fragments que recouvrait ce commentaire ont paru au Cardinal être du IVe siècle, c'est-à-dire de la fin des derniers Césars.

La découverte du docte Cardinal fit un immense bruit dans le monde savant; les éditions se succédèrent rapidement : celle que publièrent Moser et Fr. Creuzer à Francfort en 1826, in-8°, passe pour être la plus exacte. Les traducteurs et les commentateurs se mirent à l'œuvre; parmi les premiers, nous ne devons pas oublier M. Villemain, qui publia la première traduction française, Paris, 1822-23, 2 vol. in-8.

1. N'oublions pas cependant qu'au Xe siècle nous le voyons figurer dans le catal. de la librairie de l'abbaye de Fleuri.

Nous avons oublié, à propos de ce traité, de citer une anecdote que rapporte Merryweather; elle trouvera sa place ici. Un certain William Sellings, élu prieur de l'abbaye de Canterbury en 1472, sous le règne sanglant d'Édouard IV, fut obligé de quitter l'Angleterre, à la suite des terribles réactions qui marquèrent chacune des phases principales de la guerre des *Deux Roses;* c'était un homme singulièrement lettré et éclairé pour son époque: il se réfugia d'abord à la cour du vieux duc René d'Anjou, le Prince troubadour; puis de là il alla visiter l'Italie et fouiller les librairies de ses principaux monastères : il y trouva un manuscrit *de Republica,* peut-être celui-là même que Pétrarque avait vu. Quand il put rentrer en Angleterre, il y rapporta, avec un soin religieux, le précieux *Codex.* A peine rentré au sein de son abbaye, le prieur s'empressa de livrer son trésor aux scribes les plus éclairés de sa librairie, quand, par malheur! *habent sua fata codices!* un incendie détruisit à la fois et l'original et la copie, et presque toute la riche bibliothèque du couvent.

C'est ici le moment de parler d'un livre qui causa une rumeur immense, lors de sa première apparition à Venise en 1585 : ce n'était rien moins que le traité à jamais regrettable *de Consolatione.*

M. Tullii. Ciceronis. Consolationis. Liber. quo. se. ipsum. de filiæ morte. Consolatus. est. nunc. primum. repertus. et. in. lucem. editus. (a Francesco Vianello Veneto). Venetiis. 1585. In-8°.

Jugez, même à notre époque de décadence littéraire, quel coup de tonnerre produirait l'annonce d'un livre des *Annales* retrouvé, ou l'apparition soudaine d'une *décade* de Tite-Live!

Réimprimé tout aussitôt dans toutes les villes savantes, dans toutes les universités, à Paris, à Strasbourg, à Francfort, à Leyde, etc., ce livre occasionna une émotion extraordinaire dans la république des lettres. L'année suivante il est aussitôt traduit en français : « *Excellent opuscule de Marc Tulle Cicero, par lequel il se console soy mesme sur la mort de sa fille Tullia, rempli d'une infinité de belles sentences confirmées par his-*

toires et exemples de grands et signalés personnages tant grecs que latins, naguère trouvé et mis en lumière. » Traduit du latin en françois par Benoist du Troncy, controlleur du domaine du Roy et secrétaire de la ville de Lyon. Lyon. B. Rigaud. 1584, pet. in-8°. Mais, hélas! bien vite aussi fut découverte la supercherie, et Carolus Sigonius fut signalé de toutes parts et anathématisé comme l'auteur ingénieux de ce très-habile, mais coupable pastiche.

Ce même Sigonius, heureusement, qui ne se livrait pas toujours à ces audacieuses plaisanteries, avait publié à Venise, en 1559, un excellent livre, qui fut bien souvent mis à contribution depuis. Il était intitulé :

Ciceronis fragmenta variis in locis dispersa Caroli Sigonii diligentia collecta et scholiis illustrata. — Venetiis, Jord. Zillettus, 1559, in-8°.

N'oublions pas de mentionner le *Cicero novus* du savant Léonard Aretin (ou d'Arezzo), *cui accessit Ciceronis vita, cum præfatione ad Nicolaum Nicolum.* Ce livre, dont il existe plusieurs manuscrits dans les bibliothèques d'Italie, a été traduit en 1804, et cette traduction a été imprimée par le célèbre Bodoni. Nigrius affirme qu'elle a été publiée en latin, sur le manuscrit original qui existe à la Laurentiana, mais il ne cite ni le nom de l'éditeur, ni le lieu, ni l'année de l'impression.

Citons encore l'*Orpheus, sive de adolescente studioso, ad Marcum filium, nuper inventus et in lucem editus. — Venetiis,* ap. J.-B. Ciottium, 1594, in-8°. Cet ouvrage supposé avait été composé au XIVe siècle; le nom de l'auteur est perdu. Il fut réimprimé en 1613 par les soins de J. Cæsar Glucianus Squarcia, et à Florence en 1831, à 96 exemplaires, sous la direction du regrettable bibliophile Étienne Audin, l'ancien bibliothécaire du comte Boutourlin.

Des innombrables commentateurs de Cicéron, à tous les âges, en toutes les langues, nous n'avons pas à parler : un volume ne suffirait pas à relever la nomenclature détaillée des extraits, et des sentences, et des pensées, et des discours choisis, et des apophthegmes, imprimés ou respectueusement conservés inédits dans les dépôts publics; des biographies, et des éloges, et des critiques, auxquels tant d'hommes éminents depuis Plutarque et Boëce jusqu'à Middleton; depuis Asconius Pedianus et G. Valla, l'ennemi du Poggo, et A. Theod. Macrobius et Victorinus, jusqu'à M. Désiré Nisard, ont consacré leurs veilles et leurs recherches.

Nous ne pouvons pas non plus nous étendre sur les innombrables traductions qui en ont été faites dans toutes les langues. Pour les traductions françaises, nous renverrons le lecteur à l'excellent travail de MM. Breghot du Lut et A. Péricaud; ce morceau, aussi intéressant que complet, est placé à la fin du premier volume des œuvres de Cicéron (trad. Victor Le Clerc), édition de Lefèvre, Paris, 1821-25, 30 vol. in-8 ; pour les traductions allemandes, à la *Bibliotheca scriptorum classicorum,* le savant ouvrage d'Engelmann, p. 437 et suivantes.

Mais, si quelques bons philologues ont souvent cherché et parfois réussi à faire passer de la langue morte dans leur propre idiome la pureté, l'atticisme, l'extrême élégance et l'ampleur magistrale du plus grand écrivain de l'antiquité latine [1], il en est d'autres dont la bizarrerie, disons le mot, l'extravagance, méritent une mention à coup sûr peu honorable.

Que dites-vous, par exemple, d'un sieur Thomas Guyot, dit le Bachelier, qui publia en 1666, à Paris, une version *des plus belles lettres de Cicéron à ses amis?* Et voici comment il s'y prend pour traduire la seconde lettre du livre IV, adressée à Servius Sulpicius :

Voici le texte : *A. D. III. Kal. Maias, quum essem in Cumano accepi tuas litteras... postquam eas legi, Postumia tua me convenit et Servius noster. His placuit ut tu in Cumanum venires, quod etiam mecum ut ad te scriberem egerunt...*

1. Nous pourrions citer ici bien des noms illustres : Michel de Tours, Étienne Dolet, le président Bouhier, l'abbé d'Olivet, tous les savants collaborateurs de M. Victor Le Clerc, et surtout M. Victor Le Clerc lui-même.

« Monsieur,

« J'ai reçu vostre lettre le vingt-neufviesme d'avril, lorsque j'estois au Cumin...Après l'avoir lue, madame vostre femme m'ayant fait l'honneur de me venir voir avec monsieur vostre filz, ils ont jugé à propos que vous prissiez la peine de venir ici, et m'ont obligé à vous en escrire..... »

Et tout est de cette force; voilà ce qu'on nous permettra d'appeler un bel habit à la française! Mais heureusement tous les traducteurs du grand Romain n'ont pas cette grâce polie, ce galant achevé, et le père de l'éloquence latine ne s'est pas vu toujours affubler de cette façon aimable. Perrot d'Ablancourt, et même Patru, le bel esprit, l'avocat illustre, ont cependant bien de la galanterie et une certaine façon de franciser la République Romaine, qui ne rappellent que trop le faire de ce brave bachelier Guyot.

Il est vrai qu'à cette même époque, au grand siècle, et jusque vers le milieu du siècle suivant, le vieil Horace et Brutus et Cinna paradaient sur la grande scène des comédiens ordinaires de Sa Majesté, en perruques à trois marteaux, la veste brodée et l'épée en *verrouil*, ni plus ni moins que les courtisans de l'Œil-de-Bœuf.

Les traducteurs suivaient le mouvement; voilà tout.

Et maintenant, si l'on nous reproche d'avoir donné autant d'extension à un simple aperçu bibliographique, nous répondrons, sous forme d'humble excuse, que ceci n'est qu'un fragment trop long, trop lourd, bien indigeste, si l'on veut, d'un pénible travail sur la conservation et sur la transmission d'âge en âge des manuscrits classiques grecs et latins, travail qui est loin d'être terminé, que nous ne pourrons peut-être jamais conduire à bonne fin, et que cependant nous ne désespérons pas de publier un jour, quand il plaira à Dieu..... et aux éditeurs!

P. D.

TABLE ANALYTIQUE

DES MATIÈRES

CHAPITRE PREMIER.

CHAPITRE II.

CHAPITRE III.

CHAPITRE IV.

CHAPITRE V.

CHAPITRE VI.

LISTE ALPHABÉTIQUE

DES MALADIES DÉCRITES OU INDIQUÉES

DANS LES ŒUVRES DE CICÉRON

PARIS. — IMPRIMERIE DE J. CLAYE, RUE SAINT-BENOIT, 7.

PARIS. — IMPRIMERIE DE J. CLAYE
RUE SAINT-BENOIT, 7

www.ingramcontent.com/pod-product-compliance
Ingram Content Group UK Ltd.
Pitfield, Milton Keynes, MK11 3LW, UK
UKHW020321200726
13857UKWH00001B/254